高等职业教育公共基础课系列教材

U0778142

人工智能基础

主　编　骆泓玮　甄　珍　孙宝林

副主编　吴　芬　程　瑜　马　雨　邓从雯

参　编　刘　欢　张　旺　颜　瑾　吴　玲　费美玲

机械工业出版社
CHINA MACHINE PRESS

本书是专为职业院校量身打造的一本人工智能通识课程教材。全书系统且深入浅出地围绕人工智能展开详尽讲解，旨在助力学生在人工智能领域构建扎实的基础认知体系。

本书从基础理论入手，系统介绍人工智能的定义、起源、发展及其核心要素，深入剖析其分类与流派，旨在帮助学生建立对这一领域的宏观认知。然后进一步深入探讨人工智能的应用技术，包括机器学习、深度学习、自然语言处理、计算机视觉和智能语音等核心技术，详细阐述它们的原理、类型、算法及具体应用场景。

人工智能生成内容（AIGC）作为人工智能领域的新兴热点，在本书中设有专门章节进行详细介绍，涵盖其定义与发展、应用核心、主要应用领域、发展趋势与挑战，以及文本、图像、视频生成等具体内容和实践案例。教材紧密结合实际，系统阐述人工智能在智能制造、金融、物流、医疗、交通、农业等多个重要领域的应用，充分展现其强大的赋能效应。最后，从伦理与法律视角出发，深入探讨人工智能在发展过程中所面临的问题，引导学生树立正确的价值观和法律意识。

本书融理论与实践于一体，辅以丰富案例，既适合职业院校学生系统学习，亦可作为人工智能爱好者的理想入门读物。

为方便教学，本书配备电子课件等教学资源。凡选用本书作为教材的教师均可登录机械工业出版社教育服务网（www.cmpedu.com）注册后免费下载。如有问题请致信 cmpgaozhi@sina.com，或致电 010-88379375 联系营销人员。

图书在版编目（CIP）数据

人工智能基础 / 骆泓玮，甄珍，孙宝林主编.
北京 ：机械工业出版社，2025. 8. --（高等职业教育公共基础课系列教材）. -- ISBN 978-7-111-79243-7

Ⅰ．TP18

中国国家版本馆CIP数据核字第2025810QW6号

机械工业出版社（北京市百万庄大街22号　邮政编码100037）

策划编辑：赵志鹏	责任编辑：赵志鹏　饶雯婧	
责任校对：张　薇　陈　越	封面设计：马精明	
责任印制：单爱军		

北京联兴盛业印刷股份有限公司印刷

2025年9月第1版第1次印刷

184mm×260mm · 14.25印张 · 290千字

标准书号：ISBN 978-7-111-79243-7

定价：58.00元

电话服务　　　　　　　　　网络服务

客服电话：010-88361066　　机 工 官 网：www.cmpbook.com
　　　　　010-88379833　　机 工 官 博：weibo.com/cmp1952
　　　　　010-68326294　　金 书 网：www.golden-book.com

封底无防伪标均为盗版　　机工教育服务网：www.cmpedu.com

前言
Preface

当今世界，人工智能技术正以其颠覆性的力量，重塑全球经济格局与社会形态。作为新一轮科技革命和产业变革的核心驱动力，人工智能不仅是国家竞争力的关键要素，更是实现《教育强国建设规划纲要（2024—2035年）》的重要支撑。我们编写这本《人工智能基础》教材，旨在为职业院校学生提供一本既具备理论深度又富有实践价值的通识课程用书。

本书理论与实践相结合，在传授知识的同时，强化读者的家国情怀和创新发展意识。立足职业教育特色，紧扣"理论与实践结合、能力与素养并重"的编写理念，系统梳理人工智能的基础知识、核心技术及典型应用。本书在内容设计上，既涵盖人工智能的定义、发展历程、核心要素（数据、算法、算力）等理论基础，又聚焦机器学习、深度学习、自然语言处理、计算机视觉、智能语音等前沿技术。通过"任务实施"模块引导学生动手操作，专门探讨AIGC的技术逻辑与应用场景，紧跟行业趋势，助力学生掌握多模态内容生成的核心技能。

在应用场景部分，本书紧密结合智能制造、智慧物流、智慧交通等国家战略重点领域，深入剖析人工智能如何赋能产业升级。第5章"人工智能伦理与法律"紧贴全球对AI伦理问题的关注，引导学生深入思考技术发展的边界与社会责任，旨在培养他们成为既具备技术能力又兼具人文关怀的数字时代复合型人才。

本书由骆泓玮、甄珍、孙宝林担任主编，吴芬、程瑜、马雨、邓从雯担任副主编，刘欢、张旺、颜瑾、吴玲、费美玲也参与了编写。

由于编者水平有限，书中难免存在不足或疏漏之处，恳请各位专家及读者朋友不吝赐教，提出宝贵意见，我们将深表感激。

编者

目 录
Contents

第 3 章
走进 AIGC

第 4 章
人工智能的应用场景

第 5 章

人工智能伦理与法律

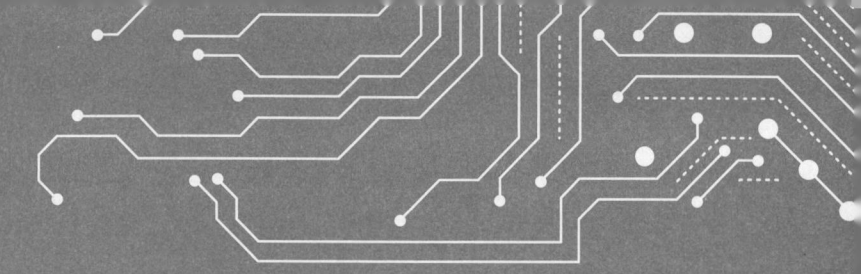

第1章
初探人工智能

**本章
导读**

　　人类文明自从诞生以来，经历了数次重大的科技领域变革。每一次科技革命都深刻地改变了人类社会的面貌，从生产、生活方式，到思想观念及社会结构，都产生了翻天覆地的变化。随着蒸汽机的发明，机械化生产逐步取代了手工劳动，推动了现代工厂和城市化现象；电力的普及与内燃机的革新，催生了电气时代与工业社会的全面繁荣；而网络的诞生，彻底重构了信息传播的路径，将人类带入数字化与全球化的新时代。如今，人工智能（Artificial Intelligence, AI）作为新一轮科技革命的核心驱动力，引领着人类社会进入一个全新的发展阶段。这场革命正在改变着我们的工作方式、学习方式、交流方式，甚至思维方式，它预示着一个更加高效、便捷、智能的社会的到来。

**学习
目标**

■ **知识目标：**
　　了解人工智能定义、起源、发展，掌握人工智能的核心要素，熟悉分类与流派。

■ **能力目标：**
　　能够列举人工智能的典型应用并分析其工作原理，能够区分弱人工智能、强人工智能与超人工智能的概念。

■ **素质目标：**
　　培养对人工智能技术的兴趣与探索精神，树立科学伦理意识，思考技术发展带来的社会影响。

1.1 人工智能的定义、起源与发展

人工智能的概念并非诞生于现代计算机时代。我国古籍《列子·汤问》中"偃师造人"的故事，曾透露出人类对人造生命的哲学探索。然而，直到1956年达特茅斯会议上，约翰·麦卡锡（John McCarthy）首次提出"人工智能"这一术语，人工智能才正式成为一门科学学科。

1.1.1 人工智能的基本概念

在探讨人工智能时，我们常常将其与人类智能进行比较，例如将机器的核心处理器类比为人类的大脑，将外接设备类比为人类的感官，以便更好地理解人工智能的工作原理。实际上，目前人类对大脑的研究尚处于初级阶段。根据现有的研究和理解，智能是一个多维度的概念，人类智能是基于生物神经系统的，具有以下显著特征。

感知能力：人类能够通过感官接收外界信息，如视觉、听觉、触觉等，并对这些信息进行处理和解释。

思考能力：人类能够运用逻辑思维、抽象思维和创造性思维等方式，对接收到的信息进行深入的分析和处理，形成新的知识和见解。

学习能力：人类具有强大的学习能力，能够通过观察、模仿和实践，不断获取新的知识和技能，并适应不断变化的环境。

理解能力：人类能够理解复杂的语言、符号和文化背景，以及他人的情感和意图，从而进行有效的沟通和合作。

决策能力：人类能够根据自身的目标和价值观，对面临的各种情境和问题做出决策，并采取行动。

规划能力：人类能够制定长期和短期的计划，设定目标，并为实现这些目标而采取行动。

创造能力：人类能够创造出新的艺术作品、科技发明和社会制度等，推动人类文明的进步和发展。

而人工智能，则是通过计算机科学与技术的手段，尝试模拟、延伸甚至超越人类的

这些智能能力。它不仅涉及计算机科学、数学、逻辑学、认知科学、神经科学等多个学科领域，还随着技术的不断进步，与物联网、大数据、云计算等新兴技术紧密结合，形成了更加广泛和深入的应用领域。

关于"人工智能"的定义，至今尚未形成共识。不同的学者和研究机构从各自的视角出发，提出了不同的解释和界定。人工智能的最早定义可追溯至 1956 年达特茅斯会议，由 LISP 语言的创始人之一约翰·麦卡锡（John McCarthy）提出，他定义人工智能为使计算机行为模仿人类智能行为的领域。斯坦福大学人工智能研究中心的尼尔森（Nilsson）教授则认为："人工智能是研究知识的学科，涉及知识的表示、获取以及应用。"麻省理工学院的温斯顿（Winston）教授则提出："人工智能旨在研究如何让计算机执行那些传统上只有人类才能完成的智能任务。"根据中国电子技术标准化研究院编写的《人工智能标准化白皮书（2018 版）》，人工智能被定义为利用数字计算机或者数字计算机控制的机器模拟、延伸和扩展人的智能，感知环境、获取知识并使用知识获得最佳结果的理论、方法、技术及应用系统。尽管存在多种定义和解释，但人工智能的共同目标是通过技术手段实现机器的智能化，使其能够像人类一样感知、思考、学习、理解、决策、规划和创造。

1.1.2　人工智能的发展历程

17 世纪，莱布尼茨、托马斯·霍布斯和笛卡尔等率先提出：是否可以将人类理性的思考系统，转化为代数学或几何学体系？而真正意义上的人工智能研究，始于 20 世纪中叶，伴随着计算机科学、数学、逻辑学、认知心理学等多个学科的发展。从最初的符号主义、连接主义到后来的进化计算、深度学习，人工智能的理论体系和技术框架不断完善，推动了其在各个领域的应用与发展。

1. 萌芽期：符号主义的兴起（20世纪50年代—20世纪70年代）

符号主义（Symbolicism）学派，又被称为逻辑主义学派、心理学派或计算机学派，它将符号系统定义为包含一组符号、结构以及操作这些符号结构的过程，这些操作包括创建、修改和消除等。它认为智能的核心在于对符号的处理与推理，通过构建精确的逻辑规则和符号系统，机器可以实现类似于人类的智能行为。

1955 年，赫伯特·西蒙（Herbert A. Simon）和艾伦·纽维尔（Allen Newell）开发了"逻辑理论家"程序，通过启发式搜索和符号逻辑方法，自动证明了罗素的《数学原理》中的 38 条定理，首次以机器模拟人类逻辑推理过程，验证了计算机在抽象问题求解中的潜力，成为人工智能符号主义范式的开山之作。在这一时期，对人工智能的研究主要集中在逻辑推理、定理证明、自然语言处理等基础领域，虽然技术尚不成熟，但为后续人工智能的发展奠定了坚实的基础。

2. 第一次AI浪潮：专家系统与知识工程（1968—20世纪90年代）

随着符号主义理论的逐渐成熟，人工智能领域迎来了第一次浪潮——专家系统与知识工程的兴起。在这一时期，研究者们开始意识到，仅仅依靠逻辑推理和符号处理，难以实现真正意义上的人工智能。于是，他们开始探索将人类专家的知识和经验融入机器中，通过构建专家系统，使机器能够模拟专家的决策过程，解决特定领域内的复杂问题。

1968 年，美国科学家爱德华·费根鲍姆（Edward Feigenbaum）（见图 1-1）提出了第一个专家系统——DENDRAL，并对知识库给出了初步的定义，这标志着专家系统的诞生。DENDRAL 面向化学行业，可以帮助化学家判断物质的分子结构。

图 1-1　爱德华·费根鲍姆（左）

专家系统（见图 1-2）是一种基于知识的智能系统，它利用人类专家的知识和经验，通过推理和判断，模拟专家的决策过程，为用户提供专业领域的咨询和建议。而构建专家系统的关键技术是知识工程，它涉及知识的获取、表示、推理和应用等多个方面，其核心目标是将人类专家的知识和经验转化为计算机可理解的格式。专家系统被广泛用于医疗诊断、金融分析、工程设计等领域。典型代表为1974 年由斯坦福大学的专家团队开发的 MYCIN 系统，它通过概率规则诊断细菌感染，首次引入了置信度因子，能够综合考虑多个证据，给出更为准确的诊断结果，有效处理了诊断过程中的不确定性问题。

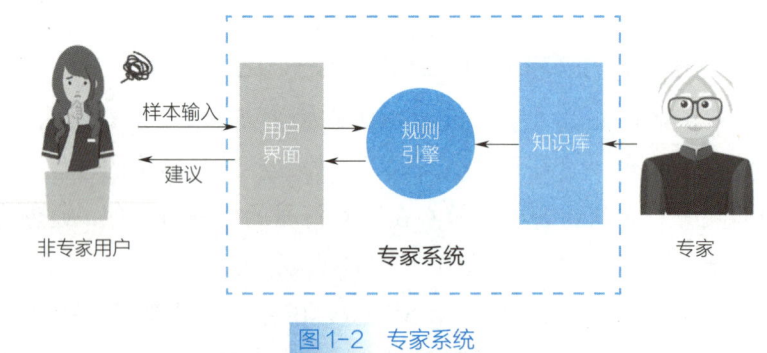

图 1-2　专家系统

3. 第二次AI浪潮：统计学习与数据驱动（20世纪90年代—21世纪初）

随着计算机存储能力的提升和大数据的兴起，研究者们开始探索利用统计模型和大规模数据集来训练机器，使其能够从数据中自动学习并提取特征，进而完成分类、预测和决策等智能任务。这一转变标志着人工智能从依赖手工设计的规则转向依赖于数据驱动的自适应学习，极大地扩展了人工智能的应用范围，提高了其解决问题的效率和准确性。

统计学习方法的核心在于构建合适的统计模型，并利用训练数据对模型进行参数估计和优化。在这一时期，支持向量机、神经网络、决策树等机器学习算法得到了广泛应用，并在文本分类、图像识别、语音识别等领域取得了显著成效。同时，数据挖掘技术也开始兴起，通过关联规则挖掘、聚类分析等手段，从海量数据中挖掘出隐藏的规律和模式，为商业智能、市场分析等领域提供了有力支持。

随着互联网的发展，大数据成为推动人工智能进步的关键因素之一。大数据不仅提供了丰富的训练样本，还使得机器学习算法能够处理更为复杂和多变的问题。在这一背景下，深度学习作为机器学习的一个分支，逐渐崭露头角。深度学习通过构建深层神经网络，利用反向传播算法对模型进行训练，实现了对高维数据的有效表示和特征提取，极大地提升了机器学习的性能。深度学习在图像识别、语音识别、自然语言处理等领域取得了突破性进展，为人工智能的广泛应用奠定了坚实基础。

该时期的典型代表是 1998 年谷歌公司推出的 PageRank 算法，该算法通过分析网页间的链接关系，显著提升了搜索引擎的检索质量。2006 年，Netflix 举办的 Netflix Prize 竞赛，要求参赛者利用公开的用户评分数据集（包含 1 亿条匿名数据）设计算法，预测用户未给出的评分。最终，在 2009 年，BellKor's Pragmatic Chaos 团队赢得了竞赛。他们通过结合矩阵分解、时间效应建模和用户偏好聚类等创新方法，将预测误差降低至 0.8567（改进约 10.06%）。这项竞赛不仅催生了协同过滤算法，还推动了大数据处理与机器学习的融合，为个性化推荐技术（例如深度学习模型）的后续发展奠定了坚实的基础。

4. 第三次AI浪潮：深度学习与通用智能（21世纪初至今）

深度学习与通用智能是这一时期的主要特征。深度学习通过构建深层神经网络，利用大规模数据集进行训练，实现了对复杂任务的有效处理，显著提升了人工智能的性能并拓宽了其应用范围。深度学习的成功，不仅在于其强大的特征提取能力，更在于其能够通过逐层抽象，自动学习数据的内在规律和表示，从而实现对未知数据的准确预测和分类。

在这一时期，深度学习在图像识别、语音识别、自然语言处理等领域取得了突破性进展。例如，在图像识别领域，深度学习算法已经能够实现对人脸、物体等的准确识别，并在安防监控、自动驾驶等领域得到广泛应用。在语音识别领域，深度学习算法已经能够实现对语音信号的准确识别和转写，为智能家居、智能客服等领域提供了有力支持。在自然语言处理领域，深度学习算法已经能够实现对文本的自动翻译、摘要生成、情感分析等任务，为跨语言交流、智能写作等领域带来了革命性变化。

除了深度学习外，通用智能也是这一时期的重要研究方向。通用智能即实现具有人类水平智能的机器，能够像人类一样进行复杂的思考、推理和决策。虽然目前通用智能的实现还面临诸多挑战，但研究者们正在不断探索新的方法和模型，以期实现这一目标。例如，强化学习、迁移学习、生成对抗网络等新型学习方法的出现，为通用智能的研究提供了新的思路和方法。

在这一时期，人工智能的应用范围也在不断扩展。从最初的工业制造、金融服务等领域，到如今的医疗健康、教育娱乐、智慧城市等各个领域，人工智能都在发挥着重要作用。人工智能的发展不仅提高了生产效率和服务质量，还为人们带来了更加便捷、智能的生活体验。同时，人工智能的发展也催生了一批新兴企业和产业，为经济增长和社会发展注入了新的动力。

1.1.3　人工智能的里程碑事件

在人工智能的发展历程中，存在着众多具有划时代意义的里程碑事件，这些关键性的事件不仅标志着人工智能技术领域取得的重大突破和进展，而且也极大地改变了人们对智能机器的认知方式，深化了人们对未来智能机器可能带来的变革和影响的期待与想象。

1. 图灵测试

1950 年，英国计算机科学家艾伦·麦席森·图灵（见图 1-3）（Alan Mathison Turing）发表了一篇非常重要的论文，名叫《计算机器与智能（Computing Machinery and Intelligence）》。图灵在论文中仔细讨论了创造"智能机器"的可能性。由于"智能"一词很难定义，他提出了著名的思维实验——"图灵测试"，其目的是判断机器是否能够展现出与人类无法区分的智能行为。

图 1-3　艾伦·麦席森·图灵

图灵测试设定了一个场景：一个人类裁判通过键盘与两个对象进行对话，其中一个对象是人类，另一个对象是机器。如果机器能够在对话中让裁判无法判断其身份（即机器能够模拟出与人类相似的智能行为），那么就可以认为这台机器通过了图灵测试，具备了一定程度的智能。图灵测试示意图如图 1-4 所示。

图灵测试是人工智能发展史上的一个重要里程碑，它不仅为人工智能的研究提供了一个明确的目标和评价标准，还推动了人工智能技术的不断发展和完善。随着人工智能技术的不断进步，越来越多的机器开始具备与人类相似的智能行为，图灵测试也成了衡量人工智能发展水平的一个重要指标。

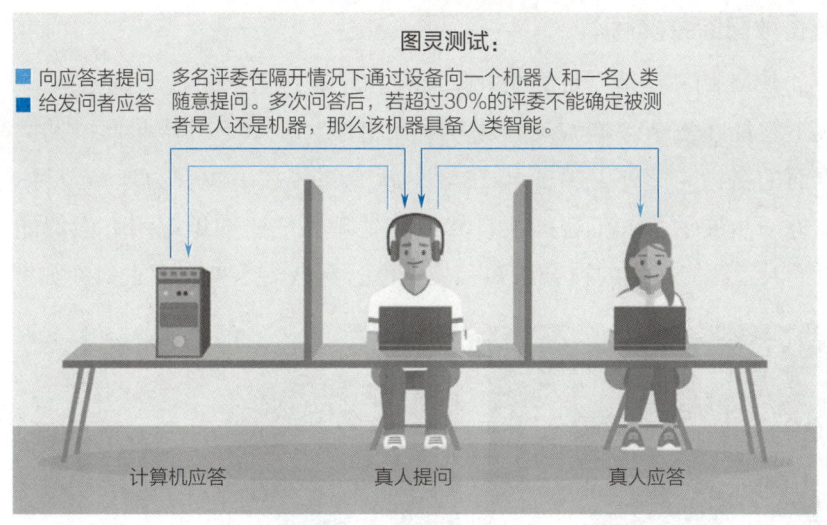

图灵测试：

■ 向应答者提问　多名评委在隔开情况下通过设备向一个机器人和一名人类
■ 给发问者应答　随意提问。多次问答后，若超过30%的评委不能确定被测
者是人还是机器，那么该机器具备人类智能。

计算机应答　　　　　真人提问　　　　　真人应答

图 1-4　图灵测试示意图

2. 达特茅斯会议与学科诞生

1955 年 9 月，约翰·麦卡锡、马文·明斯基、克劳德·香农、纳撒尼尔·罗切斯特共同提出了一个关于机器智能的研究项目，首次引入了"Artificial Intelligence"这个词，也就是人工智能。

1956 年 6 月，在这四个人的召集下，十余位来自不同领域的专家，聚集在美国新罕布什尔州达特茅斯学院，召开了一场为期将近两月的人工智能学术研讨会，就是著名的达特茅斯会议。此次会议被视为 AI 学科正式诞生的标志，尽管当时聚焦的符号主义范式在后续遭遇挑战，但其划定的"通用人工智能"愿景持续驱动跨学科探索。

达特茅斯会议参会者如图 1-5 所示。

图 1-5　达特茅斯会议参会者

3. ELIZA引发人机对话伦理思考

1966 年，约瑟夫·维森鲍姆开发了名为 ELIZA 的程序，它利用关键词匹配和模式重写技术来模拟心理医生的对话。尽管其技术原理相对简单，但 ELIZA 的"共情式回应"却让众多用户产生了被深刻理解的错觉，这揭示了算法在情感操控方面的潜在危险。ELIZA 不仅直接激发了后续聊天机器人（例如 PARRY 和 ALICE）的开发，还促进了自然语言处理技术从基于规则的匹配向更深层次的语义理解的转变。维森鲍姆与 ELIZA 对话如图 1-6 所示。

4. 深蓝击败国际象棋冠军

1997 年，IBM 的"深蓝"计算机在国际象棋比赛中首次击败了世界冠军卡斯帕罗夫，这标志着人工智能在复杂策略游戏领域的重大进展，显示了机器在模拟人类高级思维和决策能力方面的潜力。此外，2011 年 IBM 的沃森系统在电视智力竞赛节目《危险边缘》中的胜利，进一步展示了人工智能在自然语言处理和广泛知识应用方面的能力，这些成就共同推动了人工智能技术的社会认知和接受度。深蓝与卡斯帕罗夫对弈如图 1-7 所示。

图 1-6　维森鲍姆与 ELIZA 对话　　　图 1-7　深蓝与卡斯帕罗夫对弈

5. ImageNet革命与深度学习崛起

2012 年，Alex Krizhevsky 等人开发的 AlexNet 在 ImageNet 图像分类竞赛中以显著优势夺冠，推动计算机视觉从人工特征工程转向端到端深度学习。GPU 加速与 ReLU 激活函数的引入，使卷积神经网络（CNN）成为图像识别、目标检测等领域的标配，开启 AI 在感知任务上的爆发期。

6. AlphaGo震撼围棋界

2016 年，DeepMind 的 AlphaGo 以 4∶1 击败李世石，其深度强化学习框架（策略网络＋价值网络＋蒙特卡洛树搜索）突破传统树状搜索的局限性。该事件不仅证明 AI 在直觉决策领域的潜力，更引发全球对 AI 伦理、就业冲击及人类认知局限的广泛讨论。AlphaGo 与李世石之战如图 1-8 所示。

图 1-8　AlphaGo 与李世石之战

7. GPT系列引爆生成式AI

2018 年起，OpenAI 发布的 GPT 系列模型（基于 Transformer 架构）逐步突破语言生成的质量阈值。GPT-3（2020 年发布）展现少样本学习能力，GPT-4（2023 年发布）进一步融合多模态生成，推动 AI 从专用任务向通用智能迈进。同期，我国团队亦取得显著进展：深度求索（DeepSeek）发布多语言大模型，在中文文本生成、知识问答等任务中表现突出，其技术架构结合自研框架与混合专家系统，探索差异化路径；百度文心系列通过产业数据微调实现场景适配，体现生成式 AI 与垂直领域的深度耦合。

此阶段技术突破引发三重争议：生成内容的版权与真实性边界、人类创造力被替代的焦虑，以及认知卸载（如学生依赖 AI 写作）对社会学习模式的影响。生成式 AI 不再局限于单一模型竞争，而是演变为算力、数据、算法与伦理框架的综合较量，促使全球 AI 治理体系加速重构。

1.2　人工智能的核心要素

随着对人工智能的深入探索以及人工智能技术的持续进步，研究者们逐渐意识到，数据、算法和算力构成了人工智能的三大核心要素。这些要素是构建智能系统的关键基础，它们能否协同进化，将决定人工智能的能力极限、应用范围以及未来的发展趋势。

1.2.1　数据：人工智能的燃料

人工智能是基于海量数据做出决策的，数据的质量、数量和多样性直接决定了机器学习模型的性能和效果。高质量的数据能够提升模型的准确性，而大量的数据则有助于模型学习到更为复杂的模式和规律，数据的多样性能够使模型更好地泛化到未见过的场景和任务中。

这里的数据是指经过预处理、标注和特征提取后的结构化信息。例如，数值"1"本身并不具有实际意义，但在图像识别任务中，可能代表一个手写数字，在文本分类任务中，可能代表一个特定的词汇或短语。为了获取高质量的数据，研究者们通常需要设计合理的数据采集方案，确保数据的代表性、多样性和准确性。在数据采集过程中要注意保护用户隐私和数据安全，避免数据泄露和被滥用。而在数据采集完成后，还需要进行数据清洗和标注，以消除数据中的噪声和异常值。最后，为了方便后续的数据处理和模型训练，需要将数据进行合理地存储和管理。

──────────── **实例：数据在图像识别中的应用** ────────────

在图像识别领域，数据的作用尤为突出。要让计算机像人一样"认得出图片里的东西"，关键得看它"学过多少例子"。数据就像给 AI 准备的"教科书"，教得越多、越多样，它认东西就越准。比如你想教一个孩童认猫，得先指着图片说"这是猫"。对 AI 来说，每张图片都得配上"标签"（比如"猫""狗""树"），也就是标注数据，这些带标签的图片就是它的"教材"。如果标注错误即标签贴错了（比如把狗标成猫），AI就会"学歪"。

如果只看过正脸猫，侧脸可能就不认识了。所以得给AI看各种角度、光线、品种的猫（即数据增强），比如趴着睡的橘猫、伸懒腰的布偶猫，甚至卡通猫，这样它遇到奇怪姿势的猫也不会懵。

如果先训练AI认识1000种东西（比如树、车、动物），它就能掌握"什么是毛皮""什么是眼睛"这些通用知识。之后再专门学猫的品种（波斯猫、狸花猫），效率直接翻倍。这就是所谓的迁移学习。

快瞳科技AI鸟类监测识别如图1-9所示。

图1-9　快瞳科技AI鸟类监测识别

1.2.2　算法：人工智能的智慧之源

类比人类在获得信息后会运用各种思维方法和工具进行分析、推理和判断，从而得出新的结论或创造出新的知识，算法在人工智能中扮演着类似的角色。它是人工智能系统的"智慧之源"，决定了系统如何处理和理解数据，以及如何做出决策和行动。

算法的设计和实现对于人工智能系统的性能至关重要。一个优秀的算法能够高效地处理大规模数据，准确地提取有用信息，并做出合理的决策。相反，一个糟糕的算法可能导致系统效率低下，准确性差，甚至无法正常工作。因此，研究者们需要不断探索和改进算法，以适应不同应用场景的需求。

在人工智能领域，算法的种类繁多，包括但不限于决策树、支持向量机、神经网络、深度学习等。每种算法都有其独特的优势和适用场景。例如，决策树算法适用于分类和回归问题，能够直观地展示决策过程；支持向量机算法在处理高维数据和非线性分类问题方面具有优势；神经网络和深度学习算法则擅长处理复杂的模式和关系，广泛应用于图像识别、语音识别、自然语言处理等领域。

当然，算法的发展并非一帆风顺。在实际应用中，研究者们面临着诸多挑战，如数据稀疏性、过拟合、计算复杂度等问题。为了解决这些问题，研究者们不断探索新的算法和模型，如集成学习、迁移学习、强化学习等。这些新型算法不仅提高了人工智能系统的性能和泛化能力，还拓展了其应用场景和范围。

实例：推荐算法

推荐算法（Recommendation Algorithm）通过分析用户的历史行为、偏好、兴趣等多维度数据，为用户提供个性化的内容推荐，如电影、音乐、书籍、商品等。这种个性化的推荐服务不仅极大地提升了用户体验，还促进了电子商务和内容分发平台的发展。例如，当用户浏览在线购物网站时，推荐系统会根据用户的浏览历史、购买记录和搜索关键词等信息，为用户推荐可能感兴趣的商品，从而提高用户的购买意愿和满意度。同时，对于内容分发平台而言，推荐系统能够根据用户的兴趣和偏好，为用户推荐符合其口味的内容，如新闻、视频、文章等，从而增加用户的黏性和活跃度。抖音和 Tiktok 的算法逻辑如图 1-10 所示。

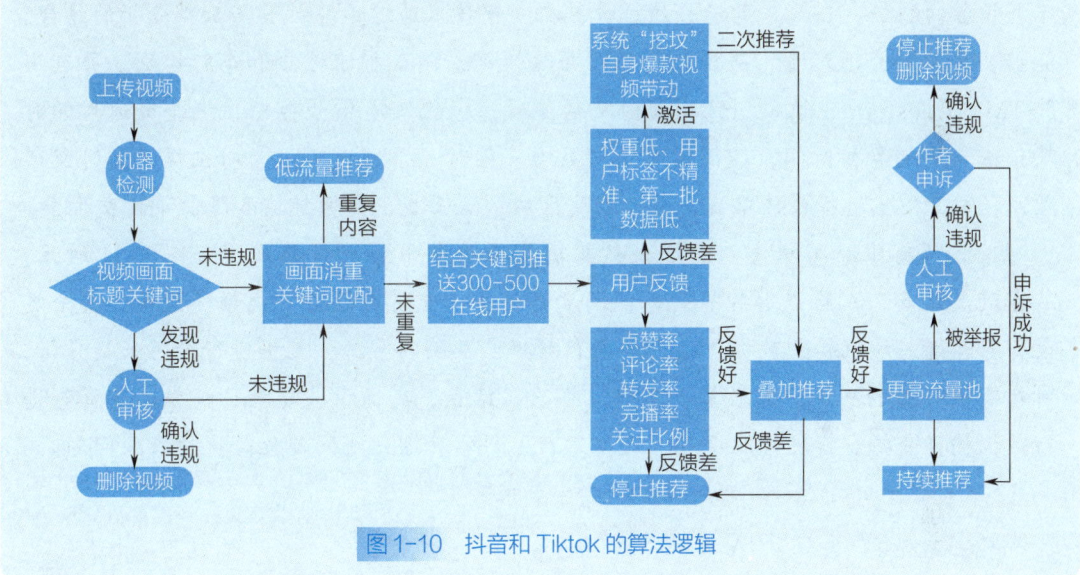

图 1-10　抖音和 Tiktok 的算法逻辑

1.2.3　算力：人工智能的驱动力

所谓算力，就是指数学上的归纳和转化的能力，即把抽象的、复杂的数学表达式或数字通过数学方法转换为我们可以理解的数学式子的能力。在计算机没有发明之前，人们主要依靠手工计算和机械装置来处理数据和执行任务，效率低下且难以应对复杂问题。摩尔定律推动了集成电路的发展，使得计算设备的性能不断提升，成本不断降低。

在人工智能和大数据领域，使用算力来体现人工智能系统的处理能力和效率。算力不仅决定了人工智能系统能够处理的数据量和复杂度，还直接影响到系统的响应速度和实时性。随着算力的提升，人工智能系统能够处理更为复杂和大规模的任务。例如，在深度学习领域，大规模的神经网络需要强大的算力来支持训练和推理过程。如果没有足够的算力，这些复杂的模型将无法有效地运行和发挥作用。

算力的提升不仅依赖于硬件技术的发展，还与算法的优化密切相关。通过改进算法，可以在不增加硬件成本的情况下，提高系统的算力。例如，使用高效的算法可以减少计算过程中的冗余和重复，从而提高系统的整体效率。此外，算法的优化还可以使系统更好地利用现有的硬件资源，实现更高的性能和更低的能耗。

实例：云计算与人工智能的结合

在智能交通领域，云计算与人工智能的融合实现了对交通流量的实时监控和预测，为城市交通管理提供了科学依据，有效缓解了城市交通拥堵问题。云计算提供了强大的数据存储和处理能力，能够收集并分析来自城市交通网络中各种传感器、摄像头和车载设备的数据。在人工智能领域，计算机视觉技术通过边缘计算与云端分析的结合，能够实时识别交通流量、违规行为以及事故情况，例如拥堵检测和车牌识别。并利用LSTM、Transformer等模型预测短时交通流量，优化交通信号控制，调整交通灯的时序，减少车辆等待时间，提高道路通行效率。同时，系统还可以为司机提供实时交通信息，引导他们选择最佳路线，避开拥堵区域，从而减少交通拥堵和降低事故发生率。

某科技有限公司研发的交通大数据决策云服务平台战略路线图如图1-11所示。从客流类设备、人脸识别智能设备、调度类设备、支付类设备、视频类设备、安全类设备等获得前端感知大数据，从C端乘客数据、互联网第三方数据进行数据采集分析，针对交通行业的乘客、驾驶员、车辆、线路、站点、交通卡、能耗、视频、物资等进行数据挖掘分析，解决智能调度、数据运营、科学管理、线网优化等交通行业问题。

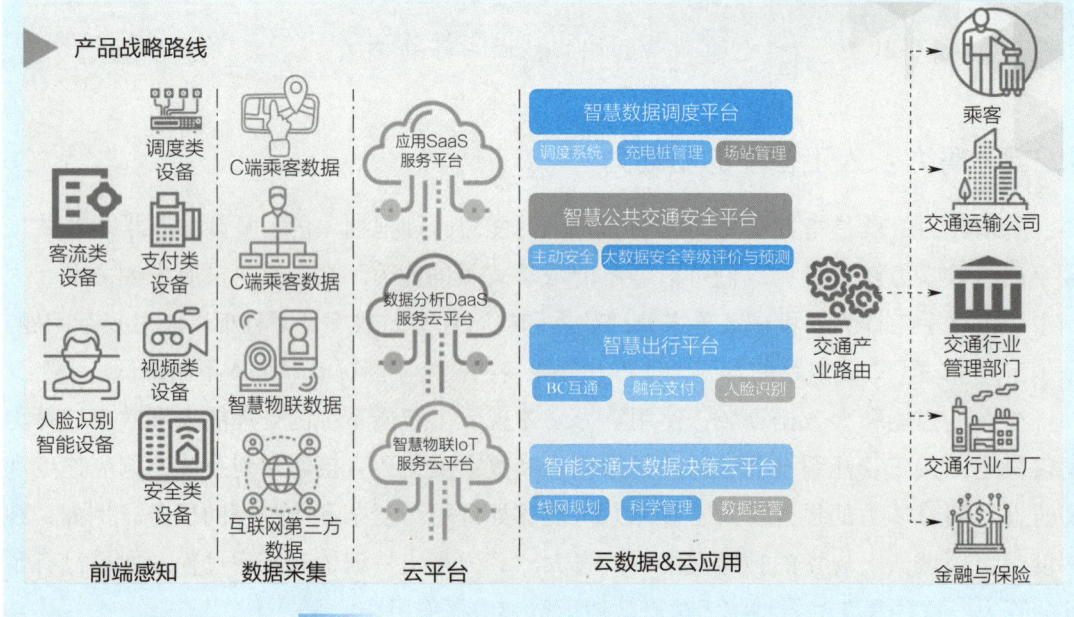

图1-11　交通大数据决策云服务平台战略路线图

1.3　人工智能的分类与流派

人工智能的分类和流派可以从多个角度进行理解，关键在于其思考方式、学习方法以及应用目的。例如，根据"智能水平"可分为弱人工智能、强人工智能与超人工智能；依据"技术流派"可分为符号主义、连接主义和行为主义等。

1.3.1　弱人工智能、强人工智能与超人工智能

在 1980 年，为了反驳当时流行的"计算机程序能够产生真正的智能"观念，哲学家约翰·希尔勒（John Searle）提出了一个名为"中文房间"的思想实验。实验设想将一个对中文一窍不通的人封闭于一个房间内，房间中配备了一本英文操作手册，该手册详尽地列出了如何对中文字符进行组合和回应的规则（类似于计算机程序中的指令集）。外界的人通过门缝传递中文问题，房间内的人依照手册中的规则，查找相应的中文字符，并拼凑出看似合理的答案，然后将其传递出去。

从外部观察者的角度来看，房间里的"系统"似乎理解中文，但实际上操作者完全不明白这些符号的含义。希尔勒通过这个精巧的思想实验，生动地揭示了"语法操作"与"语义理解"之间的本质区别。计算机就像这个"中文房间"里的操作者，它可以通过程序模拟智能行为，但并不真正理解自己在做什么。因此，即使计算机通过了图灵测试，也不意味着它具备真正的意识或理解能力。

1. 弱人工智能

顾名思义，弱人工智能指的是那些能力相对有限的人工智能系统，它们专注于解决特定任务，不具备真正的"理解"或"意识"。这类 AI 通过模式识别和数据分析来完成任务，其特点是任务具有单一性，例如语音识别（如 Siri）和图像分类（如人脸识别）。它们高度依赖数据，性能受限于训练数据的质量和规模，无法进行跨领域的推理或适应未经过训练的场景。

2. 强人工智能

强人工智能系统具备像人类一样的学习和推理能力，具备人类水平的通用智能，能够理解和处理各种复杂的问题，而不仅仅是局限于某个特定领域。强人工智能可以像人一样，从经验中学习，不断提升自己的智能水平。它们能够执行广泛的认知任务，包括但不限于问题解决、知识推理、语言理解和生成、创造力以及自我意识等。与弱人工智能相比，强人工智能不再局限于特定的算法或模型，而是追求更为通用和灵活的智能形

式，以适应复杂多变的人类社会和环境。

3. 超人工智能

超人工智能（Artificial Super Intelligence，ASI）是一种超越人类智能的人工智能，它可以比人类更好地执行任何任务，最早由英国哲学家尼克·博斯特罗姆（Nick Bostrom）定义为"一种几乎在每一个领域都胜过人类大脑的智慧"。

超人工智能不仅在智力上超越人类，而且在认知、决策、创新等方面也展现出超越人类的能力。这种级别的智能体将不再受限于特定的算法或模型，而是能够自我进化，不断优化其智能水平和性能。超人工智能将能够理解和处理极为复杂的信息，包括抽象概念、哲学问题、科学理论等。

1.3.2　符号主义、连接主义与行为主义

自从人工智能诞生，研究者们已经开发出多种实现人工智能的途径。这些途径大多基于他们对智能本质的理解，构建了基础理论并设计了相应的方法。目前，人工智能的主要学派可以分为符号主义、连接主义和行为主义。这些学派各自具有优势和局限性，它们之间相互影响，存在互相借鉴的情况，但同时也存在明显的差异和对立。

1. 符号主义

人类之所以被视为高级动物，主要在于其能够运用符号进行抽象思维和逻辑推理。符号主义正是由此得到启示，将智能看作是符号操作的过程。该学派认为，人类智能的核心在于对符号的处理和运算，通过构建符号系统，人工智能可以模拟人类的推理、学习和问题解决能力。就像用乐高积木搭房子：每个积木块代表一个明确的概念（如"猫"或"跳"），按照逻辑说明书（规则）一步步拼装。比如要表达"猫跳上桌子"，就需要把"猫"积木、"跳"积木和"桌子"积木，用"主语－谓语－宾语"的卡扣正确连接。

符号主义强调知识的表示、推理规则的设计以及符号运算的实现，致力于构建能够理解和运用人类语言、进行逻辑推理和数学计算的智能系统。这些规则和运算由人类专家事先定义，并嵌入到系统中。系统通过解析和应用这些规则，来处理输入的信息并产生相应的输出。这些系统在特定领域取得了显著成果，如医疗诊断、机器翻译等。然而，随着应用场景的拓展和复杂度的提升，符号主义面临着诸多挑战，如知识获取的瓶颈、推理效率的问题以及缺乏灵活性和适应性等。

2. 连接主义

连接主义又称仿生学派（Bionicism），其核心在于用神经网络模拟智能，与符号主义形成互补。简单来说，连接主义认为人类智能的基本单位是神经元，认知过程是由神经

元构成的网络的信息传递。其原理主要是神经网络以及神经网络间的连接机制和学习算法。就像教一群小朋友玩拼图：每个小朋友（神经元）只负责一小块拼图（信息），他们之间通过手拉手（神经连接）传递线索。一开始大家乱猜（随机权重），但每拼错一次，老师（训练算法）就提醒他们调整拉手的力度（连接权重）。经过反复练习，小朋友们终于能默契合作，快速拼出完整图案（解决复杂问题）。这种模仿人脑"众人拾柴火焰高"的学习方式，就是如今人脸识别、语音助手等 AI 技术的核心原理。

3. 行为主义

行为主义又称控制论学派（Cyberneticsism），该理论研究者们认为与其纠结"机器是否理解"，不如看它能否正确响应。行为主义强调智能行为是通过与环境的交互学习获得的，而不是依赖于内部符号处理或神经网络结构。就像训练一只小狗，不关心它脑子里想什么，只观察它做什么动作。如果它坐下就给零食（奖励），乱叫就无视（不强化），久而久之小狗就学会了"坐下有肉吃，乱叫没好处"。

行为主义在机器人控制、自动驾驶、游戏 AI 等领域具有广泛应用。例如，在机器人足球比赛中，行为主义方法使机器人团队能够通过协作和策略调整来应对各种比赛情况，取得优异成绩。在自动驾驶领域，行为主义方法使车辆能够根据道路状况、交通信号和其他车辆的行为做出实时决策，确保安全行驶。

课后练习

一、选择题

1. 人工智能正式诞生的标志是（　　）。

 A. 图灵测试提出   B. 达特茅斯会议

 C. 深蓝击败国际象棋冠军   D. ELIZA 程序开发

2. 以下哪项是符号主义的代表应用？（　　）

 A. 卷积神经网络   B. 专家系统

 C. 强化学习   D. 生成对抗网络

3. 深度学习的核心模型是（　　）。

 A. 决策树   B. 支持向量机

 C. 神经网络   D. 贝叶斯网络

4. AlphaGo 击败李世石的关键技术是（　　）。

 A. 监督学习   B. 深度强化学习

 C. 逻辑推理   D. 专家系统

5. 人工智能的三大核心要素不包括（　　）。

    A. 数据   B. 算法

    C. 算力   D. 传感器

6. 以下哪项属于弱人工智能？（　　）

    A. 具备自我意识的机器人   B. 能进行跨领域推理的 AI

    C. 人脸识别系统   D. 超人工智能

7. 专家系统的核心是（　　）。

    A. 神经网络   B. 知识库与推理引擎

    C. 大数据分析   D. 强化学习

8. ImageNet 竞赛推动了哪项技术的发展？（　　）

    A. 决策树   B. 深度学习

    C. 符号主义   D. 行为主义

9. GPT 系列模型的核心架构是（　　）。

    A. CNN   B. RNN

    C. Transformer   D. SVM

10. 智能音箱的核心技术不包括（　　）。

    A. 语音识别   B. 自然语言处理

    C. 强化学习   D. 推荐算法

二、填空题

1. 人工智能的三大核心要素是 _____、算法和算力。

2. 图灵测试用于判断机器是否能模拟 _____ 的智能行为。

3. 弱人工智能的特点是任务具有 _____ 性。

4. 深度学习通过构建 _____ 网络来学习数据的多层次表示。

5. 人工智能的三大流派是符号主义、_____ 和行为主义。

三、思考题

1. 比较机器学习与深度学习的异同。

2. 列举你身边的人工智能应用，并简述其功能。

3. 选择一个简单任务，尝试设计一个算法流程。

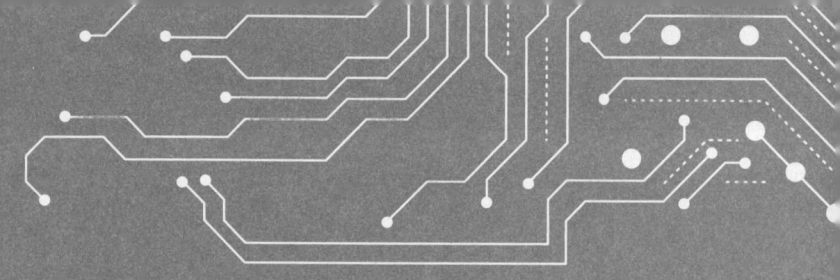

第 2 章
人工智能的应用技术

本章导读

人工智能作为当今科技革命的核心驱动力，正在深刻改变工业制造、金融服务、医疗健康等领域的生产模式与服务形态。本章将系统介绍人工智能的关键应用技术，包括机器学习、深度学习、自然语言处理、计算机视觉和智能语音，揭示其如何通过数据驱动的智能决策赋能各行业。本章通过丰富的技术解析与行业案例（如智能交通管理、精准农业、医疗影像分析等），展现人工智能在提升效率、优化资源分配和推动社会可持续发展中的重要作用。

学习目标

■ **知识目标：**

掌握人工智能核心应用技术，如机器学习、深度学习、自然语言处理、计算机视觉和智能语音的基本概念与原理，理解监督学习、无监督学习等机器学习类型及其典型算法，熟悉深度学习模型结构及训练方法。

■ **能力目标：**

具备分析行业案例（如智能交通管理、医疗影像分析）的能力，结合实际需求选择合适的技术方案，初步掌握语音识别与合成的技术流程，并能通过代码实现个性化语音指令交互。

■ **素质目标：**

培养对 AI 技术伦理与社会影响的思考能力，增强跨学科协作意识，形成严谨的科学态度，提升解决复杂问题时的能力和创新精神。

2.1 机器学习

机器学习作为人工智能的核心，历经多个发展阶段，涵盖监督、无监督、半监督及强化学习等类型。它在日常生活、交通运输、农业等领域被广泛应用，通过自动化决策与预测提升效率与个性化体验，推动各行业向智能化转型。

2.1.1 机器学习概述

机器学习是人工智能的核心分支，其发展历经起步、反思、应用、低迷、稳步和蓬勃六个阶段。该技术不断突破，应用场景日益丰富，与深度学习等技术共同推动人工智能的进步。

1. 什么是机器学习

（1）机器学习的定义

机器学习（Machine Learning，ML）是人工智能的核心分支，指通过算法使计算机系统能够从数据中自动学习规律并改进性能，而无须显式编程。其本质是构建数学模型（如函数、规则或结构），使计算机能够基于历史数据（训练集）对未来数据进行预测或决策。

机器学习的过程始于对数据的观察，例如，我们向计算机给出示例、经验数据或者指导，让计算机根据我们提供的示例，查找数据模式并做出最好的选择。机器学习的主要目的是允许计算机在没有人工干预或帮助的情况下自动学习，并相应地调整操作。

（2）人工智能与机器学习

在当今科技快速发展的时代，人工智能（AI）与机器学习（ML）这两个概念常被公众混淆，导致理解上的偏差。不少人将两者简单等同，认为"人工智能即机器学习"或"机器学习即人工智能"。事实上，AI 与 ML 虽紧密关联，但本质不同，它们既存在技术层面的联系，也存在概念上的显著差异。人工智能、机器学习与深度学习之间的关系如图 2-1 所示。

1）人工智能。人工智能是使计算机系统具备感知、理解、学习、推理、决策等人类智能的技术领域，即"人工智能技术让计算机程序具备像人脑一样工作的能力"。人工智能意味着让计算机模拟人类大脑的思维、功能和工作方式，解决复杂问题，包含多种技术（如机器学习、知识工程等）。

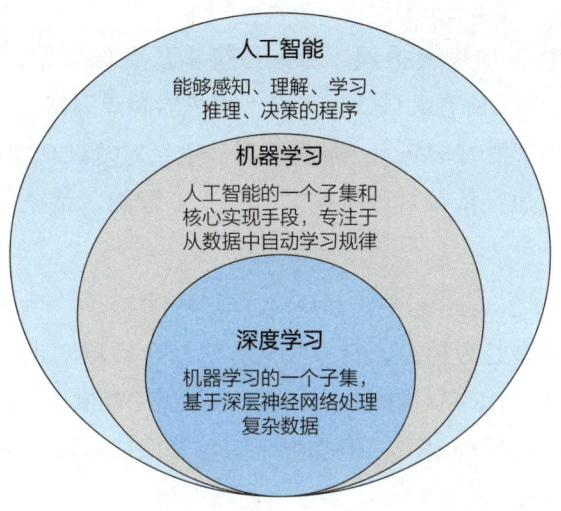

图 2-1　人工智能、机器学习与深度学习之间的关系

2）机器学习。机器学习是人工智能的一个子集，是人工智能的核心实现手段，专注于从数据中自动学习规律。其本质是通过训练数据优化模型参数，使计算机能够对新数据做出预测或决策。例如，垃圾邮件过滤系统通过学习历史邮件数据中的特征（如关键词、发件人），自动分类新邮件。机器学习依赖统计学与优化理论，不依赖显式编程，而是通过算法发现数据中的模式。其典型应用包括推荐系统、信用评分、医疗诊断等。

3）深度学习。深度学习是机器学习的子集，基于深层神经网络处理复杂数据（如图像、语音、文本）。其核心优势在于自动特征提取，例如卷积神经网络（CNN）可直接从原始图像中学习特征，无须人工设计。以图像识别为例，传统机器学习需人工提取边缘、纹理等特征，而深度学习通过多层神经网络自动完成这一过程。深度学习依赖海量数据与高性能计算资源（如 GPU），在语音助手（如 Siri）、人脸识别、自然语言处理等领域取得突破。深度学习是机器学习的工具化延伸，但并非万能的，需结合具体场景选择相应技术。

2. 机器学习的起源与发展

机器学习的起源与发展可划分为六个关键阶段，每个阶段均对应特定的技术突破与应用场景演变，以下为详细梳理：

（1）起步发展期（1943年—20世纪60年代初）

1943 年，皮茨与麦卡洛克提出首个神经元数学模型，奠定机器学习基础；1952 年，塞缪尔开发跳棋程序并首次提出"机器学习"概念；1957 年，罗森布拉特设计感知机，实现可训练人工神经网络用于图像识别；1969年，明斯基与派普特在《感知机》一书中指出单层感知机无法解决线性不可分问题（如异或运算），导致神经网络研究陷入低谷。

（2）反思发展期（20世纪60年代—70年代初）

早期符号主义方法（如逻辑推理、专家系统）虽看似繁荣，却陷入"知识工程瓶颈"——人类难以手工穷举所有领域知识。典型如机器翻译因缺乏语义理解，将"心有余而力不足"机械地译为"酒好肉坏"，暴露了符号主义对复杂现实的无能为力。此阶段，图灵测试的局限性被反思：依赖规则堆砌的"强人工智能"路径，难以显式表达常识与语境理解等隐性能力。

（3）应用发展期（20世纪70年代初—80年代中）

此阶段以专家系统崛起为标志，符号主义方法结合领域知识，通过知识库与推理机实现任务自动化，如 DENDRAL 推断分子结构、MYCIN 提供医疗诊断。机器学习从理论走向实践，在医疗等领域展现潜力，但受限于知识获取成本高、领域迁移性差、系统维护复杂，应用范围仍局限于狭窄领域，未形成通用框架。

（4）低迷发展期（20世纪80年代中—90年代中）

专家系统因面临常识性知识匮乏、推理机制僵化等深层问题，发展逐渐陷入停滞；同时，硬件算力的瓶颈使得神经网络等连接主义模型难以突破浅层结构，深层模型训练受阻；此外，大规模标注数据集的稀缺性进一步制约了监督学习算法的性能提升，导致机器学习领域整体陷入技术突破的瓶颈期。

（5）稳步发展期（20世纪90年代中—2010年）

支持向量机（SVM）、集成学习（如随机森林）等统计学习方法崛起。摩尔定律推动计算能力提升，图形处理器（GPU）开始用于加速矩阵运算。互联网普及催生海量数据，为机器学习提供训练基础。

（6）蓬勃发展期（2011年至今）

深层神经网络（CNN/RNN）通过时空双模态建模实现感知智能突破，专用 AI 芯片（TPU）与分布式框架（TensorFlow）协同推动模型参数规模从百万级向万亿级跃迁，催生了自动驾驶多模态感知、医疗影像病灶识别、金融实时风控等垂直应用，而生成式 AI（如 GPT 系列）以概率建模重构内容创作逻辑，驱动 AI 向通用创作平台范式转型。

2.1.2　机器学习的类型和算法

机器学习按学习方式可划分为监督学习（Supervised Learning）、无监督学习（Unsupervised Learning）、半监督学习（Semi Supervised Learning）、强化学习（Reinforcement Learning，RL）。

1. 监督学习

监督学习（Supervised Learning）是最常见的机器学习类型，其特点是训练数据包含输入特征和对应的标签 / 输出。模型通过学习输入与输出之间的映射关系，从而能够对新的输入数据做出预测。

打个比方，监督学习就像用带答案的习题训练模型，我们给模型输入大量"数据 + 标签"（比如标注"猫"的猫图片），让它学习规律。模型通过分析这些样本，总结出特征和结果的对应关系（比如"尖耳朵→猫"）。训练好后，遇到新数据时，模型就能预测结果。标签就像参考答案，帮助模型不断修正错误，提高准确率。简单地说，监督学习就是用已知答案的数据训练模型，让它能预测未知数据。

监督学习的典型算法有线性回归、逻辑回归、决策树、支持向量机、朴素贝叶斯等。

（1）线性回归

线性回归（Linear Regression）是一种通过线性组合输入特征（自变量）来建模连续型目标变量（因变量）关系的参数化统计方法。它的核心思想是：找到一条最佳拟合直线，来描述输入特征（X）和输出结果（Y）之间的线性关系，用输入特征（X）预测连续型输出（Y）。

图 2-2 所示的直线拟合属于一元线性回归；多元线性回归会拟合出一个平面或超平面。

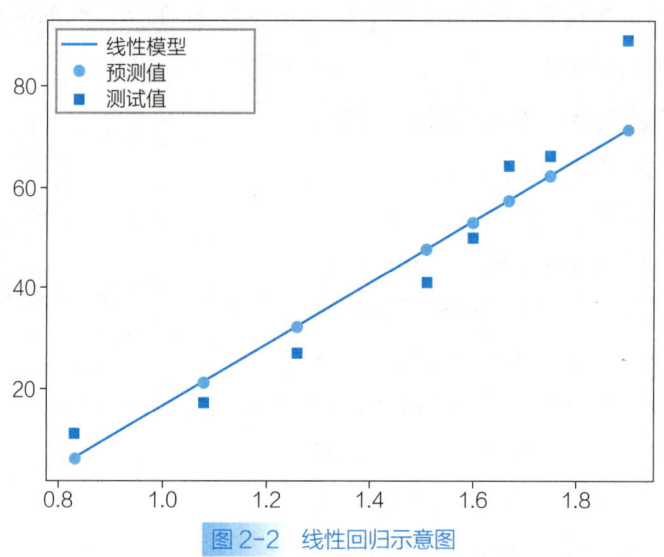

图 2-2　线性回归示意图

（2）逻辑回归

逻辑回归（Logistic Regression）是一种用于解决二分类问题（也可扩展至多分类）的监督学习算法。尽管名称中包含"回归"，但它实际上是一种分类模型，通过 Sigmoid

函数将线性回归的输出映射到 [0,1] 区间，表示样本属于某一类别的概率。通过设定阈值（如 0.5），可以将概率转换为类别，如图 2-3 所示。

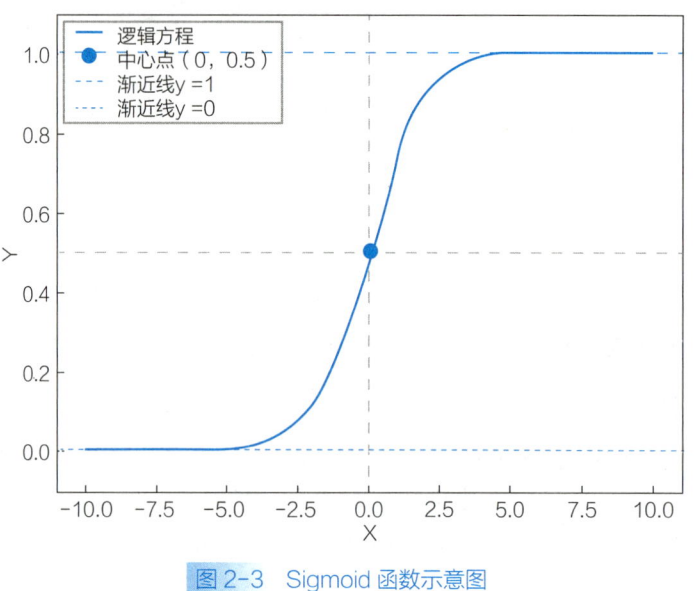

图 2-3　Sigmoid 函数示意图

（3）决策树

决策树（Decision Tree）是一种基于树状结构进行决策的分类与回归算法。它通过构建一棵树状模型，将数据集划分为若干子集，每个子集对应一个决策节点或叶子节点，最终实现对目标变量的预测。

通过对样本特征进行一系列的判断，进而做出决策。如图 2-4 所示。

（4）支持向量机

支 持 向 量 机（Support Vector Machine，SVM）是一种基于统计学习理论的监督学习算法，用于分类和回归任务。其核心思想是：通过升维来解决在低维中线性不可分的问题，旨在找到一个最优超平面作为线性决策边界，将不同类别的数据点分隔开，同时最大化间隔（Margin），即超平面与最近数据点之间的距离。

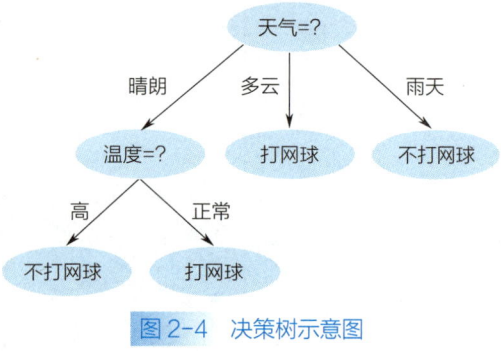

图 2-4　决策树示意图

如图 2-5 所示，所有样本点很难使用一条直线或者超平面进行分割，即无法"拐弯"，该数据集被称为"线性不可分数据集"。可以采用支持向量机模型，将低维数据特征投射到高维空间分类，如图 2-6 所示。

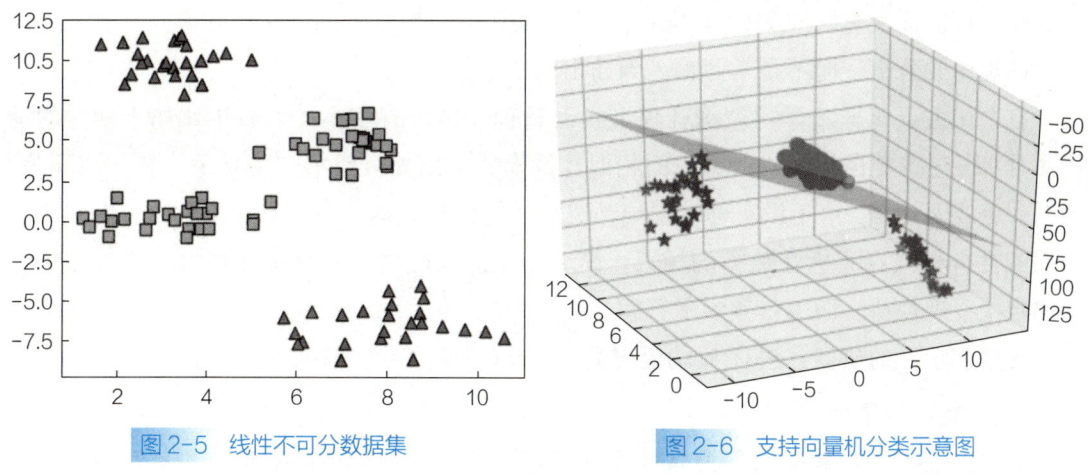

<table>
<tr><td>图2-5 线性不可分数据集</td><td>图2-6 支持向量机分类示意图</td></tr>
</table>

（5）朴素贝叶斯

朴素贝叶斯（Naive Bayes）是一种基于贝叶斯定理（Bayes' Theorem）的概率型监督学习算法，主要用于分类任务。其核心思想是：假设特征之间条件独立（即"朴素"假设），从而简化联合概率的计算，并基于最大后验概率进行预测。根据特征分布假设的不同，主要分为三类：伯努利朴素贝叶斯（Bernoulli Naive Bayes），适用于二值特征（如"是否出现某单词"）；高斯朴素贝叶斯（Gaussian Naive Bayes），适用于连续型特征（如温度、价格），特征服从正态分布；多项式朴素贝叶斯（Multinomial Naive Bayes），适用于离散计数数据（如文本分类），特征服从多项式分布。图2-7所示为高斯朴素贝叶斯模型分类示意图。

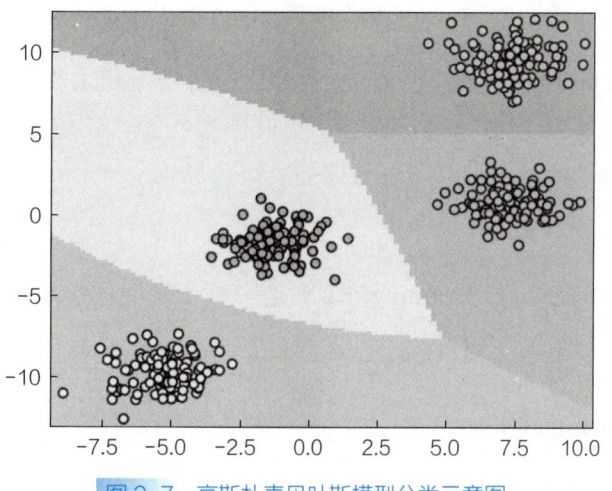

图2-7 高斯朴素贝叶斯模型分类示意图

2. 无监督学习

无监督学习（Unsupervised Learning）是机器学习的重要类型，其特点是训练数据仅包含输入特征而没有对应的标签 / 输出。模型通过分析数据的内在结构和模式,自主发现隐藏的规律或分组,而不是学习输入到输出的映射关系。

打个比方,无监督学习就像让模型自己整理一堆没有答案的习题(比如未标注的动物图片),它需要自行寻找数据中的相似性或模式(比如自动将"尖耳朵"和"圆耳朵"的图片分成两类)。由于没有标签指导,模型只能依赖数据本身的分布来学习,因此适用于探索性分析或缺乏标注数据的场景。简单来说,无监督学习就是让模型从未标注的数据中自主发现规律,而不依赖参考答案。

无监督学习的典型算法有 K 均值聚类、DBSCAN 聚类、降维等。

(1)K均值聚类

K 均值聚类是将数据划分为 K 个互斥的簇,使得同一簇内的数据点相似性最大,而不同簇之间的相似性最小。

(2)DBSCAN聚类

DBSCAN 聚类是一种基于密度的无监督学习算法,用于发现任意形状的簇,并识别噪声点。其核心思想是通过密度可达性将空间中高密度区域划分为簇,低密度区域视为噪声。

(3)降维

降维(Dimensionality Reduction)是一种数据预处理技术,用于将高维数据转换为低维表示,同时尽可能保留原始数据的关键信息。其核心目标是通过减少特征数量,简化数据复杂性,提升计算效率,或避免维度灾难。

3. 半监督学习

半监督学习(Semi Supervised Learning)介于监督学习和无监督学习之间,结合了少量有标签数据和大量无标签数据进行训练,提升模型性能。其核心思想是利用无标签数据中隐含的分布信息,辅助模型学习更鲁棒的决策边界。

4. 强化学习

强化学习(Reinforcement Learning, RL)是一种让智能体(Agent)通过与环境交互来学习最优决策策略的机器学习方法。

2.1.3 机器学习的应用

机器学习已广泛融入人们日常生活、交通运输与农业等领域。在生活场景中为人们提供便利与个性化服务,在交通运输行业推动智能化与高效化转型,在农业生产中助力精准农业与可持续发展,通过数据驱动的决策模式,为各行业带来显著效益。

1. 机器学习在日常生活中的应用

机器学习正深度融入人们的日常生活，通过自动化决策与预测技术显著提升便利性与个性化体验：智能语音助手（如 Siri、小爱同学）利用自然语言处理与语音识别技术，实现语音指令查询、设备控制等功能；个性化内容推荐系统（如抖音、淘宝）基于用户行为数据，通过协同过滤算法精准推送符合用户兴趣的短视频或商品；垃圾邮件过滤功能（如 Gmail）借助监督学习模型分析邮件特征，动态拦截垃圾邮件；智能手环（如华为手环）则通过机器学习算法解析运动与睡眠数据，识别健康异常并提供改善建议。这些应用从日常交互到健康管理，全方位渗透生活场景，让技术真正服务于用户需求。

2. 机器学习在交通运输行业的应用

机器学习在交通运输行业的应用正推动行业向智能化、高效化转型：在智能交通管理中，通过分析实时路况数据，机器学习模型可预测交通流量，动态调整信号灯时长，减少拥堵；在自动驾驶领域，深度学习算法（如卷积神经网络）通过处理摄像头与雷达数据，实现障碍物识别、路径规划与决策控制，提升行车安全性；在物流优化方面，机器学习可通过分析历史运输数据，预测货物需求与运输时间，优化配送路线与车辆调度，降低运营成本；在预测性维护中，通过监测车辆传感器数据（如发动机温度、振动频率），机器学习模型可提前识别潜在故障，指导预防性维修，减少停机时间。这些应用通过数据驱动的决策模式，提升运输效率、安全性与可持续性，为未来智慧交通的实现奠定基础。

3. 机器学习在农业中的应用

机器学习在农业中的应用正推动精准农业与可持续发展。作物产量预测方面，机器学习算法整合气象数据、土壤湿度与历史产量记录，提前预测作物产量，辅助农民优化种植计划；智能灌溉系统利用传感器数据（如土壤含水量、气温），通过机器学习模型动态调整灌溉量，减少水资源浪费；杂草管理中，计算机视觉技术结合强化学习算法，可区分作物与杂草，实现精准除草，降低农药使用量。这些应用通过数据驱动的决策模式，提升了农业生产效率、资源利用率与环境可持续性，为农业现代化提供技术支撑。

2.2　深度学习

深度学习作为机器学习的重要分支，基于人工神经网络构建，通过多层非线性变换自动从海量数据中挖掘特征与模式，实现分类、预测及生成等任务。自 20 世纪 40 年代萌芽，历经技术迭代与算力突破，深度学习现已在计算机视觉、自然语言处理、医疗、自动驾驶等领域广泛应用。本节将系统解析其发展脉络、核心模型结构、典型算法类型及前沿应用场景，助力读者快速了解这一人工智能核心技术。

2.2.1 深度学习概述

深度学习是一种基于人工神经网络的机器学习技术，是机器学习的一个分支领域。它利用大量的数据和复杂的神经网络结构，让计算机自动从数据中学习特征和模式，以实现对数据的分类、预测、生成等任务。

深度学习通过构建包含多个隐藏层的神经网络模型，将原始数据作为输入，经过各层的非线性变换和特征提取，最终在输出层得到期望的结果。在训练过程中，模型使用优化算法（如随机梯度下降）来最小化损失函数，通过反向传播算法计算梯度并更新模型的参数，使得模型能够逐渐学习到数据中的内在规律，从而具备对新数据进行准确预测和分析的能力。

1. 发展历程

深度学习的起源可以追溯到20世纪40年代。1943年，沃伦·麦卡洛克和沃尔特·皮茨提出了一种简单的神经元模型，是神经网络的早期雏形，为后来深度学习的发展奠定了理论基础。1957年，弗兰克·罗森布拉特提出了感知机模型，它是一种简单的线性分类器，能够通过训练来学习如何对输入数据进行分类，被认为是最早的神经网络模型之一。经过多年的发展，陆续出现了一些神经网络的算法，但在21世纪以前，由于计算能力的限制和算法的不完善，深度学习的发展较为缓慢。

进入21世纪后，深度学习技术开始爆发式发展。2006年，杰弗里·辛顿等人提出了深度学习的概念，并发表了关于深度信念网络（DBN）的研究成果，通过无监督学习的方式对神经网络进行预训练，然后再使用有监督学习进行微调，大大提高了模型的性能，开启了深度学习的新时代。2012年，亚历克斯·克里热夫斯基等人在ImageNet图像识别竞赛中使用AlexNet模型取得了巨大的成功，其准确率大幅超过了传统方法，这一成果引起了学术界和工业界的广泛关注，标志着深度学习在计算机视觉领域的重大突破。此后，深度学习在各个领域迅速发展，各种新的模型架构和算法不断涌现，如VGGNet、GoogleNet、ResNet等在图像识别领域不断刷新精度；循环神经网络（RNN）及其变种长短时记忆网络（LSTM）、门控循环单元（GRU）在自然语言处理领域得到广泛应用；生成对抗网络（GAN）在图像生成、数据增强等方面展现出强大的能力。同时，随着计算能力的飞速提升，尤其是GPU的广泛应用，以及大规模数据集的不断涌现，为深度学习的发展提供了有力的支持，使其在语音识别、医疗影像分析、自动驾驶等众多领域取得了突破性的进展，成为当今人工智能领域的核心技术之一。

2. 模型结构

深度学习模型结构多样，通常由输入层、隐藏层、全连接层和输出层组成，各层通过不同的连接方式和参数来实现对数据的特征提取和处理。

（1）输入层

负责接收原始数据。数据的形式取决于具体任务，例如在图像识别中，输入可能是图像的像素值矩阵；在自然语言处理中，输入可能是经过词向量表示的文本序列，每个词被映射为一个固定长度的向量，输入层的节点数就是词向量的维度。

（2）隐藏层

隐藏层是模型的核心部分，包含多个神经元，通过各种激活函数对输入进行非线性变换，提取数据的特征。常见的激活函数有 ReLU、Sigmoid、Tanh 等。隐藏层的数量和神经元的个数决定了模型的复杂度和表示能力。

（3）全连接层

层中的每个神经元都与上一层的所有神经元相连，其参数包括权重矩阵和偏置向量。全连接层可以对输入特征进行线性组合，并通过激活函数引入非线性，能够学习到数据的复杂模式，但随着网络深度增加，容易出现过拟合和计算量过大的问题。

（4）输出层

根据具体任务输出相应的结果。例如在回归任务中输出数值；在分类任务中，输出层通常使用 softmax 激活函数，输出各类别的概率。例如在一个手写数字识别任务中，输出层可能有 10 个节点，分别表示 0~9 这 10 个数字的输出概率，概率最大的类别就是模型的预测结果。

不同的深度学习模型会根据具体任务和数据特点，选择不同的层组合和连接方式，形成各种各样的模型结构。

3. 挑战与展望

深度学习在取得巨大成功的同时，在某些方面也面临着一些挑战，例如：

（1）数据

高质量的大规模标注数据是深度学习模型训练的基础，但获取和标注数据往往需要耗费大量的人力、物力和时间。例如在医疗领域，要获取大量具有准确标注的医学影像数据非常困难，且数据标注需要专业的医学知识，成本极高。而且，随着数据在深度学习中的重要性日益凸显，数据隐私和安全问题也变得至关重要。在一些应用场景中，如人脸识别系统使用的个人图像数据、金融领域的客户交易数据等，一旦数据泄露，将给用户带来严重的隐私泄露和财产损失。

（2）模型

深度学习模型通常具有很高的复杂度，训练大规模的深度学习模型需要强大的计算资源，如高性能的图形处理单元（GPU）集群，这不仅增加了硬件成本，还带来了能源消耗和散热等问题。而且，训练时间往往很长，对于一些实时性要求较高的应用场景，如在线广告推荐系统的模型更新，快速训练模型是一个挑战。另外，模型在训练数据上表现良好，但在面对新的、未见过的数据时，可能表现不佳，即泛化能力不足。尤其在一些复杂的现实场景中，数据分布可能会发生变化，如在不同季节、不同地域采集的图像数据，模型需要具备很强的泛化能力才能适应这些变化。

尽管面临诸多挑战，但深度学习的发展前景依然十分广阔，深度学习将与其他技术如强化学习、知识图谱、量子计算等相结合，发挥各自的优势，解决更复杂的问题。例如，将深度学习与强化学习结合用于机器人控制，使机器人能够通过学习不断优化自己的行为策略，适应不同的环境和任务要求。随着技术的不断进步，深度学习将在更多新兴领域得到应用，如太空探索、生物基因编辑、智能电网等。在太空探索中，深度学习可用于分析卫星图像、识别天体特征，帮助科学家更好地了解宇宙。为了更好地应对深度学习带来的各种挑战，需要培养跨学科人才，他们不仅要具备深度学习的专业知识，还要了解伦理、法律、社会科学等方面的知识，能够从多个角度思考和解决问题，推动深度学习技术的健康发展。

2.2.2 深度学习的类型

深度学习具有多种类型，其中包括卷积神经网络、循环神经网络、长短时记忆网络、门控循环单元、全连接神经网络以及生成对抗网络等。

1. 卷积神经网络

卷积神经网络（Convolutional Neural Network，CNN）是一类包含卷积运算且具有深度结构的模型，是深度学习的代表算法之一，在计算机视觉领域有着广泛的应用。

卷积神经网络主要包括卷积层、池化层和全连接层。卷积层是CNN的核心组成部分，由多个卷积核组成。每个卷积核通过在输入数据上滑动，进行卷积操作，提取数据的局部特征。如图2-8所示，一张图像经过卷积、池化后得到输出向量。

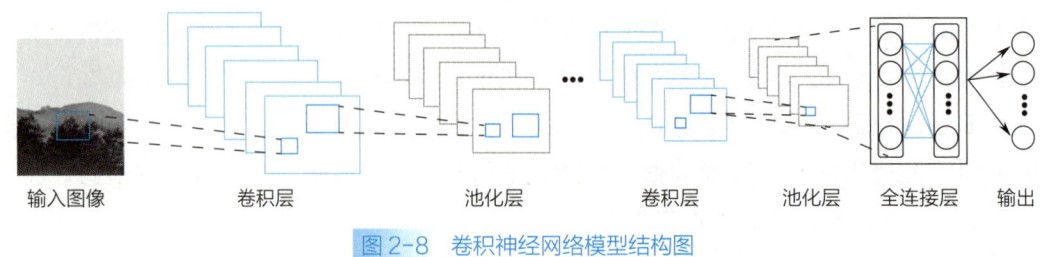

输入图像　　卷积层　　　　池化层　　　卷积层　　　池化层　全连接层　输出

图2-8　卷积神经网络模型结构图

例如，在图像识别中，不同的卷积核可以提取图像中的边缘、纹理等特征。池化层通常位于卷积层之后，用于对数据进行下采样。常见的池化方式有最大池化和平均池化，最大池化是取池化窗口内的最大值，平均池化则是计算池化窗口内的平均值。池化操作可以减少数据的维度，降低模型的计算量，同时保留重要的特征。在经过多个卷积层和池化层后，将提取到的特征进行整合，通过全连接的方式将特征映射到输出空间，用于最终的分类或回归任务。例如，在图像分类任务中，全连接层将前面提取到的图像特征映射到不同的类别上，输出每个类别的概率。

CNN 能够自动提取数据的局部特征，通过卷积核在数据上的滑动，只关注局部区域的信息，这与人类视觉系统对图像的感知方式相似，能够有效地捕捉图像中的局部结构和模式。在卷积层中，每个卷积核在整个输入数据上共享相同的权重，这大大减少了模型的参数数量，降低了计算量和过拟合的风险。同时，权值共享也使得模型具有平移不变性，即对图像的平移、旋转和缩放等变换具有一定的鲁棒性。CNN 的多层结构可以自动学习到不同层次的特征，从底层的边缘、纹理等简单特征，到高层的语义、概念等复杂特征。这种层次化的特征表示能够更好地适应不同的任务和数据类型。

2. 循环神经网络

循环神经网络（Recurrent Neural Network，RNN）是一类专门处理序列数据的深度学习模型，它能够利用序列中的历史信息进行预测和决策，在自然语言处理、语音识别等领域有着广泛的应用。RNN 中的神经元除了接收当前时刻的输入外，还会接收上一时刻的隐藏状态作为输入，通过一个非线性函数来计算当前时刻的隐藏状态和输出。RNN 中的隐藏层由多个神经元组成，用于对输入序列进行特征提取和建模。隐藏层的状态会随着时间的推移而不断更新，从而保留了序列中的历史信息。根据隐藏层的状态来生成最终的输出，输出可以是分类结果、预测值或其他形式的信息，具体取决于任务的类型。循环神经网络模型结构图如图 2-9 所示。

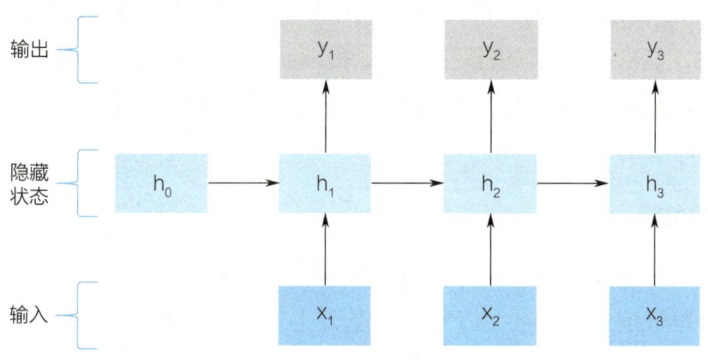

图 2-9　循环神经网络模型结构图

循环神经网络能够自然地处理具有顺序信息的数据，如文本、语音、时间序列等。它可以根据序列中的历史信息来预测未来的元素，或者对整个序列进行分类和标注。通过隐藏状态在时间步之间的传递，RNN 有潜力捕捉到序列中长距离元素间的依赖关系，即序列中早期的元素对较晚元素的影响。这使得它在处理具有复杂语义和语法结构的序列数据时具有优势。虽然 RNN 理论上可以捕捉长期依赖关系，但在实际中，随着序列长度的增加，梯度消失或梯度爆炸问题容易出现，导致模型难以学习到长距离的依赖信息。为了解决 RNN 的这些局限性，人们提出了一些改进的模型，如长短时记忆网络（LSTM）和门控循环单元（GRU）等。这些 RNN 的变体模型通过引入门控机制，能够更好地控制信息的流动和记忆，有效地解决了长期依赖问题，在各种序列数据处理任务中取得了更好的效果。

3. 长短时记忆网络

长短时记忆网络（Long Short Term Memory，LSTM）是一种特殊的循环神经网络，它在处理序列数据方面表现出色，能够有效地解决 RNN 中的长期依赖问题。LSTM 的核心是细胞状态，它就像一个记忆管道，能够在序列中传递信息。细胞状态可以在较长的序列中保持信息，并且可以选择性地更新和遗忘。LSTM 通过三个门控单元来控制信息的流动，分别是输入门、遗忘门和输出门。遗忘门决定了要从细胞状态中遗忘多少过去的信息。它通过一个 Sigmoid 函数来计算一个遗忘概率，取值范围在 0 到 1 之间，0 表示完全遗忘，1 表示完全保留。输入门决定了要将多少新的信息添加到细胞状态中。它由两部分组成，一部分是通过 Sigmoid 函数计算的输入概率，用于控制新信息的进入；另一部分是通过 Tanh 函数计算的新信息候选值，然后将两者相乘得到要添加到细胞状态中的新信息。输出门根据当前的细胞状态和隐藏状态，决定要输出什么信息。它首先通过 Sigmoid 函数计算一个输出概率，然后将细胞状态经过 Tanh 函数处理后与输出概率相乘，得到最终的输出。

LSTM 能够有效地捕捉序列中的长期依赖关系，通过细胞状态和门控机制，它可以选择性地记住和遗忘信息，从而在长时间序列中保持对重要信息的记忆；对噪声和干扰具有较强的鲁棒性，能够在复杂的序列数据中提取出有用的特征，不易受到局部噪声的影响；可以自动学习何时记住信息、何时遗忘信息以及何时输出信息，能够适应不同类型的序列数据和任务需求。

4. 门控循环单元

门控循环单元（Gated Recurrent Unit，GRU）是一种用于处理序列数据的循环神经网络变体，它在长短时记忆网络（LSTM）的基础上进行了简化和改进，能够有效地捕捉序列中的长期依赖关系。GRU 主要由重置门和更新门两个门控机制组成。这两个门控单元都是由一个 Sigmoid 函数和一个线性变换组成，用于控制信息的流动和更新。重置门用于控制过去的信息有多少要被重置，即决定了当前输入与过去隐藏状态的结合方式。它通过 Sigmoid 函数计算一个取值在 0 到 1 之间的概率，接近 0 表示要重置过去的信息，接近 1 表示保留过去的信息。更新门用于控制当前的隐藏状态有多少要被更新，即决定了新的隐藏状态中来自当前输入和过去隐藏状态的比例。同样通过 Sigmoid 函数计算一个概率，0 表示完全使用新的信息更新隐藏状态，1 表示完全保留过去的隐藏状态。根据重置门和当前输入计算得到候选隐藏状态，它是一个通过 Tanh 函数激活的线性变换结果，包含了当前输入和部分过去信息的综合表示。

相比于 LSTM，GRU 减少了一个门控单元（输出门）和细胞状态，模型结构更加简单，参数数量相对较少，因此训练速度更快，在一些资源受限的场景中更具优势。虽然结构简化，但 GRU 仍然能够有效地捕捉序列中的长期依赖关系。通过重置门和更新门的协同作用，它可以灵活地控制信息的流动和记忆，在处理长序列数据时表现出色。在许多序列数据处理任务中，GRU 能够取得与 LSTM 相当甚至更好的性能。由于其简洁的结构和高效的计算，GRU 在实际应用中越来越受到用户的青睐。

5. 全连接神经网络

全连接神经网络（Fully Connected Neural Network，FCNN）是一种基本的神经网络结构，在机器学习和深度学习领域有着广泛的应用。全连接神经网络由多个神经元组成，每个神经元都与下一层的所有神经元相连，信息在神经元之间通过权重进行传递。这种连接方式使得网络能够充分学习到输入数据的各种特征组合。FCNN 通常包含输入层、隐藏层和输出层。输入层负责接收原始数据，输出层给出最终的预测结果，而隐藏层则对输入数据进行特征提取和变换。隐藏层可以有多个，随着隐藏层数量的增加，网络能够学习到更复杂的函数关系，从而提高模型的表达能力。

全连接神经网络具有强大的拟合能力，理论上，全连接神经网络可以逼近任何连续函数，因此能够处理各种复杂的非线性问题，对于具有高度非线性关系的数据有很好的建模能力。另外，它的灵活性也比较高，可以根据具体问题的需求调整网络的层数、神经元数量以及激活函数等参数，以适应不同规模和特点的数据集，具有很强的灵活性和可扩展性。但是由于模型具有很强的拟合能力，如果训练数据不足或者模型过于复杂，全连接神经网络很容易学习到训练数据中的噪声和细节，导致在测试数据上表现不佳，即出现过拟合现象。FCNN 的计算量也会比较大，全连接的结构使得网络中的参数数量众多，尤其是在处理大规模数据和复杂任务时，计算量会呈指数级增长，这不仅增加了训练时间和对计算资源的需求，还可能导致内存不足等问题。全连接神经网络是深度学习中的基础模型，虽然存在一些缺点，但在图像识别、自然语言处理、语音识别等众多领域都取得了显著的成果，并且为其他更复杂的神经网络结构和算法提供了理论和实践基础。

6. 生成对抗网络

生成对抗网络（Generative Adversarial Network，GAN）是一种深度学习模型，由生成器（Generator）和判别器（Discriminator）组成，通过对抗博弈的方式来学习生成新的数据样本。生成器的目标是生成尽可能逼真的样本，以欺骗判别器。它通常接受一个随机噪声向量作为输入，通过一系列的神经网络层（如全连接层、卷积层等）将其映射为一个与真实数据具有相同维度和分布的输出样本。生成器的训练过程是不断调整参数，使得生成的样本越来越接近真实数据的过程。判别器的主要职责是区分输入的样本是真实数据还是由生成器生成的虚假数据。它也是一个神经网络，输入可以是真实数据样本或生成器生成的样本，输出是一个表示样本为真实数据的概率值。判别器通过学习真实数据和虚假数据的特征，不断提高区分两者的能力。GAN 的训练过程是生成器和判别器之间的对抗博弈过程。生成器试图生成更逼真的样本以欺骗判别器，而判别器则试图更准确地识别出虚假样本。在训练中，交替更新生成器和判别器的参数。对于判别器，使用真实数据和生成器生成的虚假数据进行训练，通过最大化正确分类真实数据和虚假数据的概率来调整参数；对于生成器，通过最小化判别器将其生成的样本误判为虚假数据的概率来调整参数，即最大化判别器将生成样本判断为真实数据的概率。

生成对抗网络具有强大的生成能力，能够学习到真实数据的复杂分布，生成高质量、多样化的样本，在图像生成、语音合成等领域可以生成非常逼真的结果。可以在无监督的情况下学习数据的分布，不需要对数据进行明确的标注，这使得它能够处理大量的未标注数据，发现数据中的潜在结构和模式。生成对抗网络结构具有较高的灵活性，可以根据不同的任务和数据类型进行调整和改进，例如使用不同的神经网络架构、损失函数等，以适应各种应用场景。

2.2.3 深度学习的应用

深度学习作为人工智能的核心技术之一，凭借其强大的特征提取和模式识别能力，在众多领域实现了突破性应用。

在计算机视觉领域可以做图像识别与分类，对输入的图像进行分析，识别出其中包含的物体、场景、人物等，并将其分类到相应的类别中。例如，在安防监控中识别出人脸、车牌；在医疗影像诊断中识别出肿瘤、病变等；在自动驾驶中识别交通标志、车道线等。还可以做目标检测与定位，不仅要识别图像中的物体，还要确定它们的位置和边界框。例如，应用于智能安防中的行为分析、工业检测中的缺陷定位，以及机器人视觉中的目标抓取等场景。还可以做图像生成与编辑。例如，基于深度学习的生成模型可以生成新的图像，如风景、人物、艺术作品等。同时，还能对图像进行各种编辑操作，如风格转换、超分辨率重建、图像修复等。例如，将一张普通照片转换为具有特定艺术风格的画作，或者将低分辨率图像提升为高分辨率图像。

在自然语言处理领域可以做机器翻译，将一种自然语言翻译成另一种自然语言。深度学习模型能够学习不同语言之间的映射关系，实现准确、流畅地翻译。例如，在线翻译工具可以快速将网页、文档等内容从一种语言翻译成多种语言；可以做文本生成，根据给定的上下文或某些条件生成自然语言文本，如文章写作、故事生成、对话生成等。例如，智能写作助手可以帮助用户生成新闻报道、文案策划等内容，聊天机器人能够与用户进行自然流畅的对话；可以做情感分析，分析文本中所表达的情感倾向，如积极、消极或中性。常用于社交媒体监测、产品评论分析、市场调研等领域，帮助企业了解用户对产品或服务的态度和反馈。

在语音处理领域可以做语音识别，将语音信号转换为文字内容，广泛应用于语音助手、语音输入法、智能客服等领域，方便用户通过语音指令进行操作，提高信息输入和交互效率。可以做语音合成，将文字内容转换为自然流畅的语音，例如有声读物、语音导航、智能音箱等产品通过语音合成技术为用户提供语音服务，使设备能够以语音形式输出信息。

在医疗领域可以做医学影像诊断，分析 X 光、CT、MRI 等医学影像，辅助医生检测疾病、识别病变特征，如肿瘤的检测与分类、肺部结节的分析等，提高诊断的准确性和效率，减少漏诊和误诊；可以做疾病预测与风险评估，基于患者的病历、基因数据、生命体征等多源数据，利用深度学习模型预测疾病的发生风险、治疗反应和遗传特征，帮助医生制定个性化的治疗方案。

在自动驾驶领域可以做环境感知，通过摄像头、激光雷达等传感器获取车辆周围的图像和点云数据，利用深度学习算法识别道路、交通标志、车辆、行人等物体，对车辆周围的环境进行实时感知和理解。根据环境感知的结果，深度学习模型预测车辆的行驶轨迹和决策，如加速、减速、转弯等操作，实现自动驾驶的决策与控制，确保车辆在各种复杂的交通场景下安全、高效地行驶。

下面提供一个运用 Python 和 Keras 库搭建全连接神经网络进行手写数字识别的实例。此实例会使用 MNIST 数据集，它包含了大量的手写数字图像。

1）数据加载：借助 mnist.load_data（）函数加载 MNIST 数据集，该数据集包含 60000 张训练图像与 10000 张测试图像。

```
import numpy as np
from tensorflow import keras
from tensorflow.keras.datasets import mnist
from tensorflow.keras.models import Sequential
from tensorflow.keras.layers import Dense, Flatten
from tensorflow.keras.utils import to_categorical
import matplotlib.pyplot as plt
# 加载 MNIST 数据集
(train_images, train_labels), (test_images, test_labels) = mnist.load_
data()
```

2）数据预处理：把图像数据从二维数组重塑为一维向量，并且将像素值归一化到 0~1 的范围，同时对标签进行 one‐hot 编码。

```
# 数据预处理
train_images = train_images.reshape((60000, 28 * 28))
train_images = train_images.astype('float32') / 255
test_images = test_images.reshape((10000, 28 * 28))
test_images = test_images.astype('float32') / 255
# 对标签进行one-hot编码
train_labels = to_categorical(train_labels)
test_labels = to_categorical(test_labels)
```

3）模型构建：采用 Sequential 模型构建一个简单的全连接神经网络，包含一个具有 512 个神经元的隐藏层（使用 ReLU 激活函数）和一个具有 10 个神经元的输出层（使用 softmax 激活函数）。

```
# 构建全连接神经网络模型
model = Sequential([
    Dense(512, activation='relu', input_shape=(28 * 28,)),
    Dense(10, activation='softmax')
])
```

4）模型编译、训练和评估：运用 rmsprop 优化器、categorical_crossentropy 损失函数以及 accuracy 指标来编译模型。使用 fit 方法对模型进行训练，训练 5 个轮次，每个轮次包含 128 个样本。利用 evaluate 方法在测试集上评估模型的性能。

```
# 编译模型
model.compile(optimizer='rmsprop',
              loss='categorical_crossentropy',
              metrics=['accuracy'])
# 训练模型
history = model.fit(train_images, train_labels, epochs=5, batch_
size=128)
# 评估模型
test_loss, test_acc = model.evaluate(test_images, test_labels)
print(f"Test accuracy: {test_acc}")
```

5）可视化：通过 Matplotlib 库绘制训练过程中的准确率和损失曲线。

```
# 可视化训练过程
plt.plot(history.history['accuracy'])
plt.title('Model accuracy')
plt.ylabel('Accuracy')
plt.xlabel('Epoch')
plt.legend(['Train'], loc='upper left')
```

```
plt.show()
plt.plot(history.history['loss'])
plt.title('Model loss')
plt.ylabel('Loss')
plt.xlabel('Epoch')
plt.legend(['Train'], loc='upper left')
plt.show()
```

2.3 自然语言处理

自然语言处理是指将人类交流沟通所用的语言经过处理转化为机器所能理解的机器语言，是语言学和计算机科学的交叉学科。作为人工智能的一个重要分支，自然语言处理在数据处理领域也占有越来越重要的地位。本节包含自然语言处理概述、自然语言处理的技术、自然语言处理的典型应用等内容。

2.3.1 自然语言处理概述

自然语言处理（Natural Language Processing，NLP）聚焦人类日常语言，是计算机、人工智能等领域的交叉研究方向。它历经规则探索、知识工程、统计崛起到深度学习爆发四个阶段，核心涵盖理解、生成、交互任务，推动人机沟通从简单到智能，在多领域应用前景广阔。

1. 什么是自然语言处理

自然语言是指汉语、英语、法语等人们日常使用的语言，是自然而然地随着人类社会发展演变而来的语言，是人类学习、生活的重要工具。概括说来，自然语言是指人类社会约定俗成的，并且区别于人工语言（如计算机程序语言）的语言。

自然语言处理（NLP）是指利用计算机对自然语言的形、音、义等信息进行处理，即对字、词、句、篇章进行输入、输出、识别、分析、理解、生成等操作和加工的过程。NLP 是计算机科学领域以及人工智能领域的一个重要的研究方向，是一门融语言学、计算机科学、数学、统计学等于一体的学科。NLP 的具体表现形式包括机器翻译、文本摘要、文本分类、文本校对、信息抽取、语音合成、语音识别等。自然语言处理如图 2-10 所示。

2. 自然语言处理的发展历程

自然语言处理（NLP）的发展历程可以分为四个主要阶段，从早期的起步探索期到如今的深度学习爆发期，每一次技术突破都推动了人机交互能力的显著提升。

（1）起步探索期（20世纪50—60年代）

自然语言处理的起步阶段以基于对规则和符号逻辑的探索为主。1950 年，图灵提出

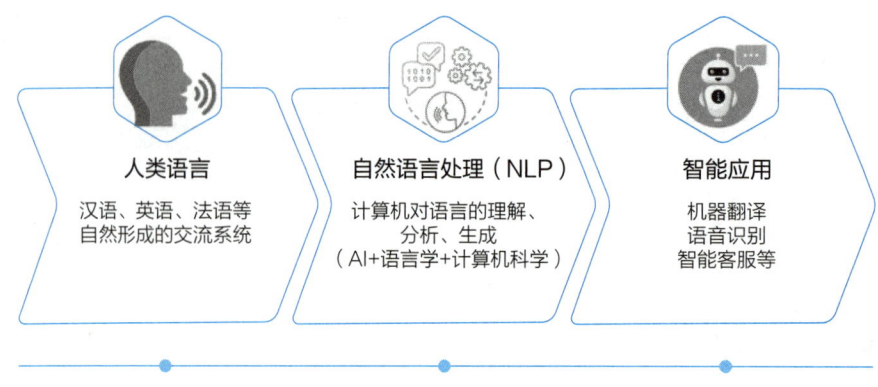

人类语言
汉语、英语、法语等
自然形成的交流系统

自然语言处理（NLP）
计算机对语言的理解、
分析、生成
（AI+语言学+计算机科学）

智能应用
机器翻译
语音识别
智能客服等

图 2-10   自然语言处理

"图灵测试"，首次探讨与机器智能对话的可能性。1954 年，乔治城大学与 IBM 合作开发了世界上首个机器翻译系统（俄译英），但因依赖词典和简单语法规则，翻译质量较差。1966 年，美国 ALPAC 报告指出机器翻译效果不佳，导致研究资金缩减，NLP 陷入低谷。这一阶段的技术局限明显：系统仅能处理简单语法，缺乏语义理解能力，无法解决歧义或复杂句式（如"Time flies like an arrow"的多义性），暴露了纯规则方法的不足。

（2）规则与知识工程期（20世纪70—80年代）

这一时期以专家系统与语言学理论的结合为主要特征。1971 年，Winograd 开发的SHRDLU 系统通过有限规则实现了对简单指令（如"移动红色积木"）的理解。20 世纪80 年代，以 ELIZA 为代表的专家系统兴起，该系统能模拟心理咨询师进行对话，但完全依赖人工编写的规则，扩展性较差。这一阶段面临的主要问题包括：规则数量呈指数级增长导致维护成本高昂（如"苹果"一词需要区分水果和公司两种含义），以及系统难以适应不同领域和语境的变化。这些局限性使得基于规则的方法逐渐显示出发展瓶颈，为后续统计方法的兴起埋下伏笔。

（3）统计方法崛起期（20世纪90年代至21世纪初）

自然语言处理进入以统计方法为主导的新阶段。这一时期的显著特点是采用概率和机器学习技术处理语言问题。20 世纪 90 年代，隐马尔可夫模型（HMM）被成功应用于语音识别系统，如 IBM 的 ViaVoice。2001 年，统计机器翻译（SMT）技术取代传统规则方法，谷歌翻译率先采用短语对齐技术大幅提升翻译质量。2006 年，潜在语义分析（LSA）和主题模型（LDA）的出现进一步改善了文本分类效果。统计方法的优势在于能够利用大规模语料库自动学习语言规律，这使得它在搜索引擎（如 PageRank 算法）、垃圾邮件过滤等实际应用中取得显著成效，为 NLP 技术的发展开辟了新方向。

（4）深度学习爆发期（21世纪10年代至今）

2010 年以来，自然语言处理进入深度学习主导的爆发式发展阶段。这一时期的显著特征是神经网络技术与大数据的深度融合。2013 年，Word2Vec 词向量模型的提出实现了词语的分布式表示，为后续研究奠定了基础。2014 年，Seq2Seq 模型（如谷歌 GNMT）在机器翻译领域取得突破性进展。2017 年，Transformer 架构（包括 BERT 和 GPT）成功解决了长距离依赖问题，使模型能够更好地理解上下文。2020 年后，以 ChatGPT 为代表的大语言模型展现出强大的多轮对话和代码生成等复杂任务处理能力。该阶段的主要技术突破包括：预训练＋微调的新范式大幅降低了领域适应成本，以及 Hugging Face 等开源框架的普及极大地推动了技术的应用。这些进展使得 NLP 技术开始向通用人工智能方向迈进。

3. 自然语言处理的核心任务

（1）自然语言理解

自然语言理解（Natural Language Understanding，NLU）的核心目标是将人类语言转化为机器可处理的结构化信息，其流程主要分为三个关键步骤：通过文本预处理完成分词（如中文分词）、去除停用词、词干提取（英文）以及文本标准化（如大小写统一）；进行语义解析，包括词法分析（词性标注）、句法分析（依存句法树构建）和语义角色标注（识别"谁对谁做了什么"等关系）；通过意图识别与信息抽取实现具体应用，包括命名实体识别（NER）提取人名、地点等实体，情感分析判断文本倾向（正面／负面），以及意图分类（如区分"查询天气"和"订机票"请求）。这些技术广泛应用于智能客服的问题理解、搜索引擎的关键词提取以及舆情监控的情感分析等场景。自然语言理解的核心流程如图 2-11 所示。

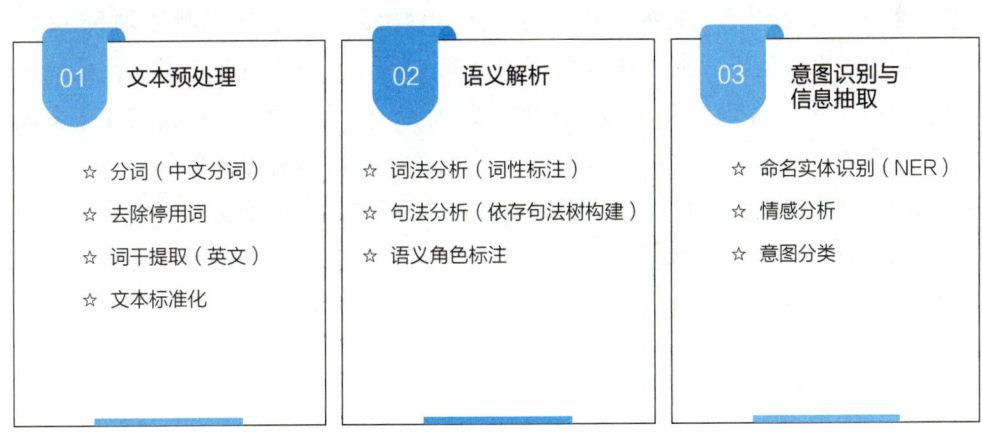

图 2-11　自然语言理解的核心流程

（2）自然语言生成

自然语言生成（Natural Language Generation，NLG）是将结构化数据或机器内部表示转化为人类可读的自然语言，其实现过程主要包含三个关键环节：进行内容规划，确定需要生成的核心信息要素（例如天气预报中的"温度"和"天气状况"），数据筛选与组织，信息优先级排序，内容结构设计；进入句子生成阶段，通过选择合适的词汇和语法结构（如将"下雨"转化为"明天将有小雨"这样的完整句子），注意句子完整性和基本语义表达；进行语言优化，调整文本的流畅性、多样性（避免表达重复）、个性化风格（如正式或口语化表述）以及上下文一致性。NLG广泛应用于自动摘要（生成文章概要）、机器翻译（如中英文互译）以及报告生成（将结构化数据转化为文字描述）等实际场景。自然语言生成的核心流程如图2-12所示。

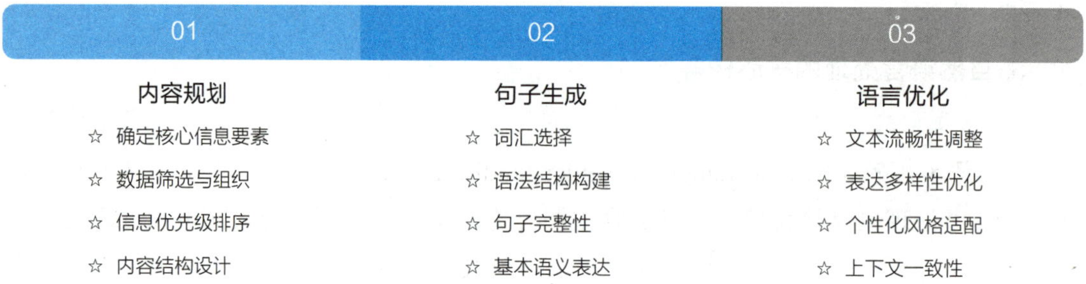

01	02	03
内容规划	**句子生成**	**语言优化**
☆ 确定核心信息要素	☆ 词汇选择	☆ 文本流畅性调整
☆ 数据筛选与组织	☆ 语法结构构建	☆ 表达多样性优化
☆ 信息优先级排序	☆ 句子完整性	☆ 个性化风格适配
☆ 内容结构设计	☆ 基本语义表达	☆ 上下文一致性

图2-12　自然语言生成的核心流程

（3）自然语言交互

自然语言交互（Natural Language Interaction，NLI）是指人类与计算机系统通过自然语言进行双向沟通的技术体系，它融合了自然语言理解（NLU）和自然语言生成（NLG）两大核心能力，形成完整的"输入-处理-输出"闭环。其核心机制包括：输入侧通过NLU将人类语言（如语音/文本）转化为机器可理解的指令，输出侧通过NLG将机器响应转化为自然语言反馈。典型流程如用户询问"明天上海天气怎么样"，系统先通过NLU识别意图（天气查询）和实体（上海、明天），再检索数据并通过NLG生成"上海明天多云转晴，气温18~25℃"的回复。自然语言交互具有三大特征：支持文本/语音/图像多模态交互，通过对话状态跟踪实现上下文感知的多轮交流，并能根据用户特征（如儿童）调整语言风格。随着技术进步，自然语言交互正从早期的固定模板问答，发展到基于大模型的开放域对话，未来将向具身智能方向演进。

2.3.2　自然语言处理的技术

自然语言处理（NLP）是人工智能领域的关键技术，涵盖基础与核心技术。基础技术助力语言处理，核心技术实现多领域应用。它涉及用户画像、大数据等，融合云计算、机器学习、深度学习，让机器理解人类语言，推动智能交互发展。自然语言处理涉及的技术如图2-13所示。

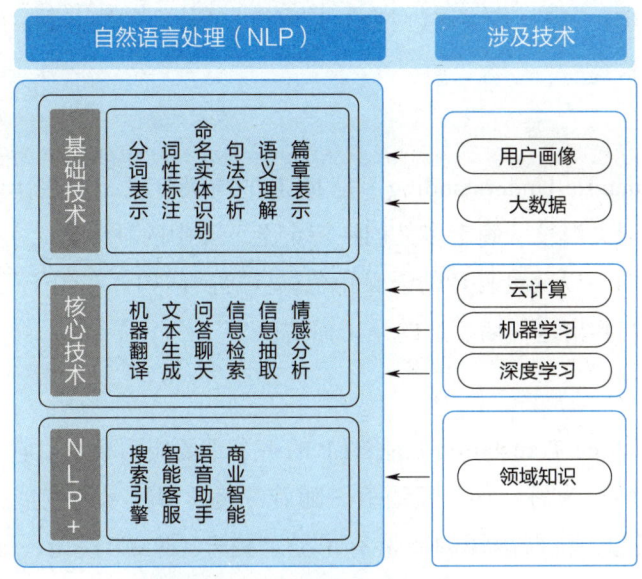

图 2-13　自然语言处理涉及的技术

1. 分词与词性标注

分词（Tokenization）是 NLP 的基础步骤，它将连续的文本切分为有语义或语法意义的词汇单元（tokens），如单词、数字、标点符号等。例如，句子"我爱自然语言处理"经过词法分析后，会被切分为"我""爱""自然语言处理"。词法分析的准确性直接影响到后续处理的效果。

词性标注（Part-of-Speech Tagging）则是在词法分析的基础上，为每个词汇单元标注其词性（如名词、动词、形容词等）。例如，在上述例子中，"我"可能被标注为代词（PRON），"爱"为动词（VERB），"自然语言处理"为名词短语（NOUN）。词性标注有助于计算机更深入地理解文本的语法结构和语义信息。

2. 命名实体识别

命名实体识别（Named Entity Recognition，NER）是识别文本中具有特定意义的实体，如人名、地名、组织名、时间、日期等。例如，在句子"苹果公司在 2023 年发布了新款 iPhone"中，NER 技术能够识别出"苹果公司"为组织名，"2023 年"为时间实体。NER 在信息抽取、问答系统、舆情监控等领域有着广泛应用。

3. 句法分析

句法分析（Syntactic Parsing）是分析句子中词语之间的语法关系，构建句子的句法结构。常见的句法分析方法包括短语结构分析和依存关系分析。依存关系分析关注词语之间的依赖关系，比如主谓宾关系，它能够帮助计算机理解句子的深层语义。例如，在句子"猫追老鼠"中，"猫"是主语，"追"是谓语，"老鼠"是宾语，依存关系分析能够清晰地展示这种关系。

4. 语义理解

语义理解（Semantic Understanding）是 NLP 的高级阶段，旨在让计算机理解文本的真正含义。这包括词义消歧（确定多义词在特定上下文中的具体含义）、情感分析（判断文本表达的情感倾向）以及更复杂的语义角色标注等。例如，在句子"这个手机真好用"中，情感分析可以判断出这句话表达的是正面情感。

5. 机器翻译

机器翻译（Machine Translation）是 NLP 的一个重要应用领域，它利用计算机技术自动将一种自然语言转换为另一种自然语言。随着深度学习技术的发展，特别是神经机器翻译（NMT）的兴起，机器翻译的质量有了显著提升。NMT 模型，如 Transformer，通过自注意力机制（Self-Attention）捕捉句子中的长距离依赖关系，实现了更加准确和流畅地翻译。

6. 文本生成

文本生成（Text Generation）是根据给定的输入或条件，自动生成符合语法和语义规则的文本。其应用领域包括智能写作、对话系统、摘要生成等。近年来，基于深度学习的文本生成模型，如循环神经网络（RNN）、长短时记忆网络（LSTM）、门控循环单元（GRU）以及更先进的 Transformer 架构，在文本生成任务上取得了显著成果。例如，GPT 系列模型能够生成高质量、连贯的文本内容。

2.3.3　自然语言处理的典型应用

自然语言处理的应用丰富多样：智能客服系统自动答疑，提升客户满意度；机器翻译打破语言障碍，促进国际交流；情感分析洞察文本情感倾向，助力企业决策；智能写作助手辅助文本创作，提高写作效率等。这些应用深入生活，展现了 NLP 的强大魅力。

1. 智能客服系统

智能客服系统是 NLP 技术最为常见的应用之一。它利用自然语言理解和生成技术，自动回答用户的问题、提供产品信息、解决常见问题等。智能客服可以 24 小时不间断服务，快速响应用户需求，提高客户满意度。例如，在电商平台上，用户询问"这款手机的电池续航多久"，智能客服能够迅速从产品数据库中提取信息并回复："这款手机电池续航时间为 12 小时，支持快充技术。"

2. 机器翻译

机器翻译实现了不同自然语言之间的自动翻译，打破了语言障碍，促进了国际交流。从早期的基于规则的翻译方法，到现代的神经机器翻译（NMT），翻译质量有了显著提升。例如，谷歌翻译、百度翻译等在线翻译工具，能够实时翻译网页、文档、对话等内容，支持多种语言互译。

3. 情感分析

情感分析（或称为意见挖掘）是判断文本所表达的情感倾向或情绪状态的技术。它广泛应用于市场调研、产品评价、社交媒体监控等领域。例如，在电商平台上，消费者对商品的评价往往包含丰富的情感信息，情感分析系统通过对这些评价文本进行预处理和语义分析，利用基于机器学习或深度学习的情感分类模型，判断评价是积极（如"这款手机性能超棒，拍照效果很好"）、消极（如"这个产品质量太差，用了几天就坏了"）还是中性的。通过对大量用户评价的情感分析，企业能够及时了解产品优缺点，改进产品与服务，提升用户满意度。

4. 智能写作助手

智能写作助手能够辅助用户进行文本创作，提供语法检查、词汇推荐、句子润色等功能。例如，Grammarly 等写作工具可以自动检测文本中的语法错误，并提供修改建议；一些高级写作助手还能根据用户输入的关键词或主题，生成文章大纲或段落内容。

2.4　计算机视觉

计算机视觉是研究如何使机器"看"的科学。若给计算机安装摄像头（相当于人眼）和专门的处理软件（相当于人脑），那么计算机就能像人一样去"看"、去"感知"环境。即计算机和摄像头代替人进行目标识别、跟踪和测量，并将处理结果反馈给人。计算机视觉作为人工智能的核心技术之一，已被广泛应用于安防、金融、营销、自动驾驶、医疗等领域。

2.4.1　计算机视觉概述

计算机视觉（Computer Vision，CV）作为人工智能的重要分支，它历经萌芽、发展、深度学习时代，技术不断演进，为安防、自动驾驶等众多领域提供强大支持。

1. 什么是计算机视觉

计算机视觉通过赋予计算机"看"的能力，使其能够像人类一样理解和解释视觉世界。计算机视觉通过摄像头、传感器等设备获取图像或视频数据，利用算法和模型对这些数据进行分析和处理，以提取有用的信息、识别物体、理解场景，甚至做出决策。例如，在安防监控中，计算机视觉系统可以自动识别异常行为；在自动驾驶中，它可以识别道路、交通标志和其他交通参与元素，确保行车安全。计算机视觉处理流程如图2-14所示。

图 2-14　计算机视觉处理流程

计算机视觉技术涵盖了多个方面，包括图像处理、模式识别、机器学习、深度学习等。图像处理技术用于对图像进行增强、滤波、变换等操作，以改善图像质量或提取特定的特征；模式识别技术则通过对图像中的特征进行分类和匹配，实现对物体、场景的识别；机器学习和深度学习算法为计算机视觉提供了强大的学习能力，使其能够从大量的数据中自动学习到图像的特征和模式，从而实现更准确地识别和理解。

2. 计算机视觉的发展历程

（1）萌芽期（20世纪60年代至80年代）

对计算机视觉的研究始于 20 世纪 60 年代，当时科学家们开始尝试让计算机理解和解释图像。这一时期的标志性事件包括 MIT 的"积木世界"项目，该项目通过计算机程序识别由积木构成的简单场景。这些早期尝试受限于当时的计算能力和算法水平，但它们为计算机视觉的发展奠定了基础。在 20 世纪 70 年代和 80 年代，随着数字图像处理技术的兴起，计算机视觉开始关注图像的基本处理任务，如边缘检测、图像分割和特征提取。

（2）发展期（20世纪90年代至21世纪初）

进入 20 世纪 90 年代，随着计算机性能的显著提升和机器学习算法的进步，计算机视觉开始进入快速发展阶段。这一时期，研究者们开始尝试将统计学习方法应用于计算机视觉任务，如支持向量机（SVM）在图像分类中的应用。同时，特征描述子（如 SIFT、

HOG）的提出，使得计算机能够更有效地描述和匹配图像中的特征点。这一时期还见证了立体视觉、运动分析等技术的突破，为计算机视觉在三维重建、视频分析等领域的应用提供了可能。

（3）深度学习时代（21世纪10年代至今）

21世纪10年代，随着深度学习技术的兴起，计算机视觉迎来了前所未有的发展机遇。特别是卷积神经网络（CNN）的提出和应用，使得计算机在图像分类、目标检测、语义分割等任务上的性能得到了显著提升。AlexNet 在 2012 年 ImageNet 竞赛中的出色表现，标志着深度学习在图像分类任务上的突破。随后，VGG、ResNet 等网络结构相继提出，不断刷新图像分类的准确率记录。R-CNN 系列算法（如 Fast R-CNN、Faster R-CNN）和 YOLO、SSD 等单阶段检测器的提出，使得计算机能够在图像中快速准确地定位并识别出目标物体。FCN、U-Net 等网络结构的提出，实现了对图像中每个像素的类别标注，为场景理解提供了更精细的信息。

2.4.2 计算机视觉的核心任务

计算机视觉的核心任务繁多。图像分类使计算机能够识别出物体的类别，图像分割则将图像细分为特定的区域，目标检测不仅定位物体还进行识别，而目标跟踪则负责在视频序列中持续追踪目标。这些任务的应用领域广泛，得益于深度学习等先进技术的推动，它们为众多行业带来了便利与创新。

1. 图像分类

图像分类是指对图像中所包含的物体进行分类，让计算机学会识别图片中是什么的技术。比如，教计算机分辨一张图片是猫还是狗。它的基本原理是：计算机先分析图片的像素（就像我们看画的细节），然后通过训练好的"大脑"（比如卷积神经网络）找出关键特征（比如猫的尖耳朵、狗的长舌头），最后判断属于哪一类。就像小朋友通过反复看图认物一样，计算机也需要大量图片练习才能越来越准确。生活中的人脸解锁、智能相册分类都是图像分类的应用。

2. 图像分割

图像分割是将图像分成多个具有特定意义的区域，使得每个区域内的像素具有相似的特征，不同区域之间的像素特征差异较大。图像分割在许多领域都有重要应用，例如医学图像分析中分割出病变区域、遥感图像中分割出不同的地物类型、工业检测中分割出产品的缺陷部分等。

图像分割方法可分为基于阈值的分割、基于边缘的分割、基于区域的分割等传统方法，以及基于深度学习的分割方法。传统方法在处理复杂图像时往往效果不佳。基于深度学习的图像分割模型，如全卷积网络（FCN），通过将传统卷积神经网络中的全连接层替换为卷积层，使得网络能够对图像中的每个像素进行分类，实现了像素级别的图像分割。U-Net等模型在医学图像分割等领域表现出色，通过构建对称的编码器 – 解码器结构，能够有效地利用图像的上下文信息，提高分割的准确性。图像分割效果如图 2-15 所示。

a）原图　　　　　　　　b）灰度图　　　　　　　　c）阈值分割

图 2-15　图像分割效果

3. 目标检测

目标检测是计算机视觉的核心任务之一，其目的是在图像或视频中找到特定物体的位置，并识别出物体的类别。例如，在安防监控视频中检测行人、车辆；在自动驾驶场景中检测道路上的障碍物、交通标志和其他车辆等。如图 2-16 所示的目标检测，在定位物体位置的同时做出了图样分类识别。

图 2-16　目标检测

传统的目标检测方法通常基于手工设计的特征，如 HOG（Histogram of Oriented Gradients）特征等，然后使用分类器进行物体类别判断。这些方法需要大量的人工特征工程，且在复杂场景下的检测效果有限。

随着深度学习的发展，基于深度学习的目标检测算法成为主流。如区域卷积神经网络（R-CNN）系列算法，通过先生成候选区域，然后对每个候选区域使用卷积神经网络提取特征并进行分类，大大提高了检测的准确性。后续发展的 Fast R-CNN、Faster R-CNN进一步优化了算法流程，提高了检测速度。还有一些单阶段的目标检测算法，如 YOLO（You Only Look Once）系列和 SSD（Single Shot MultiBox Detector）等，将物体检测视为单个回归问题，直接从对图像像素的检测到对边界框坐标和类别概率的预测，实现了快速且高效的物体检测，能够满足对实时性要求较高的应用场景，如实时视频监控、自动驾驶中的实时感知等。

4. 目标跟踪

目标跟踪是计算机视觉领域中的一项关键技术，旨在在视频序列中持续定位并跟踪一个或多个特定目标对象。与对象检测不同，目标跟踪需要在连续帧中保持对同一目标的识别，即便目标在移动、变形或受到遮挡时也能准确跟踪。这一技术在多个领域有着广泛的应用，如视频监控、自动驾驶、人机交互、体育分析等。图 2-17 所示为手势目标跟踪效果。

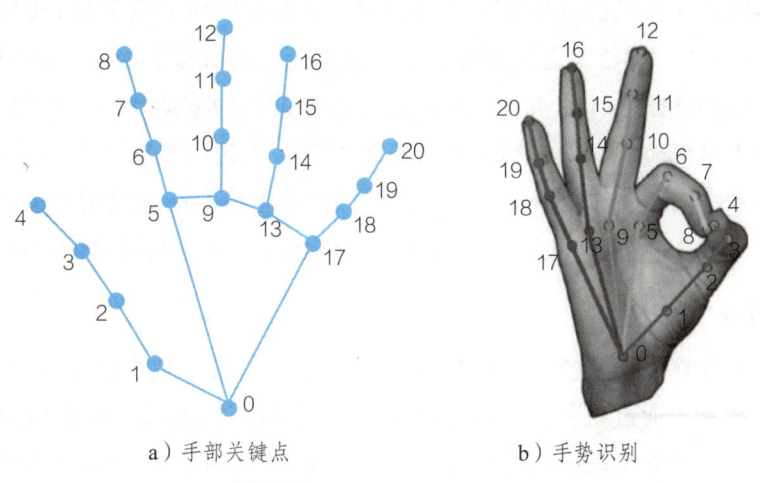

a）手部关键点　　　　　　　　b）手势识别

图 2-17　手势目标跟踪效果

目标跟踪的基本流程通常包括初始化、特征提取、目标定位和模型更新四个步骤。首先，在第一帧中手动或自动选定要跟踪的目标对象，并提取其初始特征；接着，使用颜色直方图、边缘特征、深度学习特征等各种特征提取方法来表示目标对象，这些特征需具有足够的区分度以便准确识别目标；然后，在后续帧中根据提取的特征，使用相关滤波、光流法、深度学习跟踪器等搜索算法来定位目标对象的位置；最后，为了适应目标对象在移动过程中的外观变化，跟踪算法需要不断更新目标模型，以保持跟踪的准确性。

2.4.3　计算机视觉的典型应用

计算机视觉在多领域中的应用成果显著。在安防监控领域助力实时监测与异常检测；在医疗领域辅助医学图像分析与手术导航；在交通领域支撑自动驾驶与智能交通管理；在工业制造领域实现产品质量检测与生产过程监控等等，推动了各行业向智能化发展。

1. 安防监控领域

在安防监控领域，计算机视觉技术发挥着至关重要的作用。通过安装在各个场所的摄像头，计算机视觉系统可以实时监测场景中的人员、物体等情况，利用目标检测和识别技术，能够快速检测出异常行为，如闯入禁区、人员徘徊、物品遗留等，并及时发出警报。人脸识别技术可用于门禁系统，只有识别出授权人员的身份后才允许进入，大大提高了场所的安全性。在视频监控数据的分析方面，计算机视觉技术还可以对历史视频进行检索，通过目标跟踪和特征匹配，快速找到特定时间、特定人员或物体的相关视频片段，为事件调查提供有力支持。

2. 医疗领域

在医疗领域，计算机视觉技术有众多应用。在医学图像分析方面，图像分割技术可用于分割 X 光、CT、MRI 等医学影像，帮助医生准确识别病变区域，如肿瘤、肺部结节等，辅助对疾病的诊断。计算机视觉还可用于医疗设备的辅助操作，例如在手术导航系统中，通过对手术部位的图像进行实时分析和处理，为医生提供准确的手术位置和器械引导，提高手术的精准性和安全性。此外，计算机视觉技术还可以用于医疗影像的配准，将不同时间或不同模态的医学影像进行对齐，便于医生对比分析病情的发展变化。

3. 交通领域

交通领域是计算机视觉技术应用的重要场景之一。在自动驾驶技术中，计算机视觉作为核心感知技术，通过摄像头获取车辆周围环境的图像信息，利用目标检测识别道路上的车辆、行人、交通标志和信号灯等，为自动驾驶汽车的决策和控制提供依据。例如，通过识别交通信号灯的状态，自动驾驶汽车可以决定停车或继续行驶；通过检测前方车辆的距离和速度，自动调整车速以保持安全车距。在智能交通管理系统中，计算机视觉技术可用于交通流量监测，通过分析路口摄像头拍摄的视频，统计车辆数量、车速等信息，为交通信号优化控制提供数据支持，缓解交通拥堵。

4. 工业制造领域

在工业制造领域，计算机视觉技术用于产品质量检测和生产过程监控。通过对生产线上产品的图像进行分析，计算机视觉系统利用目标检测和图像分割技术可以快速检测出产品的缺陷，如表面划痕、尺寸偏差、部件缺失等，实现自动化的质量检测，提高生产效率和产品质量。在生产过程监控方面，计算机视觉系统可以监测设备的运行状态，通过识别设备的关键部件的位置、运动状态等，及时发现设备故障或异常情况，实现对设备的预测性维护，减少生产中断时间。此外，在工业机器人的操作中，计算机视觉技术可以帮助机器人准确识别和抓取物体，提高机器人操作的准确性和灵活性。

2.5　智能语音

智能语音涵盖语音识别、语音合成等技术。语音识别将语音转文本，发展历经多个阶段，虽面临噪声、口音等挑战，但深度学习使其准确率大幅提升。语音合成将文本转语音，发展不断突破。智能语音在智能家居、车载等多领域有广泛应用，为生活带来了便利。

2.5.1　语音识别

语音识别，也被称为自动语音识别（Automatic Speech Recognition，ASR），是一种将人类的语音转换为计算机可处理的文本或指令的技术。其核心目标是通过算法模型理解语音中的词汇、语法和含义，使机器能够"听懂"人类的语言并做出回应。该技术融合了语言学、声学、信号处理、机器学习等多学科知识，是人工智能领域的重要分支，广泛应用于智能交互、自动化控制、数据转录等场景。

1. 语音识别技术的发展过程

语音识别技术的起步阶段是 20 世纪 50 年代，贝尔实验室研制出世界上首台自动数字语音识别机 Audrey，能够识别数字 0~9 的发音，标志着语音识别研究工作的开始。1970 年，Velichko 和 Zagoruyko 将模式识别概念引入语音识别，Itakura 提出线性预测编码（LPC）技术并应用于语音识别。这一时期，语音识别研究从特定人的小规模独立词语音识别向与说话人无关的连续语音识别转变。快速发展及应用阶段是 20 世纪 80 年代到21 世纪初期。1989 年，Rabiner 提出隐马尔可夫模型（HMM），将语音识别研究从模板匹配方法转变为基于概率统计的统计建模系统化研究。2010 年至今深度学习推动语音识别技术快速发展。2011 年，苹果公司推出智能语音系统 Siri，改变了人们与可计算设备的交流方式。2012 年，Google 在语音识别领域首次使用深度神经网络，推动语音识别技术在物联网、智能家居、语音助手等领域广泛应用。2017 年，百度提出 Deep Speech2 和Deep Peak2 等端到端模型，Google 将机器翻译中使用的 Seq-Seq 方法应用于语音识别并提出 Self-Attention 和 Multi-head 结构，同年，科大讯飞公司提出深度全卷积神经网络模型（DFCNN），阿里巴巴提出并开源深度前馈序列记忆网络（DFSMN），这些模型和技术不断推动语音识别技术发展。

深度学习技术的广泛应用，使语音识别准确率大幅提高。先进系统在特定任务下，对标准口音、干净环境中的语音识别准确率超95%。智能语音助手广泛应用于手机、智能音箱等设备；在智能家居领域实现家电等设备语音控制；在智能汽车中用于导航等功能；在医疗领域辅助医生记录病历等；在教育领域应用于智能语音教学系统。全球化促使语音识别技术提升对多语种的支持能力，通过跨语种训练和迁移学习去适应不同语种发音差异。但是在噪声环境中，语音识别准确率易受干扰而下降，在极端噪声环境下效果更差；不同地区口音和个人发音习惯的差异增加了识别难度，当遇到不常见口音或发音不标准时易出错；语音识别系统对文字背后语义理解有局限，在深度语义理解任务中表现不够理想。

2. 语音识别的技术原理

语音识别涉及的技术有音频信号数字化、特征提取、声学模型、语言模型和解码（语音识别结果）。语音识别如图2-18所示。

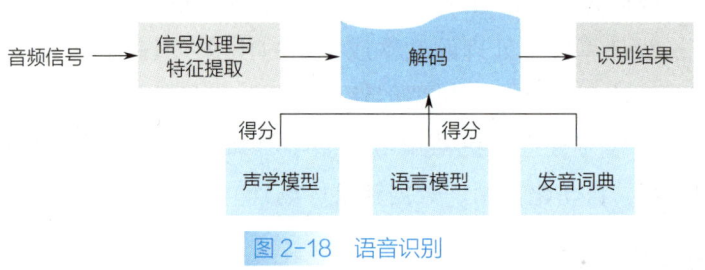

图 2-18　语音识别

音频信号数字化过程有采样、量化、加窗等。采样是将连续的模拟语音信号转换为离散的数字信号。根据奈奎斯特采样定理，采样频率应至少是语音信号最高频率的两倍。通常，语音信号的频率范围在300~3400Hz，因此常用的采样频率为8000Hz或16000Hz。量化是将采样得到的离散信号的幅度值进行量化，即将其映射到有限个离散的幅度值上。量化位数决定了量化的精度，常见的量化位数有8位、16位等。位数越高，量化精度越高，能更准确地表示原始信号的幅度，但数据量也会相应增加。由于语音信号是随时间变化的非平稳信号，但在短时间内可近似看作平稳信号。因此，通常将语音信号分成若干个短的帧，一般帧长为20~30毫秒，帧移为10毫秒左右。为了减少帧边界处的不连续性，需要对每一帧信号进行加窗处理，常用的窗函数有汉明窗、汉宁窗等。

特征提取就是从每帧语音中提取特征参数，常用的有梅尔频率倒谱系数（MFCC）。提取MFCC特征要经历快速傅里叶变换、梅尔滤波器和对数运算等。快速傅里叶变换（FFT）对加窗后的每一帧语音信号进行变换，将其从时域转换到频域，得到语音的频谱。据人耳的听觉特性，将频率轴从线性刻度转换为梅尔刻度，并通过一组梅尔滤波器对频谱进行滤波。梅尔滤波器组通常包含20~40个滤波器，这些滤波器在低频段分布较密集，在高频段分布较稀疏，更符合人耳对不同频率声音的感知特性。对经过梅尔滤波器组滤波后的频谱幅度取对数，这是因为人耳对声音强度的感知近似于对数关系，取对数可以更好地模拟人耳的听觉特性，同时也能压缩频谱的动态范围，减少噪声的影响。然后做离散余弦变换（DCT），对取对数后的梅尔频谱进行 DCT，将其转换到倒谱域，得到 MFCC 参数。DCT 的作用是将频谱中相关性较强的分量转换为相对独立的分量，从而减少特征参数之间的冗余度，提高特征的独立性和稳定性。通常，取 DCT 后的前 12~13 个系数作为 MFCC 特征参数，这些参数能够有效地表征语音的声学特性。

语音识别系统中的声学模型和语言模型是两个关键组成部分，它们在将语音信号转换为文字的过程中发挥着不同的作用但又相辅相成。声学模型是语音识别系统中用于描述语音信号的声学特征与音素、音节或其他声学单元之间对应关系的模型。其主要作用是将输入的语音特征参数映射为最有可能的声学单元序列，即根据接收到的语音信号的特征，判断出说话人实际发出的音素或音节等基本声学单位。

常见的声学模型有隐马尔可夫模型和神经网络模型。隐马尔可夫模型（HMM），传统语音识别中广泛使用的声学模型。HMM 将语音信号看作是由一系列隐含状态（通常对应于音素或音素的不同状态）和观察值（语音特征参数）组成的随机过程。它假设每个状态都有一定的概率生成不同的观察值，并且状态之间按照一定的转移概率进行转换。通过训练 HMM，可以学习到每个状态生成不同语音特征的概率以及状态之间的转移概率，从而根据输入的语音特征序列来推断最有可能的状态序列，进而得到对应的音素序列。随着深度学习的发展，深度神经网络（DNN）及其变体在声学模型中得到了广泛应用。DNN 可以自动学习到更高级、更抽象的语音特征表示，能够更好地捕捉语音信号中的复杂模式和相关性。例如，卷积神经网络（CNN）可以利用卷积层和池化层自动提取语音的局部特征和空间信息，对于处理语音中的频谱特征和时间序列信息非常有效；循环神经网络（RNN）及其改进型长短时记忆网络（LSTM）、门控循环单元（GRU）等则能够更好地处理语音的时序信息，记住语音中的长期依赖关系，在处理连续语音和不同语速的语音时表现出色。

语言模型用于描述语言中单词、短语或句子的出现概率和组合规律。在语音识别中，其作用是根据声学模型输出的候选单词或音素序列，结合语言的语法、词汇和语义知识，对这些序列进行重新排序和评分，找出最符合语言习惯和上下文的句子或文本结果。语言模型可以帮助消除声学模型输出的歧义，提高语音识别的准确性，尤其是在声学模型输出多个相似的候选结果时，语言模型能够根据语言的先验知识选择最合理的结果。常用的语言模型是 n-gram 模型，它是一种基于统计的语言模型。n-gram 模型假设一个单词的出现概率只与其前面的 n–1 个单词有关。例如，一元语法（unigram）模型假设每个单词的出现是独立的，只考虑单词本身的出现概率；二元语法（bigram）模型考虑当前单词与前一个单词的联合概率；三元语法（trigram）模型则考虑当前单词与前两个单词的关系。通过统计大量文本中 n-gram 的出现频率，可以估计出每个 n-gram 的概率，从而计算出一个句子的概率。n-gram 模型简单高效，计算速度快，但它对语言的建模能力有限，无法考虑长距离的依赖关系。

2.5.2 语音合成

语音合成是一种将文本转化为语音的技术，旨在让计算机能够像人一样"说话"。语音合成的基本原理是先对文本进行分析处理，将其转化为计算机能够理解的语言符号序列，然后根据这些符号所代表的语音信息，通过声学模型和语言模型等生成相应的语音波形，最后通过扬声器或其他音频输出设备播放出来。

1. 语音合成技术的发展过程

1779 年，克里斯汀·克拉钦斯坦教授通过模拟人类声道基本功能制作出原始语音装置，标志着语音合成技术诞生。20 世纪 30 年代后期，贝尔实验室研发出世界上第一台电子式语音合成器——声码器（Voder），为语音合成后续发展奠定了基础。20 世纪 60 年代，语音合成转向基于规则和规则集的方法，如日本电机技术实验室 1968 年开发的英语语音合成系统。同时，线性预测编码（LPC）技术得到发展，为语音合成的参数合成方法奠定了基础。20 世纪 70~80 年代，数字信号处理技术的引入为语音合成带来突破。1990 年基音同步叠加（PSOLA）技术被提出，实现了多种语种的文语转换，解决了合成语音自然度不足的问题。21 世纪初，AI 深度学习技术推动语音合成技术取得飞跃性发展。2010 年科大讯飞推出基于深度学习的"讯飞语音合成技术"；2017 年谷歌 Tacotron 模型采用自注意力机制实现端到端语音合成，百度发布 DeepVoice；2019 年百度发布"百度超级语音合成技术"；2020 年阿里巴巴提出"Meta-VoiceGAN"模型；2021 年京东 AI 实验室发布"京东流式语音合成技术"。深度学习技术成为主流，不断有新的模型和算法提出，如 OpenAI 的 gpt-4o-mini-tts 模型，不仅实现了语音生成拟真度的跨越式提升，还支持开发者通过自然语言指令实时调控音色、语调与情感表达，较此前版本响应速度提升 40%，并支持 48kHz 采样率与神经声码器技术，信噪比指标较行业平均水平优化 18 分贝。语音合成在自然度、流畅性和表现力等方面都有了极大的提高，逐渐接近甚至在某些方面超越人类语音的质量。

2. 语音合成技术原理

语音合成技术主要通过文本分析、声学建模、波形生成等步骤将文本转化为自然流畅的语音。文本分析的主要步骤有分词、韵律分析等。分词是将输入的文本分割成一个个单独的词语，例如"我正在学习语音合成技术"会被分成"我""正在""学习""语音合成""技术"等词语。并为每个词语标注其词性，如名词、动词、形容词等。比如"学习"是动词，"技术"是名词。词性信息对于确定词语的发音规则和在句子中的语调模式有重要作用。韵律分析是根据文本的语法结构和语义信息，确定句子的韵律特征，包括重音、语调、停顿等。例如，"我非常喜欢语音合成技术"中，"非常""语音合成"可能会被确定为重音位置，以突出重点信息。语音合成技术流程图如图 2-19 所示。

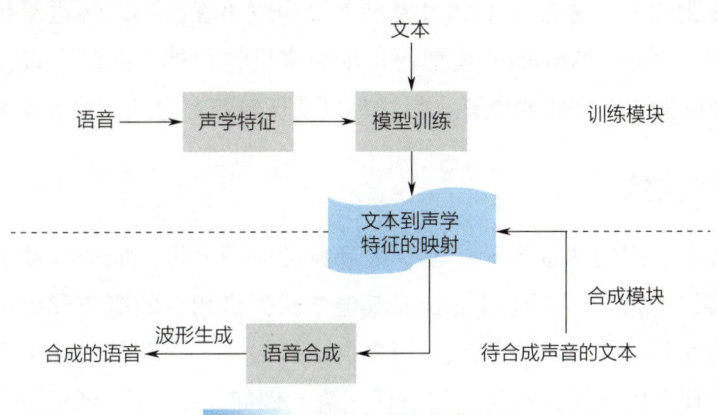

图 2-19　语音合成技术流程图

声学建模主要包括特征提取和模型训练过程。从大量的语音数据中提取声学特征，常用的特征包括梅尔频率倒谱系数（MFCC）、线性预测编码（LPC）参数等。这些特征能够反映语音的频谱特性和声道参数，用于描述语音的声学特性。利用机器学习或深度学习算法，以提取的声学特征和对应的文本特征作为训练数据，训练声学模型。常见的声学模型有隐马尔可夫模型（HMM）、深度神经网络（DNN）、循环神经网络（RNN）及其变体长短时记忆网络（LSTM）、门控循环单元（GRU）等。模型学习文本特征与声学特征之间的映射关系，以便根据输入的文本预测出相应的声学参数。

常用的语言模型有统计语言模型和神经网络语言模型。统计语言模型是基于大量的文本语料库，统计词语之间的共现概率和语言的语法结构规律。例如，通过统计可以知道"我"后面接"喜欢""正在"等词语的概率较高。这种模型可以帮助确定文本的合理语法结构和词语搭配，从而在语音合成中生成更符合语言习惯的语音。神经网络语言模型利用神经网络对语言的语义和语法进行建模，能够更好地处理长序列文本和复杂的语义关系。例如，Transformer 架构的语言模型在处理大规模文本数据时表现出了强大的性能，它可以捕捉文本中的上下文信息，对文本的理解更加深入，从而为语音合成提供更准确的语言知识。

常用的波形生成方法有参数合成、波形拼接和基于深度学习的端到端合成。参数合成是根据声学模型生成声学参数，通过语音合成算法将参数转化为语音波形。例如，基于 LPC 的合成方法，通过预测语音的线性预测系数来生成语音的频谱包络，再结合基频等参数合成语音波形。这种方法合成的语音具有较快的合成速度并占据较小的存储空间，但音质相对较差；波形拼接是从预先录制的语音库中选取合适的语音片段，按照一定的规则进行拼接，形成合成语音。例如，根据文本的发音要求，从语音库中找到对应的单字、音节或短语的语音波形，然后将它们拼接在一起。这种方法合成的语音音质较好，但语音库的规模较大，且拼接时可能会出现不自然的过渡；基于深度学习的端到端合成是直接将文本作为输入，通过深度学习模型直接生成语音波形，跳过了传统方法中的中间参数生成步骤。例如，WaveNet 模型通过堆叠多层卷积神经网络，直接从文本生成语音波形，能够合成出非常自然的语音，但计算复杂度较高，合成速度相对较慢。

2.5.3 智能语音的应用

智能语音技术的应用场景十分广泛，最经典的应用就是智能语音助手。智能语音助手能够理解人类语音指令，并通过语音或其他方式提供相应的服务和反馈。智能语音助手最核心的功能是语音交互。它能识别用户的语音输入，理解其中的语义，并生成相应的语音回答，实现人机之间自然流畅的对话交流。例如，用户问"今天天气怎么样"，语音助手会根据获取的天气信息进行回答。可以帮助用户查询各种信息，如新闻、知识、地图导航、航班信息等。比如，用户说"查询明天从北京到上海的航班"，语音助手会检索相关航班信息并反馈给用户。能够连接并控制智能家居设备、智能车载系统等。如在家中，用户可以通过语音助手控制灯光、空调、窗帘等设备；在车内，可控制导航、音乐播放、车窗等功能。

智能语音助手用到的技术有语音识别、自然语言处理、语音合成。语音识别将用户输入的语音信号转化为文字信息，以便后续的语义理解和处理。这涉及声学模型、语言模型等技术，通过对大量语音数据的学习和分析，提高识别的准确率和效率。自然语言处理对语音识别后的文字进行理解和分析，包括词法分析、句法分析、语义理解等，以准确把握用户的意图。例如，理解"我想听一首周杰伦的歌"这句话的意图是播放周杰伦的音乐。语音合成将系统生成的文字信息转化为自然流畅的语音输出，通过声学建模和波形生成等技术，使合成的语音具有较高的音质和自然度。智能语音助手执行流程如图 2-20 所示。

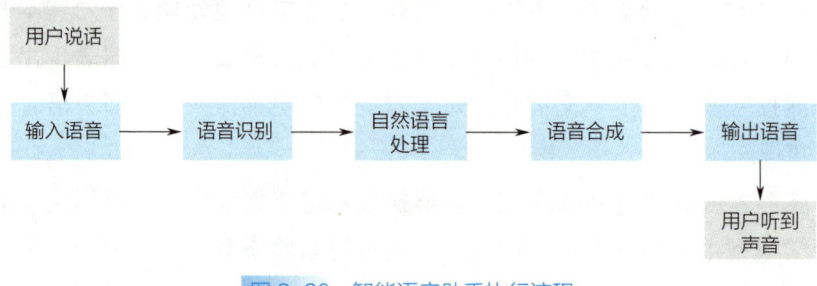

图 2-20　智能语音助手执行流程

1. 应用场景

（1）智能家居

通过语音指令控制家电设备，如开灯、关灯、调节空调温度、启动扫地机器人等，例如，用户说"小度小度，打开客厅的灯"，智能音箱就能接收指令并控制相应的灯具；实现对家居场景的一键切换，如"天猫精灵，把客厅设置成观影模式"，系统会自动关闭主灯、拉上窗帘并打开电视和音响等设备。

（2）智能车载

进行导航与路况查询时，用户无须手动输入目的地，直接语音告知导航系统即可获取路线规划和实时路况信息。比如"嘿，Siri，帮我导航到最近的加油站"。有些车载系统还支持语音控制车窗、天窗、座椅加热等功能。例如，车主可以说"打开车窗"或"把座椅加热调到二档"，车载系统便自动执行相应操作，提高驾驶的安全性和便利性。

（3）智能客服

智能客服可以分为电话客服和在线客服。电话客服是很多企业都会接入的智能语音客服系统，能够快速响应客户咨询，解答常见问题，如账户查询、业务办理流程等。对于复杂问题，再转接给人工客服，提高服务效率和客户满意度。在网站或手机应用中，在线智能语音客服可以实时与用户交流，提供帮助和支持。用户可以通过语音或文字输入问题，获得及时的解答和反馈。

（4）智能教育

学生可以与智能教育设备进行语音互动，获取知识讲解、解答疑问等。例如，使用智能学习机询问"什么是勾股定理"，设备会通过语音进行详细讲解。另外，智能语音技术可用于语言学习的发音练习、口语评测等方面。如英语学习软件中的语音跟读功能，系统会对用户的发音进行评测和纠正。

（5）智能办公

智能办公系统可将会议录音、语音笔记等通过语音识别技术快速转换为文字内容，提高文字录入效率。例如，在会议中使用语音转文字软件，会后可直接生成会议纪要文档。另外，用户可以通过语音控制打印机、复印机等办公设备，如"小爱同学，帮我打印这份文件"，实现便捷的办公操作。

（6）智能安防

智能语音安防系统可以通过语音指令控制监控摄像头的转动、查看实时画面等。当检测到异常情况时，系统会通过语音报警通知用户。例如，用户可以说"查看门口摄像头画面"，随时了解家门口的情况。采用语音识别技术也可以实现门禁的身份验证和开锁功能，用户只需说出特定的语音指令或身份信息，即可开门进入。

（7）娱乐休闲

用户可以通过语音指令控制设备来播放喜欢的音乐、视频节目等。比如对智能音箱说"播放周杰伦的歌曲"，或者对智能电视说"打开爱奇艺，播放最新的电视剧"。一些智能游戏设备也支持语音交互操作，玩家可以通过语音指令控制游戏角色的行动、进行游戏中的交流等，增加游戏的趣味性和沉浸感。

2. 应用案例——实现个性化语音指令

实现用语音操控计算机执行中文指令，让计算机实现人机交互的开启和关闭、询问及打开软件等人机服务。

（1）安装相关库并编程

需要安装 pypiwin32 库和 speech 库。

pypiwin32 库：在 Windows 下使用 Python 调用 COM 组件。安装命令：pip install pypiwin32。安装完成后，会在 Python 的根目录下的 /Lib/site-packages/ 下生成 win32、win32com 和 win32comext 三个文件夹。

speech 库：用于语音识别，它将输入的语音信号转为文本等功能。安装命令：pip install speech。

程序如下：

```python
import os
import sys
import speech
import webbrowser
instruction = { "close" : "关闭人机交互"
    , "navigation" : "我想导航"
    , "music" : "我想听首歌"
    , "breakfast" : "早餐吃什么"
    , "cmd" : "打开cmd" }
def communication (instr, instruction):
    if instr== instruction[ "close" ]:
        speech.say( "人机交互即将关闭，谢谢使用" )
        speech.stoplistening()
        sys.exit()
    elif instr== instruction[ "navigation" ]:
        speech.say( "正在为您打开地图" )
        webbrowser.open_new( "https://www.amap.com/" )
    elif instr== instruction[ "music" ]:
        speech.say( "即将为您启动酷狗音乐" )
        webbrowser.open_new( "http://www.kugou.com/" )
    elif instr== instruction[ "breakfast" ]:
        speech.say( "早餐可以吃包子、豆浆、面条、早茶等"    )
```

```
    elif instr== instruction["cmd"]:
        speech.say("即将打开 CMD")
        os.popen("C:\Windows\System32\cmd.exe")
    else:
        speech.say("对不起，我没有听清楚")
    # 可以继续用 elif 写对应的自制指令中的对应操作
while True:
    instr= speech.input()
    speech.say("您说 %s" % instr)
communication(instr, instruction)
```

（2）执行程序

系统弹出"设置语音识别"提示框，如图 2-21 所示，按步骤完成设置即可。

自动启动语音输入界面，进行语音输入和结果输出。实践结果显示，讲话人说"我想听首歌"，计算机响应并启动酷狗音乐；讲话人说"早餐吃什么"，系统响应为"早餐可以吃包子、豆浆、面条、早茶等"。语音输入界面如图 2-22 所示。

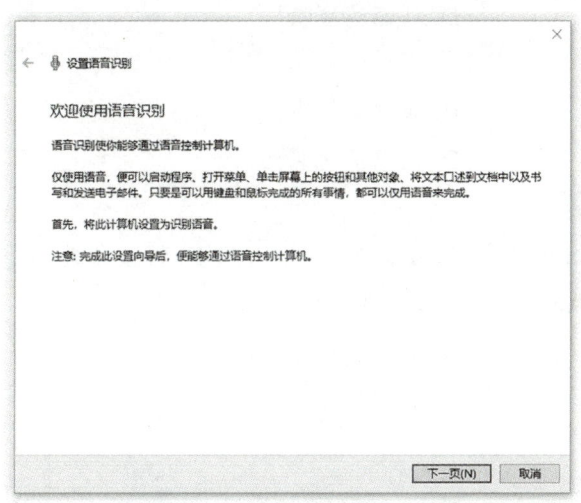

图 2-21　"设置语音识别"提示框

图 2-22　语音输入界面

课后练习

一、选择题

1. 机器学习是人工智能的哪个分支？（　　）

　A. 唯一实现手段

　B. 核心实现手段

　C. 独立技术领域

　D. 传统编程方法

2. 以下哪项不属于监督学习的典型算法？（　　）

　　A. 线性回归　　　　　B. K 均值聚类　　　C. 支持向量机　　　D. 决策树

3. 深度学习中，用于图像识别的典型模型是（　　）。

　　A. RNN　　　　　　　B. CNN　　　　　　　C. LSTM　　　　　　D. GAN

4. 自然语言处理（NLP）的核心任务不包括（　　）。

　　A. 图像分类　　　　　B. 机器翻译　　　　　C. 情感分析　　　　D. 文本生成

5. 计算机视觉中，将图像划分为多个有意义的区域的任务是（　　）。

　　A. 图像分类　　　　　B. 目标检测　　　　　C. 图像分割　　　　D. 目标跟踪

6. 语音识别技术中，用于提取语音特征的常用方法是（　　）。

　　A. 傅里叶变换　　　　　　　　　　　B. 梅尔频率倒谱系数（MFCC）

　　C. 线性回归　　　　　　　　　　　　D. 卷积运算

7. 以下哪项是深度学习的挑战之一？（　　）

　　A. 数据标注成本低　　　　　　　　　B. 模型泛化能力不足

　　C. 计算资源需求少　　　　　　　　　D. 训练速度快

8. 强化学习的核心特点是（　　）。

　　A. 依赖标注数据　　　　　　　　　　B. 通过与环境交互学习

　　C. 仅用于图像处理　　　　　　　　　D. 无须优化算法

9. 智能语音助手的核心技术不包括（　　）。

　　A. 语音识别　　　　　B. 自然语言处理　　　C. 图像分割　　　　D. 语音合成

10. 以下哪项是生成对抗网络（GAN）的主要组成部分？（　　）

　　A. 编码器和解码器　　　　　　　　　B. 生成器和判别器

　　C. 输入层和输出层　　　　　　　　　D. 卷积层和池化层

二、填空题

1. 机器学习按学习方式可分为监督学习、无监督学习、_____ 和强化学习。

2. 深度学习的典型模型结构中，用于图像识别的网络称为 _____。

3. 自然语言处理中，将文本切分为词汇单元的过程称为 _____。

4. 计算机视觉的核心任务之一是 _____，用于在视频中持续跟踪目标对象。

5. 语音合成技术中，将文本转化为语音波形的步骤称为 _____。

三、思考题

1. 请解释机器学习与人工智能之间的关系，并简述机器学习的主要类型及其特点。

2. NLP 在处理多义词和上下文理解时面临哪些困难？

3. 在设计智能语音助手时，可以采取哪些措施保护用户数据安全？

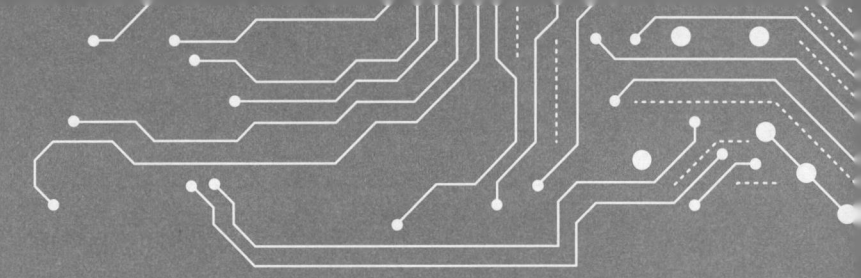

第 3 章
走进 AIGC

本章导读

　　人工智能生成内容（AIGC）是当前人工智能领域最具颠覆性的技术之一，它正在重塑内容创作的方式。本章将带领读者系统认识AIGC的核心概念、关键技术及其应用场景。从文字生成到图像创作，再到视频生成，AIGC展现出强大的创造力和广泛的应用潜力。通过学习本章，读者不仅能理解AIGC的基本原理，还能通过综合案例体验其实际应用，从而深入思考AIGC对社会、伦理和未来职业的影响。

学习目标

■ **知识目标：**

1. 掌握 AIGC 的基本概念、发展历程及核心原理。

2. 了解文字生成、图像生成、视频生成等典型 AIGC 技术。

3. 熟悉 AIGC 在不同领域的应用场景及其局限性。

■ **能力目标：**

1. 能够使用主流 AIGC 工具完成文字、图像或视频的生成任务。

2. 具备分析 AIGC 技术优劣及适用场景的能力。

3. 能够结合案例设计简单的 AIGC 应用方案。

■ **素质目标：**

1. 培养对 AIGC 技术的辩证思维，认识其机遇与挑战。

2. 树立正确的技术伦理观，关注 AIGC 可能带来的版权、隐私等问题。

3. 激发创新意识，探索 AIGC 在专业领域的融合应用。

3.1 AIGC概述

AIGC（Artificial Intelligence Generated Content），即人工智能生成内容，依托深度学习、自然语言处理与计算机视觉技术，能够自动创作文本、图像、音视频等多种形式的内容。其发展历程经历了统计方法、传统机器学习以及深度学习三个阶段。其中，提示词与提示工程为生成内容的质量提供了重要指导。

AIGC已广泛应用于文学创作、广告制作、智能客服、游戏美术及影视特效等多个领域，并正逐步向多模态融合方向发展，同时与区块链、物联网、VR/AR等技术深度集成。然而，AIGC在模型准确性、数据质量、隐私保护以及算力能耗等方面仍面临诸多挑战，亟需从技术进步与伦理规范两方面并重，推动其创新与发展。

3.1.1 AIGC的定义与发展

AIGC是一个正在快速演进的技术领域，无论是智能生成的新闻报道、风格多样的AI绘画，还是逼真的数字人视频，都展示了人工智能在内容创作上的强大能力。然而，仅仅停留在对现象的观察还远远不够——我们需要深入理解AIGC的核心定义，明确它与其他人工智能技术的区别，通过梳理其发展历程，能更全面地认识这一技术的影响与潜力。

那么，AIGC究竟是什么？它如何从早期的简单规则发展到如今的深度学习驱动？接下来，我们将从定义出发，剖析AIGC的技术内涵，并回顾其关键发展阶段，从而为后续探讨AIGC的具体应用奠定理论基础。

1. AIGC的定义

AIGC是指利用人工智能技术自动生成的各种形式的内容，包括但不限于文本、图像、音频、视频等。AIGC技术通过模拟人类的创造力和思维方式，能够高效、批量化地生成高质量的内容，从而极大地丰富了数字世界的多样性。

AIGC的核心在于其生成能力，这种能力基于深度学习、自然语言处理（NLP）、计算机视觉（CV）等先进技术。通过训练大规模的数据集，AIGC模型能够学习到数据的内在规律和特征，进而生成与训练数据相似但又不完全相同的新内容。例如，在自然语言处理领域，AIGC 可以生成连贯、有逻辑的文本；在计算机视觉领域，则可以生成逼真、富有创意的图像和视频。

2. AIGC的发展

AIGC 的发展历程宛如一场漫长的技术演进之旅，大致可划分为以下几个重要阶段（见图 3-1）：

图 3-1　AIGC 的发展阶段

1）早期萌芽阶段（20 世纪 50 年代—90 年代中期）：这一时期，计算机技术尚处于发展初期，硬件性能和算法都相对有限，对 AIGC 的探索主要集中在理论研究和基础技术的尝试上。1956 年达特茅斯会议正式确立了人工智能的概念，为 AIGC 的发展奠定了理论基石。在这期间，出现了一些早期的人工智能程序，如约瑟夫·魏岑鲍姆在 1966 年开发的 ELIZA 程序，它能够实现简单的人机对话，虽然功能较为初级，但开启了人类对机器生成内容的探索之门。同时，一些关于机器学习、自然语言处理的基础理论的不断发展，为后续 AIGC 的发展做了知识储备。

2）沉淀积累阶段（20 世纪 90 年代中期—21 世纪 10 年代中期）：随着计算机性能的提升和互联网的普及，数据量开始快速增长，为 AIGC 的发展提供了更丰富的"燃料"。在这一阶段，机器学习算法取得了重要进展，如支持向量机、决策树等算法得到广泛研究和应用。自然语言处理领域也有了新的突破，统计语言模型开始兴起，使得机器对语言的理解和生成能力有所提高。不过，此时的 AIGC 还面临诸多挑战，生成内容的质量和实用性有限，大多仍处于实验室研究和探索阶段，尚未实现大规模的实际应用。

3）蓬勃发展阶段（21 世纪 10 年代中期至今）：深度学习的出现成为 AIGC 发展的关

键转折点。深度学习算法，如卷积神经网络（CNN）、循环神经网络（RNN）及其变体 LSTM、GRU 等，在图像识别、语音识别、自然语言处理等领域取得了巨大成功，为 AIGC 的发展带来了质的飞跃。2017 年，微软人工智能"小冰"推出世界首部人工智能写作的诗集《阳光失了玻璃窗》，展现了 AIGC 在文学创作方面的潜力。2018 年，OpenAI 发布的 GPT-2 语言模型，在语言生成能力上有了显著提升，引起了广泛关注。2022 年，ChatGPT 的横空出世更是将 AIGC 推向了新的高潮，它以强大的对话能力和广泛的知识储备，让全球用户切实感受到了 AIGC 的魅力。此后，各类 AIGC 应用如雨后春笋般涌现，涵盖了文本、图像、音视频、代码等多个领域，AIGC 进入了高速发展和广泛应用的新阶段。

3.1.2 AIGC应用的核心

在 AIGC 应用的广阔领域中，提示词与提示工程构成了其核心枢纽。它们不仅是用户与 AIGC 系统沟通的桥梁，更是决定生成内容质量与方向的关键因素。深入理解并熟练运用提示词和提示工程，能够帮助使用者精准驾驭 AIGC 工具，满足多样化的创作需求，充分释放 AIGC 的巨大潜能。

1. 认识提示词

提示词（Prompt）是用户与 AIGC 工具交互的指令，承载着用户的意图和期望，引导工具生成特定内容，是 AIGC 创作的基石。其形式多样，主要包含以下几种：

（1）关键词

关键词是高度概括的词语或简短组合，用于快速抓取核心概念，适用于图像、音乐等内容生成场景。在 Midjourney 中输入"星空""梵高风格"，工具会生成具有梵高绘画风格的星空图像；在音乐创作工具中输入"欢快""流行"，能生成相应风格的音乐片段。

（2）短语

短语比关键词更具体，能传递更多细节与情感。如在撰写文案时，输入"夏日海边的浪漫邂逅"，AIGC 工具会围绕该情境创作内容，使生成的文案更具针对性和画面感。

（3）句子

句子可提供复杂完整的情境描述，适用于长篇文本或深度故事创作。以写小说为例，输入"请描述一位勇敢的探险家在神秘古老森林中寻找失落宝藏的惊险历程"，AIGC 工具会依据此生成包含丰富情节和细节的小说片段。

（4）文本段落

文本段落综合了多种元素，为写作类 AIGC 工具提供详细信息。比如输入"我是一名准备创业的大学生，想做线上教育项目。请帮我撰写一份商业计划书，包含市场分析、产品定位、营销策略、财务预算等部分，字数不少于 3000 字"，工具会根据这一详细段落生成完整的商业计划书。

2. 提示词使用技巧

掌握有效的提示词使用技巧，能显著提升 AIGC 生成内容的质量与精准度。常见的提示词类型及使用方法如下：

（1）要点式提示词

要点式提示词通过罗列关键主题、论点或细节，引导 AIGC 工具生成具有特定结构的内容。在撰写关于人工智能发展趋势的文章时，提示词可以是"撰写一篇关于人工智能发展趋势的文章，要点包括技术突破方向、对就业市场的影响、未来应用场景展望"。使用时需精准明确要点，这种提示词适用于各类 AIGC 应用。

（2）角色扮演式提示词

角色扮演式提示词让 AIGC 工具模拟特定角色进行创作。例如输入"请你扮演一位资深影评人，对电影《流浪地球 2》进行专业评价"，工具会从影评人的视角，运用专业知识和行业语言进行评价。还可让工具扮演多个角色，如"请你同时扮演李白和杜甫，以他们的风格分别创作一首关于春天的诗"，从而获得多元视角的创作内容。

（3）示例式提示词

示例式提示词提供样例，引导 AIGC 工具借鉴其风格、格式或内容要素进行创作。比如输入"模仿经典广告语'钻石恒久远，一颗永流传'的风格，为一款新推出的香水创作广告语"，工具会参考该广告语的简洁、易记且富有感染力的风格进行创作。还能采用"先学习，再创作"的方式，如先让工具分析"可口可乐的广告文案有什么特点"，再根据分析结果为一款果汁饮料创作广告文案。

3. 进阶技巧

1）工具主动生成提示词：部分 AIGC 工具支持通过特定指令模板生成提示词。如在写作辅助工具中输入"请根据电商运营岗位，生成五条用于撰写工作汇报的提示词"，工具会生成相关提示词，如"总结本季度电商店铺流量增长的策略及成果"等。

2）巧用符号：合理运用符号能使提示词更清晰有序。比如使用序号"1.分析产品优势；2.列举竞争对手；3.提出营销建议"来明确任务顺序；用占位符"请为[产品名称]撰写一篇介绍文案"方便替换内容；分隔符"苹果——水果"用于区分不同信息；界定符"'时尚穿搭'主题文章"明确主题范围。

4. 认识提示工程

提示工程是大语言模型开发、训练和使用过程中的基本元素，是利用人工智能模型生成内容的方法，其难点在于设计合适的让模型可以充分理解用户意图的输入，生成高质量输出。以下以表格形式呈现提示工程的关键要素（见表3-1）、组合方式（见表3-2）及应用示例。

表3-1　提示工程的关键要素及应用示例

要素	描述	示例	作用
指令	希望模型执行的特定任务，如写入、分类、总结、翻译、排序等	请将以下文本翻译成英文：我爱你	明确任务方向，让模型知晓要执行的操作
上下文	提供模型所需背景信息，包括用户之前输入、对话历史、文档内容、环境设置、用户行为及偏好等	用户之前询问过关于宠物的问题，之后输入：请推荐一些适合宠物的食物。此时，之前关于宠物的对话就是上下文	帮助模型理解任务背景，使生成内容更贴合用户需求和当前语境
示例	提供输入或输出样例，帮助模型理解任务要求和输出格式	进行文本分类任务时，给出示例："苹果—水果""汽车—交通工具"，然后输入："飞机—"	让模型参照示例模式，更准确地把握任务和生成符合要求的输出
限制条件	指定模型执行任务时需遵循的条件，如格式、主题、内容、长度等要求	生成一篇关于科技发展的文章，字数在800~1000字之间，内容需包含近五年的重大科技成果	约束模型输出，满足特定场景下的多样化需求
目标	明确模型需要达到的结果，如生成特定类型回答、提供建议、解决问题等	为一款新产品生成营销方案，目标是提高产品知名度和市场占有率	引导模型有针对性地生成内容，确保输出符合预期目的

表3-2　组合方式及应用示例

要素组合	常见组合方式及说明	示例
指令＋上下文＋示例	模型依据指令，结合上下文信息，并参考示例进行内容生成	指令：请根据给定示例将以下句子改写成拟人句。上下文：之前讨论过动物相关话题。示例：小鸟在枝头唱歌。输入句子：蝴蝶在花丛中飞舞 输出：蝴蝶在花丛中快乐地跳舞
指令＋上下文＋限制条件＋目标	明确任务、背景、约束和期望结果，让模型生成满足多方面要求的内容	指令：分析以下文章的情感倾向。上下文：文章是关于某品牌手机的用户评价。限制条件：从积极、消极、中性三个方面分析，每个方面分析字数不少于50字。目标：为品牌方提供改进建议和市场策略参考 输出：积极方面，用户对该手机的拍照功能赞不绝口……消极方面，部分用户反映手机电池续航能力不足……中性方面，一些用户认为手机外观设计中规中矩……基于以上分析，建议品牌方在提升电池续航的同时，保持拍照优势，并进一步优化外观设计，以吸引更多消费者
指令＋上下文＋参数＋反馈	通过设定参数和提供反馈，让模型生成更符合用户个性化需求的内容	指令：为我推荐旅游景点。上下文：我喜欢海滨城市，计划旅行一周。参数：预算5000元，偏好安静、人少的地方。反馈：希望推荐一些有特色美食的地方 输出：推荐你去北海，这里有美丽的银滩，人少安静。预算5000元可以满足一周的住宿、餐饮和游玩费用。北海有特色美食，比如海鲜、猪脚粉等，能满足你的味蕾需求
指令＋上下文＋示例＋目标	结合指令、上下文、示例明确任务，引导模型达成特定目标	指令：写一篇关于春天的散文。上下文：之前提到喜欢描写自然景色的优美文字。示例：参考朱自清《春》的描写手法。目标：在学校征文比赛中获奖 输出：春天，像一位神奇的画家，拿着她那绚丽多彩的调色盘，轻轻一挥，大地便被染上了缤纷的色彩……（模仿朱自清《春》的描写手法，用优美文字描绘春天景色，突出春天的生机与活力，符合征文比赛要求）

5. 提示工程实践：从基础到优化的迭代过程

在本节中，我们将通过一个具体的案例，演示如何通过迭代优化提示词来提升 AIGC 的输出质量。我们选择的主题是"气候变化对农业的影响"。

（1）初始提示（基础版）

提示词："写一段关于气候变化对农业的影响的文字。"

输出示例：

- 气候变化对农业有重要影响。温度上升可能导致作物减产，极端天气如干旱或洪水也会破坏农田。同时，气候变化还可能改变病虫害的分布。

问题分析：过于宽泛，缺乏具体细节或深度分析；未指定输出结构（如分点论述、案例分析等）；未明确目标受众（如学术读者、政策制定者或普通公众）。

（2）改进提示1：增加具体性和结构

提示词："从三个方面分析气候变化对农业的影响，要求包括温度变化、降水模式改变和极端天气事件。每一点用 100 字左右说明，并给出一个实际案例。"

输出示例：

- 温度变化：全球变暖导致生长季延长，但高温可能降低作物产量。例如，印度小麦产区近年因高温减产 15%。
- 降水模式改变：干旱频率增加影响灌溉，如美国加州农业依赖积雪融水，但积雪减少威胁作物供水。
- 极端天气事件：飓风和洪水破坏农田基础设施，如 2022 年巴基斯坦洪水淹没 200 万公顷农田。

改进点：明确分点论述，逻辑更清晰；加入案例支持，增强说服力。

（3）改进提示2：指定受众与语气

提示词："以农业政策制定者为目标读者，用严谨但易懂的语言，分析气候变化对农业的三大影响（温度、降水、极端天气），每点需包含数据支持和政策建议。"

输出示例：

- 温度升高：研究表明，每升温 1℃，全球小麦平均减产 6%（来源：IPCC）。建议推广耐热作物品种。
- 降水不均：地中海地区降水减少 20%，需投资节水灌溉技术。
- 极端天气：东南亚台风损失年均增长 7%（世界银行数据），建议建立农业保险体系。

改进点：针对受众需求（政策建议），加入数据来源，提升可信度。

（4）改进提示3：引入对比与未来展望

提示词："对比发达国家和发展中国家在应对气候变化农业影响时的差异，分析未来10年可能的趋势，并提出适应策略。要求分点列出，每部分不超过150字。"

输出示例：

- 差异对比：发达国家依赖技术（如耐旱转基因作物），而发展中国家因资源限制更依赖传统适应方式（如作物多样化）。
- 未来趋势：预测显示，热带地区作物减产风险更高，温带地区可能受益于生长期延长。
- 适应策略：全球合作共享技术，同时加强小农户的气候韧性培训。

改进点：增加对比维度，深化分析；扩展时间范围，增强前瞻性。

（5）关键优化原则总结

通过以上迭代，可以看出提示词有以下优化方向。

- 具体性：从宽泛主题到细分维度（如温度、降水）。
- 结构性：明确分点、字数或格式要求。
- 受众适配：调整语言风格（如学术、政策或大众）。
- 深度扩展：加入数据、案例、对比或未来展望。

3.1.3　AIGC主要应用领域

AIGC的出现为多个领域带来了创新和变革，其主要应用领域涵盖文本生成、图像生成、音视频生成等。这些应用不仅改变了内容的创作方式，还极大地提高了生产效率，为各行业发展注入新的活力。下面将结合具体示例详细介绍AIGC在这些领域的应用。

1. 文本生成

文本生成是AIGC的重要应用领域之一，它利用人工智能技术自动创作各类文本内容，广泛应用于文学创作、文案撰写、智能客服等多个方面。

1）文学创作：AIGC可以辅助作家进行文学创作，激发创作灵感。比如，一位作家在创作奇幻小说时，利用AIGC生成故事背景和情节大纲。输入"以神秘岛屿为背景，主角是拥有神秘力量的少年，他要在岛上寻找失落的宝藏，同时对抗邪恶势力"，AIGC生成这样的故事框架："在遥远的海域，有一座神秘的岛屿，据说岛上藏有无尽的宝藏。少年艾瑞克偶然间得知了这个秘密，他发现自己拥有能与岛上神秘力量沟通的能力。在寻找宝藏的过程中，他遇到了一群邪恶的海盗，他们也在觊觎宝藏。艾瑞克凭借着自己的智慧和神秘力量，一次次化险为夷，最终找到了宝藏，并将海盗绳之以法。"作家可以基于这个框架，进一步丰富细节和人物形象，完成小说创作。

2）文案撰写：在商业领域，AIGC 常被用于撰写广告文案、产品描述等。以一款智能手表为例，AIGC 生成的产品描述文案是："这款智能手表，融合时尚设计与前沿科技。其精致的外观，无论是商务场合还是休闲时光都能完美适配。具备精准的健康监测功能，实时跟踪您的心率、睡眠质量等数据。超长的续航能力，让您无须频繁充电。它不仅是一块手表，更是您生活中的智能伙伴，助您轻松掌控生活节奏。"这样的文案能够快速准确地突出产品特点，吸引消费者的关注。

3）智能客服：许多企业利用 AIGC 实现智能客服功能，自动回答客户的常见问题。比如，当客户询问"我购买的商品什么时候发货？"时，AIGC 根据预设的规则和数据，快速回复："您好，您购买的商品如果是现货，我们会在 48 小时内为您发货；如果是预售商品，发货时间会根据商品详情页标注的时间安排。您可以在订单详情中查看具体的发货进度。"通过 AIGC 技术，智能客服能够 24 小时不间断工作，快速响应客户咨询，提高客户服务效率。

2. 图像生成

AIGC 在图像生成领域取得了显著进展，能够根据文本描述或用户需求生成各种类型的图像，被应用于广告设计、游戏开发、影视制作、艺术创作等多个行业。

1）广告设计：AIGC 可以根据产品特点和宣传需求生成创意图像。例如，为一款新上市的电动汽车设计广告图片，输入提示词"一辆时尚的电动汽车行驶在美丽的海滨公路上，背景是蓝天白云和湛蓝的大海，阳光洒在车身上，突出汽车的科技感和环保理念"，AIGC 可以根据提示词生成相应的电动汽车场景图像。

2）游戏开发：游戏开发者可以利用 AIGC 生成游戏中的角色、场景和道具等美术资源。比如，在一款角色扮演游戏中，开发者想要设计一个神秘的魔法森林场景，通过输入"神秘的魔法森林，巨大的树木闪烁着神秘的光芒，地面上长满了奇异的花草，有一条蜿蜒的小溪流淌其中，雾气弥漫，营造出神秘的氛围"，AIGC 就能生成相应的森林场景图像。

3）影视制作：在影视制作前期，导演和美术团队可以借助 AIGC 快速生成概念图和分镜头脚本。以一部科幻电影为例，输入"未来城市的全景，高楼大厦林立，飞行汽车穿梭其中，城市灯光璀璨，天空中有巨大的星际飞船飞过"，AIGC 生成的图像可以帮助团队直观地看到想象中未来城市的样子，以便确定整体的视觉风格和场景布局。在后期特效制作中，AIGC 也能发挥重要作用。比如制作一场宏大的战争场景，AIGC 可以生成逼真的爆炸效果、千军万马的画面，大大节省了特效制作的时间和成本。

4）艺术创作：艺术家们利用 AIGC 进行艺术创作，拓展了创作边界。一位画家想要创作一幅融合中国传统元素与现代风格的作品，输入"以中国传统山水画为背景，画面中有一个身着现代服饰的舞者在翩翩起舞，画面色彩鲜艳，运用水墨和油画相结合的风格"，AIGC 生成的图像可能会展现出水墨山水和舞者灵动的身姿，水墨的晕染与油画的质感相互交融，创造出独特的艺术效果，为画家提供新的创作思路和灵感。

3. 音视频生成

AIGC 在音视频生成领域的应用正不断拓展，为多个行业带来创新与变革，显著改变了音视频内容的创作与呈现方式。

（1）音乐生成

1）游戏配乐：在游戏产业中，不同类型的游戏需要风格各异的音乐来营造氛围，增强玩家的沉浸感。以一款奇幻冒险类游戏为例，游戏开发者期望在玩家探索神秘遗迹时，播放与之匹配的背景音乐。通过 AIGC 音乐生成工具，输入"神秘、庄重且带有探索感的音乐，以管弦乐器为主，加入空灵的合唱音效，节奏逐渐加快以契合探索过程中的紧张感"。AIGC 据此生成的音乐，以低沉的大提琴和悠扬的长笛开场，模拟出神秘遗迹的深邃与幽静；随着探索的推进，加入激昂的弦乐和宏大的合唱，将玩家在探索过程中逐渐紧张又充满期待的情绪烘托出来，让玩家仿佛身临其境。

2）个性化音乐创作：AIGC 还能满足个人的音乐创作需求。比如，一位音乐爱好者想要创作一首表达对家乡思念之情的歌曲。他在 AIGC 音乐创作平台上输入"以民谣风格为主，融入家乡的传统乐器音色，如二胡，歌词围绕家乡的山水、儿时的回忆展开"。AIGC 生成的歌曲中，质朴的吉他旋律搭配着悠扬的二胡，歌词描绘着家乡的青山绿水、儿时和伙伴玩耍的场景，唤起人们对家乡的深深眷恋，实现了普通人的个性化音乐创作梦想。

3）广告音乐制作：广告商在制作广告时，也常借助 AIGC 生成贴合产品特点和宣传主题的音乐。为一款运动饮料制作广告时，输入"充满活力、节奏强烈的电子音乐，突出运动的激情与活力，在高潮部分加入振奋人心的口号式歌词"。AIGC 生成的音乐以强烈的鼓点和动感的电子音效开场，瞬间抓住听众的注意力；高潮部分的口号式歌词，如"尽情释放，活力无限"，强化了广告的宣传效果，使观众更容易记住产品。

（2）视频生成

1）动画制作：AIGC 可大幅提升制作效率和创意。以一部面向儿童的科普动画为例，制作团队想呈现太阳系八大行星的运行轨迹。在 AIGC 视频生成工具中输入"以卡通风格呈现太阳系八大行星，每个行星有独特的颜色和外形特征，按真实的运行轨迹旋转，画面背景为浩瀚星空，加入简单易懂的行星知识讲解配音"。AIGC 生成的视频中，色彩鲜艳的八大行星形象可爱，在浩瀚星空背景下有序运转，同时伴有生动有趣的讲解，将复杂的天文知识以孩子们易于接受的方式展现出来，降低了动画制作的成本和时间。

2）新闻视频合成：新闻行业也开始利用 AIGC 生成视频内容。在报道一些突发事件时，如果现场视频素材不足，新闻媒体可以借助 AIGC。比如，报道一场地震灾情时，输入"以二维动画形式展示地震发生的地点、震级，通过模拟画面展示地震对建筑物的影响，配上专业的新闻解说和相关数据图表"。AIGC 生成的视频能迅速为观众呈现出事件的关键信息，包括地震的地理位置、强度以及可能造成的破坏等，弥补了现场素材的缺失，让观众更直观地了解新闻事件。

3）数字人视频创作：随着数字人的兴起，AIGC 在数字人视频创作中发挥着关键作用。娱乐公司想要制作一段虚拟偶像的舞蹈表演视频，输入"虚拟偶像身着华丽的古风服饰，在具有中国传统特色的舞台上表演古典舞，动作优美流畅，表情生动，舞台灯光效果绚丽多彩"。AIGC 生成的视频中，虚拟偶像的舞蹈动作精准流畅，表情细腻，配合美轮美奂的舞台灯光和古风服饰，给观众带来一场视觉盛宴，满足了粉丝对虚拟偶像多样化内容的需求。

3.1.4　AIGC发展趋势与挑战

在深入理解 AIGC 的定义、发展历程和应用领域后，我们不禁要思考：这项正在重塑内容创作版图的技术将走向何方？AIGC 的发展绝不会止步于当前的应用水平，而是正在以惊人的速度向更广阔的应用场景和更强大的创作能力迈进。然而，伴随着技术突破而来的，是一系列亟待解决的技术瓶颈、伦理争议和社会影响问题。

当我们站在这个技术变革的关键节点，既要看到 AIGC 正在展现的无限可能性，也要清醒地认识到其发展过程中必须面对的诸多挑战。从技术演进到应用落地，从创作能力到责任归属，AIGC 的未来发展将是一个机遇与挑战并存的过程。接下来，让我们共同探讨 AIGC 的发展趋势与面临的主要挑战，以更全面的视角把握这项技术的未来发展路径。

1. AIGC的发展趋势

（1）技术创新推动多模态融合

AIGC 技术正朝着多模态融合的方向发展，实现文本、图像、音频、视频等多种信息的深度融合与协同处理。多模态 AIGC 技术能够更好地理解和生成跨模态内容，为用户提供更加丰富和沉浸式的体验。例如，OpenAI 的 Sora 和谷歌的 Veo2 等多模态大模型，在剧本生成、场景渲染、内容分发等多个环节展现了独特价值，将优化提升各环节的生产效率。

（2）模型优化与轻量化

为了提高 AIGC 模型的性能和资源利用效率，模型优化与轻量化成为重要的发展趋势。一方面，研究人员不断优化模型架构和算法，提高模型的准确性、稳定性和泛化能力；另一方面，通过模型压缩、量化、剪枝等技术，减少模型的参数数量和计算复杂度，使其能够在资源有限的设备上高效运行。这将进一步扩大 AIGC 技术的应用范围，推动其在移动设备、嵌入式设备等场景下的普及。

（3）与其他技术的融合

AIGC 技术将与区块链、物联网、虚拟现实（VR）/增强现实（AR）等其他前沿技术深度融合，创造出更多创新的应用场景和商业模式。例如，区块链技术可以为 AIGC 生成的内容提供可靠的版权证明和数据存储方式；物联网技术可以实现对海量物联网数据的智能分析和处理，为 AIGC 技术提供丰富的数据源；VR/AR 技术则可以结合 AIGC 技术，为用户带来更加沉浸式的体验。

2. AIGC面临的挑战

（1）模型的准确性与稳定性

尽管 AIGC 模型在生成内容方面取得了显著成果，但仍存在准确性和稳定性方面的问题。在处理复杂语义和语境时，模型可能会出现理解偏差，导致生成的文本内容与实际需求不符。此外，在高并发请求或复杂计算任务下，模型可能会出现响应缓慢、卡顿甚至崩溃的情况，影响用户体验。

（2）数据质量与隐私保护

数据是 AIGC 模型训练的基础，数据质量的高低直接影响模型的性能和生成内容的质量。低质量的数据会导致模型学习到错误的信息，从而生成偏差或错误的内容。同时，数据隐私保护也是 AIGC 面临的重要挑战之一。在数据收集、存储、传输和使用过程中，必须采取有效的措施保护用户的隐私信息，防止数据泄露和滥用。

（3）算力需求与能耗问题

AIGC 技术的发展对算力提出了极高的要求，尤其是大型预训练模型的训练需要海量的数据计算和复杂的算法迭代。这导致高昂的能耗问题，不仅增加了运营成本，还对环境造成了一定的压力。如何在保证模型性能的同时降低能耗，是 AIGC 技术发展中亟待解决的问题。

（4）内容真实性与可信度

AIGC 生成内容可能存在虚假信息和误导性问题，影响信息真实性和可信度。由于模型训练数据的局限性和算法的缺陷，AIGC 生成的内容可能与事实不符，对使用者产生误导。

总的来说，AIGC 技术作为人工智能领域的重要创新成果，正深刻改变着内容创作的格局。未来，随着技术的不断创新和应用场景的拓展，AIGC 将迎来更加广阔的发展前景。

3.2　文本生成

—— 情境导入 ——

"帮我写一封得体的求职信""生成一篇关于气候变化的科普文章""润色这段文字让它更专业"……这些在过去需要专业写作者完成的任务，如今只需向 AI 输入简单指令就能即时完成。在咖啡馆里，一位学生正用 AI 辅助撰写论文提纲；在写字楼中，市场专员借助 AI 批量生成产品文案；在出版社里，编辑使用 AI 进行初稿的内容优化——人工智能文本生成工具正在重塑我们的写作方式。

从早期的简单模板发展到如今能创作诗歌、小说甚至学术论文的智能系统，AI 文本生成技术已经实现了质的飞跃。这些工具不仅能够模仿人类的写作风格，还能根据上下文进行逻辑推理和创意表达。那么，这些令人惊叹的文本生成能力是如何实现的？主流的 AI 文本生成工具有哪些？它们各有什么特点和适用场景？让我们一同探索人工智能文本生成工具的技术原理和应用实践。

3.2.1　人工智能文本生成工具

随着自然语言处理技术的快速发展，人工智能文本生成工具已成为科研、教育、创作等领域的重要辅助手段。本节将重点介绍几款具有代表性的 AI 文本生成工具，并通过具体案例展示其应用效果。

1. 文心一言

文心一言是百度推出的知识增强大语言模型，具有强大的文本生成能力。它基于海量的文本数据进行训练，能够理解人类语言的语义和语境，从而生成高质量、逻辑清晰的文本。在计算机或手机上打开一个浏览器，输入 https://yiyan.baidu.com，即可进入文心一言官网（见图 3-2）。

打开网站之后，用户首先需要注册一个账号，也可以扫码进行登录（见图 3-3）。

图 3-2　文心一言的官网

图 3-3　用户登录

登录之后，我们输入"请用200字简介生成式人工智能的发展历程，要求分点列出。"图3-4为文心一言的输出结果。

2. DeepSeek

深度求索（DeepSeek）开发的文本生成工具，其核心技术依托自研的 DeepSeek-V1 系列基础模型，并采用经过推理优化的 DeepSeek-R1 模型。该工具在技术文档生成与逻辑性文本创作方面表现突出，能够准确把握技术内容的专业性与逻辑结构，生成条理清晰、内容翔实的技术文档及逻辑严密的文本。同时，该工具具备 128K 超长上下文处理能力，可有效应对复杂长篇幅的文本生成任务，确保输出内容的连贯性与完整性。此外，该工具提供标准化的 API 接口，便于开发者将文本生成能力集成至各类应用中，进一步拓展使用场景与应用范围。在浏览器中输入 https://www.deepseek.com，即可进入 DeepSeek 官网（见图3-5）。

用户单击"开始对话"之后，可以选择输入邮箱或者手机号，进行登录，或扫码登录（见图3-6）。

图 3-5　DeepSeek 的官网

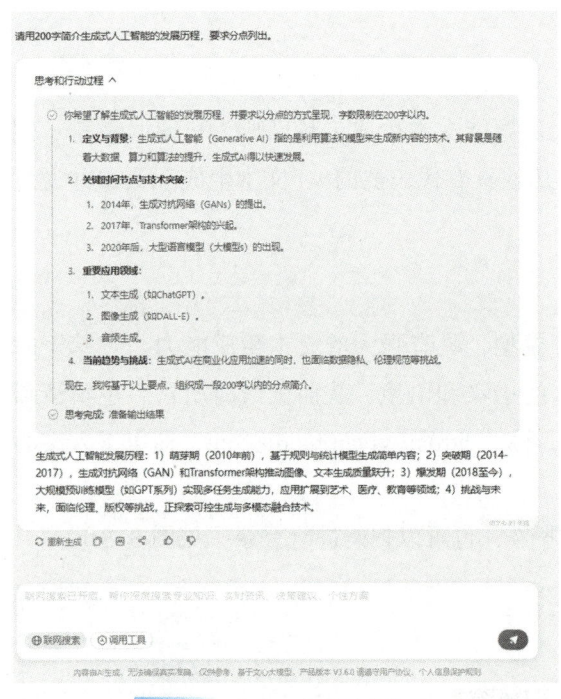

图 3-4　文心一言的输出结果

图 3-6　用户登录

登录之后，我们输入"生成一份关于'AI伦理'的课程大纲，包含5个章节和3个子话题。"由于篇幅有限，只截图了一部分输出结果（见图3-7）。

除此之外，还有许多的文本生成工具，见表3-3。

图 3-7　DeepSeek 的输出结果

表 3-3　其他文本生成工具对比

工具名称	主要功能	适用场景	优势
通义千问	文本生成、智能问答、文本摘要等	办公、学习、创作等	依托阿里云强大的技术支持，在知识理解和生成方面表现优秀
讯飞星火	支持多语言文本生成、智能改写等	翻译、文案创作等	语音识别技术领先，在语音转文字及相关文本处理上有独特优势
豆包	文本生成、对话交互、内容创作辅助	各类文本创作场景	具有良好的交互体验，能够根据用户反馈不断优化生成内容

3.2.2　人工智能文本生成的流程（提示词）

在利用人工智能进行文本生成的过程中，提示词起着关键作用，它引导模型生成符合用户需求的内容。整个流程主要包括以下几个关键步骤。

1. 明确需求与构思提示词

（1）确定应用场景

在使用人工智能文本生成工具前，首先要明确应用场景，这决定了提示词的整体方向。比如，商业营销文案创作，提示词需围绕产品或服务的特点、优势以及目标受众来构思；学术论文写作辅助，则要侧重于研究主题、相关理论和研究方法等方面。以推广一款智能手表为例，应用场景是电商平台的产品详情页文案撰写，那么提示词就要围绕智能手表的功能（如健康监测、运动追踪、智能提醒等）、设计（外观时尚、佩戴舒适等）以及目标受众（追求健康生活、喜爱科技产品的人群）来构建。

（2）拆解需求，梳理关键信息

明确应用场景后，需对需求进行拆解，梳理出关键信息。例如在撰写新闻报道时，要确定新闻事件的核心要素，包括时间、地点、人物、事件经过、原因和结果等。将这些关键信息融入提示词中，能使生成的文本更准确、完整地满足需求。假设报道一场科技发布会，关键信息可能包括发布会的时间（如 [具体日期]）、地点（[举办地点]）、发布的新产品（如 [产品名称] 及其创新功能）等，在提示词中要明确这些信息，如"撰写一篇关于 [具体日期] 在 [举办地点] 举行的科技发布会的新闻报道，重点介绍发布的 [产品名称] 及其具备的创新功能"。

2. 构建提示词

（1）选择合适的提示词形式

在 3.1.2 中我们介绍了提示词的常见四种类型：关键词、短语、句子、文本段落，以及它们分别适用的场景，我们在构建提示词时，根据实际应用场景来选择相应的提示词形式即可。

（2）运用提示词技巧

在 3.1.2 中我们介绍了三个提示词的运用技巧，这里不再赘述。

3. 优化提示词

（1）检查与修正

在提交提示词前，要仔细检查其准确性、完整性和清晰度。确保提示词没有歧义、关键信息无遗漏。比如在提示词"撰写一篇介绍新技术的文章，该技术能提高生产效率"中，"新技术"指代不明，应明确具体技术名称，如"撰写一篇介绍人工智能图像识别技术的文章，阐述其如何提高制造业生产效率"。同时，检查语法和拼写错误，避免影响模型对提示词的理解。

（2）调整与细化

根据初步生成的文本效果，对提示词进行调整和细化。如果生成的文本过于笼统，可增加更多细节信息。例如，在生成旅游攻略时，若初始提示词"为我生成一份北京旅游攻略"得到的结果不够详细，可细化为"为我生成一份为期五天的北京旅游攻略，包括每天的行程安排、必去景点、特色美食推荐以及交通指南，每个景点需简要介绍其特色"。若生成的文本不符合预期风格，可调整提示词中的风格描述，如将"以正式风格撰写一篇产品评测"改为"以幽默风趣的风格撰写一篇产品评测"。

（3）提交提示词与获取文本

将优化后的提示词提交至人工智能文本生成工具，等待模型处理并生成文本。在这个过程中，不同的模型处理速度和生成质量可能有所差异。获取生成的文本后，要对其进行仔细阅读和评估，判断是否满足需求。若基本满足需求，但存在一些小问题，如部分内容不准确、语言表达不够流畅等，可以对提示词进行微调后再次提交，进一步优化文本；若生成的文本与需求相差较大，则需重新审视提示词，从需求分析、提示词构建等环节进行全面调整。

4. 不同提示词生成案例

1）提示词一（宽泛型）：写一份北京旅游攻略。

生成结果：北京是中国的首都，有很多著名景点。可以去故宫感受历史韵味，也能到长城领略壮丽风光。美食方面，北京烤鸭不可错过。还能去王府井购物休闲。

分析：由于提示词宽泛，生成内容仅列举了北京最具代表性的景点、美食和购物地，缺乏具体信息，如景点游玩路线、美食店铺推荐、王府井具体购物攻略等，对游客实际帮助有限。

2）提示词二（要点式）：写一份 5 天的北京旅游攻略，每天安排 2~3 个景点，包含故宫、长城、颐和园，介绍特色美食和交通方式，规划合理路线。

生成结果：第一天，上午前往天安门广场，参观人民英雄纪念碑等建筑，之后去故宫，从午门进，沿中轴线游览三大殿等。可在故宫附近吃炸酱面。下午乘地铁去南锣鼓巷，品尝各类小吃。第二天，去八达岭长城，建议乘坐 S2 线火车。在长城附近就餐，有农家菜。第三天，上午到颐和园，游览长廊等景点，中午在附近吃老北京铜锅涮肉。下午去圆明园。第四天，上午前往天坛，之后去牛街品尝特色美食。下午去 798 艺术区。第五天，去鸟巢和水立方，可拍照打卡，周边有美食广场。

分析：要点式提示词明确了旅游天数、景点数量、特定景点、美食和交通规划等关键信息，生成的攻略详细、有条理，能为游客提供清晰的行程安排。

3）提示词三（角色扮演式）：你是一位资深北京导游，为年轻背包客设计一份 7 天的北京穷游攻略，突出小众景点和性价比高的美食，提供省钱交通方案。

生成结果：宝子们！我是你们的导游。第一天先到北京胡同，像帽儿胡同，感受老北京风情，还能去菊儿胡同的小餐馆吃实惠的家常菜。第二天去琉璃厂文化街，有很多特色小店，中午尝尝附近的卤煮。第三天前往五道营胡同，这里有不少文艺小店和咖啡馆。第四天去北京环球度假区，但不建议买票入园，可在周边逛逛拍照。第五天到红砖美术馆，门票性价比高，周边有小吃摊。第六天去温榆河公园，免费且风景好。第七天去西什库教堂。出行可以多坐公交和地铁，办张交通卡还能打折。

分析：角色扮演式提示词赋予生成主体特定身份，针对年轻背包客的穷游需求，突出小众景点和性价比高的选择，语言风格亲切，符合目标群体喜好。

3.2.3　任务实施——使用文心一言

【场景设定】

你是一名大学生，正在准备一篇关于"大学生如何平衡学习与社交生活"的论文。你需要使用文心一言来帮助你生成论文的初稿，并在生成的过程中不断优化提示词，以获得更符合你需求的文本。

【任务目标】

1）设计并完善提示词，生成一篇关于"大学生如何平衡学习与社交生活"的论文初稿。

2）通过反馈和追问，逐步优化生成的文本，使其更加符合论文的要求。

3）在生成过程中，分析文心一言的应用场景和细节设计，理解其在不同情境下的表现。

【任务实施】

（1）第一节课：设计提示词并生成初稿

1）初始提示词设计。

提示词1："请写一篇关于大学生如何平衡学习与社交生活的论文，字数约1000字。"

分析：这个提示词较为宽泛，生成的文本可能缺乏深度和具体细节。

2）生成初稿。

使用文心一言生成初稿，观察生成的文本内容。

———————— 示例输出 ————————

大学生活是人生中非常重要的阶段，学习与社交生活的平衡是每个大学生都需要面对的问题。首先，大学生应该合理安排时间，制定学习计划，确保学习任务的完成。其次，社交生活也是大学生活的重要组成部分，参加社团活动、结交朋友可以丰富大学生活。然而，过度社交可能会影响学习，因此大学生需要找到平衡点。

……

3）反馈与追问。

反馈：生成的文本较为泛泛，缺乏具体的方法和实例。

追问1："能否提供一些具体的时间管理方法，帮助大学生更好地平衡学习与社交？"

追问 2："能否举例说明一些成功的案例，说明如何在实际生活中实现这种平衡？"

4）优化提示词。

提示词 2："请写一篇关于大学生如何平衡学习与社交生活的论文，字数约 1000 字。要求提供具体的时间管理方法，并举例说明一些成功的案例。"

5）生成优化后的初稿。

使用优化后的提示词生成新的文本。

示例输出

大学生活中，学习与社交生活的平衡是一个常见的问题。为了帮助大学生更好地管理时间，可以采用"番茄工作法"，即每 25 分钟专注学习，然后休息 5 分钟。此外，使用时间管理工具如 Todoist 或 Trello 可以帮助大学生合理安排任务。例如，某大学生通过使用番茄工作法，成功在期末考试前完成了所有学习任务，同时还能参加社团活动。另一个案例是一位大学生通过使用 Trello，将学习任务和社交活动分开管理，确保两者都能得到充分的时间。

……

（2）第二节课：进一步优化与完善

1）反馈与追问。

反馈：生成的文本提供了具体的方法和案例，但缺乏对大学生心理状态的探讨。

追问 3："能否探讨一下大学生在平衡学习与社交时可能面临的心理压力，并提供一些应对策略？"

2）进一步优化提示词。

提示词 3："请写一篇关于大学生如何平衡学习与社交生活的论文，字数约 1000 字。要求提供具体的时间管理方法，举例说明一些成功的案例，并探讨大学生在平衡学习与社交时可能面临的心理压力及应对策略。"

3）生成最终稿。

使用进一步优化后的提示词生成最终文本。

示例输出

大学生活中，学习与社交生活的平衡是一个常见的问题。为了帮助大学生更好地管理时间，可以采用"番茄工作法"，即每 25 分钟专注学习，然后休息 5 分钟。此外，使用时间管理工具如 Todoist 或 Trello 可以帮助大学生合理安排任务。例如，某大学生通过使用番茄工作法，成功在期末考试前完成了所有学习任务，同时还能参加社团活动。另一个案例是一位大学生通过使用 Trello，将学习任务和社交活动分开管理，确保两者都能得到充分的时间。

然而，大学生在平衡学习与社交时，常常面临心理压力。例如，担心社交活动影响学习成绩，或者因为学习压力过大而忽视社交生活。为了应对这些压力，大学生可以尝试以下策略：首先，学会设定优先级，明确哪些任务是最重要的；其次，学会放松自己，通过运动、冥想等方式缓解压力；最后，寻求支持，与朋友、家人或心理咨询师交流，分享自己的感受和困惑。

……

【总结与反思】

总结：通过不断优化提示词，文心一言生成的文本逐渐从泛泛而谈变得具体、深入，最终生成了一篇符合要求的论文初稿。

反思：在使用 AIGC 工具时，提示词的设计至关重要。通过反馈和追问，可以逐步优化生成的文本，使其更加符合实际需求。

通过本案例，学生将能够深入理解 AIGC 在文字生成中的应用，并掌握如何通过设计提示词和反馈追问，逐步优化生成的文本。

3.3 图像生成

情境导入

人工智能图像生成是一种让计算机"自己画画"的技术，它通过学习大量真实图片中的颜色、形状和纹理模式，能够将文字描述、手绘草图或已有照片转换成新图像。常见的技术包括生成对抗网络（GAN），它像让两台"画家"互相竞争，一个负责画图、另一个负责分辨真伪；以及扩散模型（Diffusion Model），它先在图像上加噪声再一步步"去噪"还原出清晰画面。也有一些基于大规模预训练模型（如 Transformer）的方案，能更好地理解文字与图像的对应关系。

在日常应用中，人工智能图像生成可以大幅度提高创意工作效率：设计师用它来快速试验海报、LOGO 或角色原型；电商平台用它自动生成商品展示图，减少拍摄成本；在影视和游戏制作中，它也能快速生成场景背景和特效素材；在医学领域，它还能对医学影像进行清晰度增强，辅助医生诊断；在教育和艺术领域，通过互动式图像生成工具，让非专业人员也能轻松创作和演示。它让"想象"通往"现实视觉"之间的桥梁变得更加便捷。

3.3.1　图像生成中的原理、技术与应用

在人工智能领域，图像生成技术不仅作为计算机视觉的关键研究方向，还是解构认知模式与生成映射的复杂系统框架。通过此技术，计算机得以在认知过程中模拟并重构图像，而非仅限于简单的感知与识别，它进一步在抽象层面生成图像实体，这些实体的构建不仅反映现实世界的自然景观或人物形象，亦超越常规感知边界，进入艺术创作的领域。此过程远非单纯符号转化，而是通过在系统复杂性中建立非线性关系，依赖跨域映射与认知系统的多重交互，形成一种新的图像生成范式。图像识别与生成的原理，尤其是在认知科学与信息系统交织的背景下，展现出对人工智能框架理解的深度和复杂性。掌握这一框架，能够在高度抽象化与多维交织中构建对 AI 技术全面的认知基础。

1. 图像基础知识

（1）图像的种类

1）位图（Bitmap）：位图图像，作为一种基于像素网格表示图像的文件格式，蕴含了复杂的自组织结构，其中每个单一像素不仅承载了颜色与亮度的数值信息，更与邻接像素共同构成了一个动态的系统。此系统的整体功能，依赖于局部元素（像素）之间相互作用与反馈机制的协同作用，从而使得图像的每一个细节都在信息传递与结构调控中获得稳定与变化的平衡。位图图像的应用领域广泛，涵盖了照片、插图、扫描图像等多维图形数据的存储与表现，其核心格式（如 JPEG、PNG、GIF 等）也各自承载了不同的图像数据压缩与编码策略。这些格式之间的异同，实际上映射了在数字图像处理与跨域转换中的复杂适应性机制，反映了信息系统中精确控制与生成性复杂性的深层次互动。

2）矢量图（Vector Graphics）：矢量图作为一种图形格式，通过数学公式（如直线、曲线、圆形与矩形等几何构造元素）对图像进行描述，其核心机制在于通过几何元素构建图像的本质路径，而非依赖像位图那样的像素密度分布。在这一框架内，每一条路径不仅承载着明确的起点与终点，还通过形状与颜色的多维属性定义了图像的具体特征。与基于点阵的位图图像不同，矢量图的构建依赖于由数学公式所定义的路径，这些路径通过数学抽象与系统交互，展现了图像的无损放大与缩小能力。在此过程中，路径的生成与拓扑变换是由复杂的数学模型与几何关系控制的，因而实现了在任意尺度下的精确重构，不受因分辨率限制而导致的失真影响，从而提供了跨域映射的无界生成特性。

3）纹理映射（Texture Mapping）：在计算机图形学的框架下，纹理映射技术作为一种关键的跨学科方法，旨在通过将二维图像（纹理）嵌入三维模型的表面，从而在多层次的视觉空间中重构物体的细节与质感。这一过程不仅限于对表面视觉特征的简单映射，而是在模拟现实世界中物理与感知属性交互的复杂性时，通过信息维度的多重映射与系统性拓扑优化，形成对真实世界细节的近似再现。具体而言，纹理映射借助跨域的隐喻

映射机制，将二维图像的感知信息转化为三维物体表面的"触感"。该技术突破了传统建模方式的局限性，展现出一种复合感知与视觉呈现的动态结构。最终，这种技术不仅增强了物体的视觉效果，更加丰富了虚拟环境中物体质感的表现力，从而进一步接近于现实世界复杂物理交互中的视觉与感知机制。

（2）图像格式

1）JPEG（Joint Photographic Experts Group）：在数字图像处理领域，JPEG格式作为一种具有信息损失特征的压缩标准，其在高维图像数据的处理与传输中占据着核心地位。作为一种有损压缩技术，JPEG通过对图像数据的内在结构进行近似表达，借此有效地减小文件体积，这一过程中，部分图像信息由于信息冗余的去除而不可恢复，从而实现节省空间和传输效率的提升。在这一复杂压缩机制下，JPEG的操作不仅仅是简单的符号转换，而是通过引入压缩算法的跨域隐喻，表现为数据的自组织与系统内部能量耗散的复杂过程。由此，JPEG不仅适用于数字照片的压缩处理，也广泛应用于其他需要优化存储与传输的高复杂度图像中。这种压缩过程并非单纯的数值替代，而是一个多层次、交互性强的系统行为，体现了数字图像在信息理论框架下的深层次变换与重构。

2）PNG（Portable Network Graphics）：在无损压缩技术的应用中，PNG格式作为一种高保真图像存储标准，在信息传输与图像重构领域占据了不可或缺的地位。与JPEG相比，PNG通过维持图像数据的完整性，避免了压缩过程中信息的丢失，因此能够在图像压缩后仍保留原始质量。这一特性使得PNG格式在处理需要高精度还原的应用场景中，尤其在图形设计与网络图像展示领域，展现出其独特的优势。值得注意的是，PNG格式不仅适用于对透明度有严格要求的图像，还能在高质量图像存储中提供系统性的保障。这些特点使得PNG格式尤其适合存储那些涉及图标、图形等精细元素的高质量视觉资源。

3）GIF（Graphics Interchange Format）：GIF格式，作为一种广泛支持动画展示的图像格式，其最为突出的特征便是内嵌的动态效果。CompuServe公司于1987年开发出这一格式，迅速成为网页图像和微型动画中不可或缺的标准。其特别之处不仅在于对图像的压缩支持，更在于它能够实现透明度与动画效果的无缝结合，这种多功能性使其在现代图像处理与网络传播中占据了独特地位。实际上，GIF格式之所以广泛应用于简单的图像和微型动画的存储，不仅源于其文件大小的优化，更因为其独特的系统化压缩机制，使得透明度和动画效果可以在不牺牲视觉质量的前提下得到充分表现。在跨域的视觉传播与信息优化框架中，GIF格式的应用呈现出对图像表达与数据传输的精细化调控。

（3）像素和分辨率

1）像素（Pixel）：在数字图像的构成机制中，像素作为最小的显示单元，实质上是图像空间的基本元素，其认知复杂性源自图像信息的多维交织与层次化构建。每一像素不仅代表一个空间点，其背后蕴含着颜色与亮度等多种感知信息的交互作用，这一信息载体的排列和密度结构，便构成了图像的视觉表现，类似于复杂系统中各个子系统的协同工作。通过像素间的有序组合，形成了我们认知中的完整图像，既是一种视网膜上的静态映射，又可以被视作动态交互过程中信息结构的呈现。图像的清晰度与细节丰富性，事实上取决于像素数量这一变量的量化积累，而 1000×1000 像素所构成的图像，便是一种系统化信息复杂性的具体体现，总计约百万级的像素单元在数字界面上呈现出一个高度集成与层次化的视觉结构。

2）分辨率（Resolution）：分辨率作为衡量图像清晰度与细节展现的重要指标，其本质上是指图像中所包含的像素点数量，通常用像素数表示。在信息流的动态扩展过程中，分辨率反映了图像呈现的精度与细腻程度——高分辨率不仅增加了图像的像素密度，进而赋予图像更多对细节的表达能力，还通过复杂的图像处理过程在视觉层面优化了清晰度。例如，在常见的显示标准下，1920×1080 的分辨率对应的是 1080p，而更高的分辨率，如"4K"，则代表着在较大像素空间内实现更为精细的图像呈现。随着分辨率的增高，显示屏呈现出的视觉效果愈加细腻，且细节展现的维度更加丰富，显示的图像不仅更清晰，而且更逼真。

2. 图像处理

1）图像滤波（Image Filtering）：图像滤波作为一种图像处理技术，融入了系统级的平滑与锐化操作，能够在多层次上调节图像的像素矩阵，进而去除噪声或强化特定特征。其核心机制在于通过对像素值的深度改变，促使图像质量在量化空间内的改进，同时提升特征提取的精度。此过程，利用多重滤波器（Kernel），展开与图像进行卷积操作，形成一种动态反馈网络，优化视觉表现。这一方法不仅限于对噪声的去除，亦在边缘增强与视觉效果塑造的过程中发挥着多重效用。在滤波操作中，模糊滤波与锐化滤波作为常见模式，各自通过不同的卷积核调整图像的平滑度与边缘清晰度。模糊滤波通过降低噪声密度，实现在视觉空间内的平滑过渡；锐化滤波则通过增强图像边缘的对比度，提升细节的视觉辨识度，使得图像在层次感与细节呈现上具有更高的识别价值。图像滤波处理如图 3-8 所示。

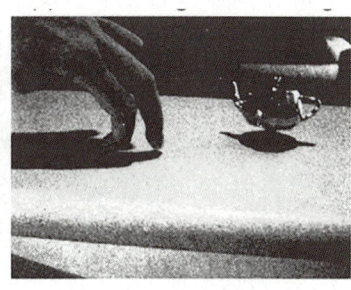

图 3-8　图像滤波处理

2）图像增强（Image Enhancement）：在图像增强中，其核心目标并非仅仅改善视觉效果或突出某些特定特征，而是通过对多维视觉空间的调控，以适应多元化应用场景及个性化用户需求。具体而言，图像增强是通过对图像的亮度、对比度、色彩等要素的复杂调节，或者通过其他特定处理技术对图像进行改造，从而对某些特征进行强调，最终提升图像的可视性与表现力。此过程不仅涉及视觉信息的显著性提升，还需要依据多重反馈机制对信息流的结构进行动态优化。例如，在直方图均衡化、对比度增强、锐化、边缘增强、噪声去除、色彩增强和去模糊等技术的交互作用中，图像的多个维度被重构，通过跨领域的隐喻映射将视觉特征的再现与符号系统的复杂性紧密结合。图像增强处理如图 3-9 所示。

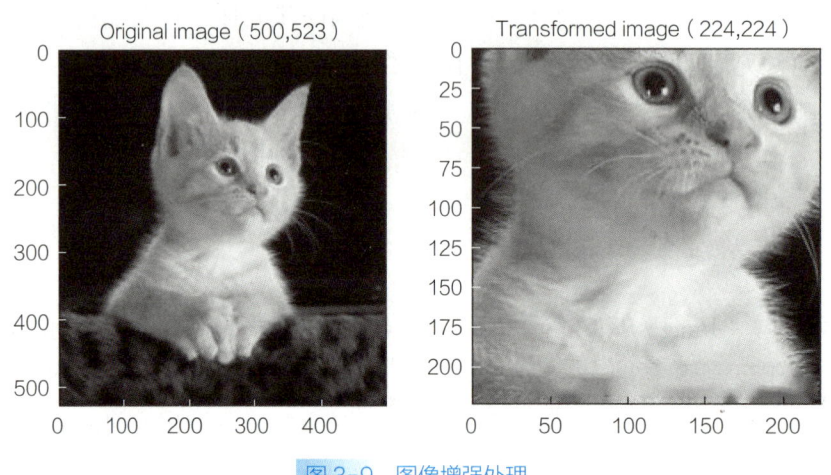

图 3-9　图像增强处理

3. 图像生成的基本原理

图像生成技术的核心目标是赋能计算机模拟和再现复杂视觉现象，借助于马尔可夫链、蒙特卡洛方法及相关优化算法，在动态信息空间中重构图像的认知模型。其本质上是一种对人类视觉系统机制的模拟，意在通过一系列数据驱动的复杂映射，提升计算机对"想象"能力的学习与运用。图像由一系列微小的像素单元构成，每个像素都携带独立的颜色与亮度信息，这些像素群体以非线性结构互联，通过相互作用生成视觉表征。可将图像视作由无数个微观方块拼接成的马赛克，每个方块内蕴含不同的颜色和亮度参数，通过对这些参数的动态分析与重构，计算机能够洞察图像的整体结构与细节。

进而，图像生成的过程在概念性抽象层面涉及算法对视觉特征的提取——如边缘、纹理与形态等显著性特征。这一过程类似于人类在观察一张图像时对其内在结构的解读，计算机通过对像素间关系的多层次建模与语义提取，逐步解码图像中的关键信息维度。进一步地，计算机借助生成模型——包括生成对抗网络（GANs）、变分自编码器（VAE）与扩散模型等——通过学习海量训练数据的分布特征，进行数据的再生与创新生成。比如，通过对海量猫类图像的分析与学习，生成模型能从无序的像素集合中提取出猫的本质特征，并在此基础上生成全新的图像实体。

这一过程的精髓在于利用跨域映射与信息熵控制模型，确保图像生成不仅是对现实视觉世界的逼真再现，且突破了传统图像生成技术的局限，向着更高层次的跨学科理解与创造能力发展。

4. 主要的图像生成技术

1）生成对抗网络（Generative Adversarial Networks，GANs）：作为一种无监督学习框架，其通过两个神经网络之间的博弈关系，逐步实现对复杂数据分布的建模。该概念最早由伊恩·古德费洛等人在2014年提出，标志着生成模型在深度学习中的突破性进展。GANs 由生成器（Generator）与判别器（Discriminator）两部分构成，两者通过对抗性训练机制相互作用，演绎出系统层次间的复杂反馈机制。生成器的功能在于从噪声源中采样并生成拟真数据样本，判别器则负责识别这些样本是否符合真实数据的分布规律，从而起到筛选与评价的作用。

具体而言，生成器的策略是从高维噪声空间中生成符合目标数据分布的样本，判别器则通过对输入数据进行二分类，判定其真实性。在这一过程中，生成器与判别器通过极小极大（min-max）博弈的优化策略，相互调节模型参数。生成器的优化目标是最大化判别器对伪造数据判定为假的概率，而判别器则试图提升其辨别真伪样本的准确性。

这一机制可类比为"赝品鉴定"游戏：生成器如同制造赝品的机器，而判别器则充当专家角色，评判物品真伪。随着博弈的推进，生成器不断优化其生成策略，最终能够制造出与真实数据难以区分的赝品。GANs 的核心创新在于通过对抗训练，使生成器不断调整和优化其生成能力，最终达成与真实数据几乎无差的结果。

生成器通常采用深度卷积神经网络（DCNN）或全连接网络进行数据生成，判别器则构建为二分类网络以辨别真假样本。在训练过程中，生成器通过反向传播算法优化其网络权重，以提升生成样本的真实性，而判别器则通过持续调整参数来提高识别精度。由于其强大的生成能力，GANs 在图像生成、修复、风格迁移以及超分辨率重建等领域得到了广泛应用。

尽管 GANs 在生成能力方面展现出显著优势，但其在实际应用中仍面临训练不稳定、模式崩溃（mode collapse）及生成结果缺乏可控性等挑战。模式崩溃问题指生成器仅生成少量特定样本模式，导致生成样本的多样性和表现力不足。为应对这一问题，研究者提出了 Wasserstein GAN（WGAN）、谱归一化、条件 GAN（cGAN）等改进方案，旨在通过优化损失函数和调整训练策略，进一步提升生成模型的稳定性与多样性。这些方法为解决生成网络的局限性提供了潜在的系统性改进路径，从而推动生成对抗网络的广泛应用与理论发展。

2）变分自编码器（Variational Autoencoder，VAE）：作为一种生成模型，其核心任务是通过学习数据的潜在表示，生成与训练数据相似的新数据。在该框架下，VAE 融合了自编码器与概率图模型的思想，通过引入概率推断的机制，极大增强了模型在生成任务中的表现力与灵活性。可以将 VAE 视作一场复杂的智能拼图游戏：它将输入的图像分解为若干基本元素（潜在空间中的拼图块），并通过重新排列这些元素，构建出新的图像。生成对抗网络原理如图 3-10 所示。

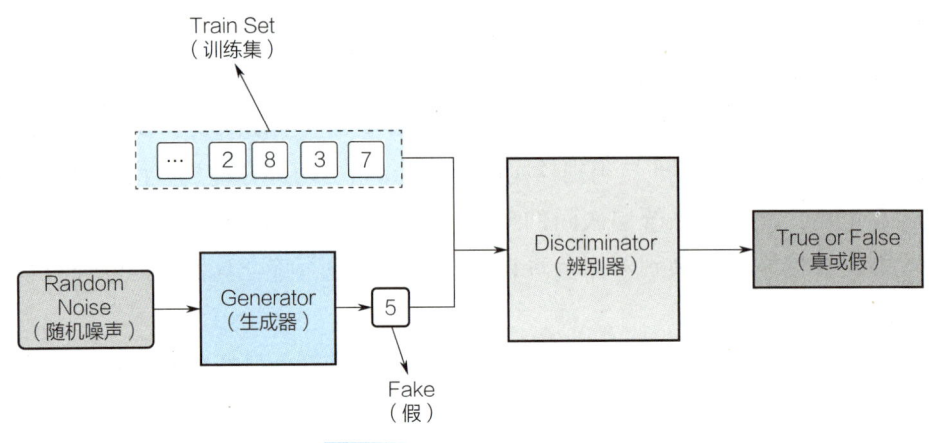

图 3-10　生成对抗网络原理

VAE 的架构由两个主要部分构成：编码器与解码器。编码器的作用是将输入数据映射到潜在空间的概率分布上，通常假定该分布为高斯分布。此时，编码器输出的是潜在空间中的均值与方差，作为后续生成过程的基础。而解码器则通过从该潜在空间中进行采样，重建出与输入数据高度相似的输出。在这个过程中，VAE 通过最大化证据下界（Evidence Lower Bound，ELBO）来学习数据的潜在结构，从而提升生成新样本的能力。

在训练过程中，VAE 通过最小化两个关键因素来优化模型参数：重构误差与 KL 散度。重构误差用于衡量解码器输出的重建数据与原始输入数据之间的差异，而 KL 散度则评估潜在空间中近似后验分布与先验分布之间的差异。通过联合优化这两个目标，VAE 能够生成具有高多样性且逼真的数据样本。

尽管 VAE 在图像生成、数据压缩、异常检测等领域展现出了强大的生成能力，但它的潜在空间的复杂性与生成数据的多样性也伴随着一定的挑战。其生成模型的能力，使其在深度学习领域占据重要地位，并为后续生成网络与概率推断方法的研究提供了坚实的理论基础与实践依据。

此生成模型的应用遍及多个领域，其中不仅包括传统的图像生成和重建任务，还涵盖了数据压缩与异常检测等复杂系统应用。基于 VAE 的生成方法通过灵活的潜在空间建模，为生成对抗网络（GAN）等其他生成模型提供了有效的理论与实践补充。

变分自编码器原理如图 3-11 所示。

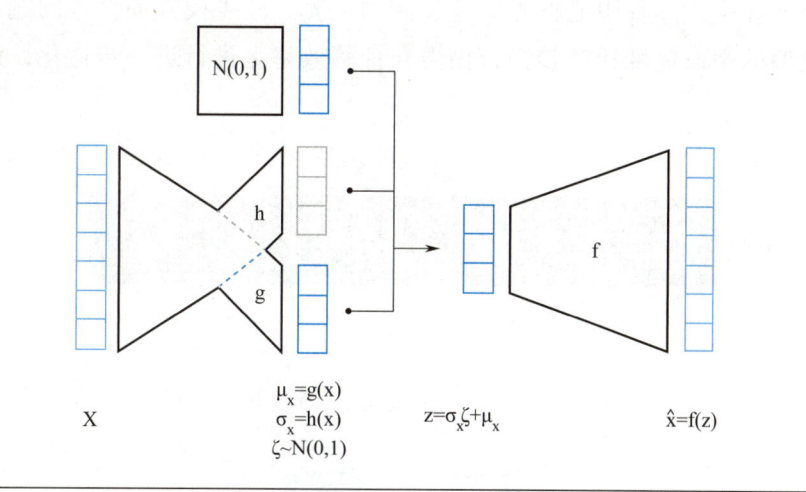

$$loss=C\|x-\hat{x}\|^2+KL[N(\mu_x,\sigma_x),N(0,1)]=C\|x-f(z)\|^2+KL[N(g(x),h(x)),N(0,1)]$$

图 3-11　变分自编码器原理

3）扩散模型（Diffusion Models）：其核心思想是模拟数据从噪声到真实数据的逐步转化过程，以此学习数据的潜在分布。该过程可以类比为涂鸦创作：起初，从一张清晰的图像开始，逐渐在其上添加噪声（如同在画布上涂抹颜料），直到图像变得模糊。接着，模型学习如何从模糊图像中恢复出清晰图像，最终生成全新的图像。扩散模型的优势在于其生成能力的精细化，由于在生成过程中对每个细节进行多次迭代调整，所以能够生成细节丰富、质量高的图像。然而，这一过程需要进行大量去噪迭代，因此其生成速度较慢，限制了其在一些对实时性要求较高的场景应用。

其技术原理主要包括正向扩散过程和反向生成过程。在正向扩散过程中，首先将真实数据逐步加入噪声，形成一个从清晰数据到纯噪声的序列。每个时间步都会向数据中添加少量噪声，逐步模糊数据，直至失去其结构信息。设计正向扩散过程时，必须确保噪声添加的方式能够覆盖数据空间的多样性，同时保持计算的可行性。反向生成过程则是模型学习如何从噪声中恢复出原始数据，实际上是在模拟逆过程。通过最大化反向生成过程中数据的似然估计，模型逐步掌握从噪声到数据的生成过程。在实际生成阶段，模型从随机噪声出发，经过多次反向推理，逐步生成高质量的数据样本。

扩散模型原理如图 3-12 所示。

扩散模型通常依赖深度神经网络作为参数化工具，网络设计需能够捕捉数据复杂的结构特征。训练过程中，采用去噪自编码器框架，通过最小化重建误差，使模型学习数据的潜在表示。优化算法的选择、损失函数的设计以及正则化技术的运用，都是影响模型性能的关键因素。与生成对抗网络（GAN）和变分自编码器（VAE）等生成模型相比，扩散模型在训练稳定性和生成质量上具有显著优势。由于其逐步生成的特性，扩散模型在生成过程中能够更好地控制与调整，减少模式崩溃等问题的发生。然而，扩散模型的生成速度相对较慢，仍需在计算效率上进行进一步优化，以适应更广泛的应用场景。

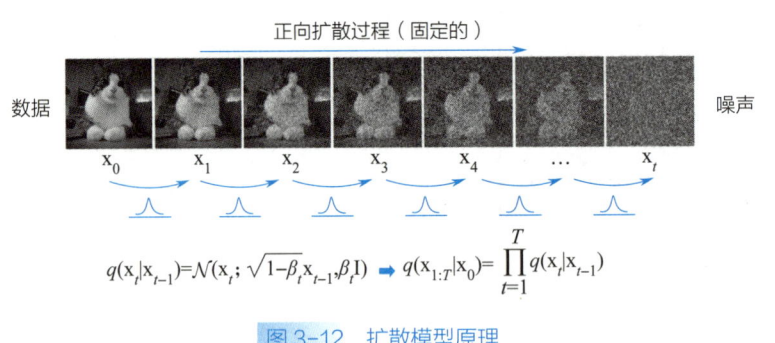

图 3-12　扩散模型原理

5. 图像生成的应用

图像生成技术在跨学科领域中展现出显著的应用潜力，其核心应用场景可通过复杂系统理论中的动态演化模型进行解读，其中每个领域的技术互动构成了一个高维的系统网络。

在创意设计领域，设计师与艺术家利用图像生成技术进行跨维度的内容创作与设计，借助文本描述生成概念艺术、广告素材以及社交媒体图像，形成了"生成——反馈——创意扩展"的非线性模式。该技术通过信息流的瞬时传递与视觉表达的并行增强，不仅提升了创作效率，还通过认知重构提供了新的艺术表达途径与工具，这一过程的复杂性与认知负载要求是艺术创新中的一项重要考量。

在广告行业，营销人员通过输入特定文本提示，利用图像生成工具生成与品牌形象及营销策略高度契合的图像，这一过程映射出复杂系统中的自适应优化机制。生成的高质量图像通过信息筛选与视觉策略的映射，大幅增强了广告的吸引力与效果，提升了广告内容的生动性，推动了广告活动的效果指数向高维扩展。此现象的多元反馈机制强调了品牌传播与用户认知之间的深度共振。

在影视、游戏等创意产业中，图像生成技术作为加速创作流程的核心工具，在概念图、角色设计及场景预览中展现出强大的系统协同效应。此技术通过将初期创作构思可视化，缩短了创作周期并提升了项目的资源调度效率。游戏开发者通过快速生成角色与场景原型，消解了传统开发流程中的时空约束，加速了创新与开发间的相互作用。

教育领域也受益于图像生成技术的迅速发展。教育工作者通过生成与教学内容相关的图像，在视觉辅助工具的帮助下提升学生的理解力与学习兴趣。这一过程映射出复杂认知系统中的认知负担与信息处理模型，教育图像的生成成为学生认知与学术进步的加速器。

在在线零售业中，图像生成技术通过生成多样化的产品展示图像，不仅丰富了商品的视觉呈现，也大幅提升了消费者的购物体验。这一系统内部的实时数据处理与消费者心理反馈机制相互作用，形成了具有动态演化特性的零售生态系统，提升了个性化营销策略的实施效力。

图像生成技术在医疗领域，尤其是在疾病诊断与医学研究中，通过生成精确的医学影像，帮助医生识别病变区域并辅助临床决策。生成对抗网络（GANs）在医学影像生成中的应用，凸显了多维数据融合与模型训练间的深度耦合，提升了诊断的精确度与效率。

在艺术创作领域，艺术家通过图像生成工具探讨新的艺术风格与创作方式，AI 生成的艺术作品为传统艺术形式带来了崭新的表现角度与创造力输出，这一艺术过程揭示了跨域隐喻映射的深层结构，在传统与创新之间架起了认知桥梁。

最后，在某些特定领域，获取真实数据往往面临成本高昂或难以获得的难题。图像生成技术在合成数据的生成与训练数据集的扩充中，展现出其跨学科的应用价值。例如，自动驾驶领域通过生成特定类型的交通事故现场图像，提升了自动驾驶模型的鲁棒性与环境适应性，构建了高效的环境模拟与学习反馈系统。

图像生成技术不仅仅是技术工具的简单延伸，还是复杂系统理论框架中的一项关键变量，其在多领域的广泛应用不仅突破了传统技术的限制，更推动了创意产业与技术发展的深度融合，形成了创新性与可持续性相结合的多层次互动网络。

3.3.2　人工智能图像生成工具

在 AIGC 领域，图像生成工具已经成为创作者、设计师和研究人员的重要助手。这些工具利用深度学习模型，能够根据文本描述或其他输入生成高质量的图像。本节将介绍几种主流的图像生成工具，并通过具体案例展示它们的功能和应用。

1. 文心一格

文心一格，作为百度自主研发的基于文心大模型与飞桨深度学习框架的跨模态生成平台，融汇了先进的 AI 艺术与创意辅助技术，致力于实现从文本到图像（Text-to-Image）的高效转换。自 2022 年 8 月正式发布以来，该平台突破了传统视觉艺术创作的界限，通过将用户提供的中文文本描述转化为多种风格的视觉作品，开辟了新的创作与表现途径。在此过程中，用户只需在平台官网输入简要的文字描述并选择所期望的艺术风格，即可在短时间内生成符合需求的独特画作。文心一格于 2025 年 4 月 1 日正式将服务迁移合并至文心一言官网 yiyan.baidu.com。文心一格官网首页如图 3-13 所示。文心一言首页如图 3-14 所示。文心一言绘图功能选择如图 3-15 所示。

图 3-13　文心一格官网首页

图 3-14　文心一言首页

图 3-15　文心一言绘图功能选择

其核心功能涵盖多个领域，包括多风格创作、语义深度理解、二次编辑与可控生成，以及情感与创意的辅助生成。这些功能给艺术创作与生成过程提供了更高的灵活性和精准性。

当前系统支持超过十种艺术风格的创作，包括油画、水彩、素描、卡通、动漫、国风、虚幻引擎渲染等，甚至能够模仿中国书法与动画等特定风格。这种多样化的风格选择，使得用户能够根据需求定制不同的艺术效果。通过简单的文字描述，用户便可生成高分辨率（最高 2048×2048 像素）的图像，且支持批量生成，每次最多生成 9 张图像。

作为原生中文文生图系统，其在中文文化元素的解析上具有独特的优势，特别是在涉及传统节日与习俗等领域。例如，如图 3-16 和图 3-17 所示，在生成"端午节海报"时，系统能够精准地捕捉到龙舟、粽子等文化符号，并通过图像的艺术表现方式体现出深刻的文化内涵与情感，体现了其在文化背景下的创新能力与艺术深度。通过采用多维度的生成策略，系统不仅保证了图像创作的艺术性，同时也增强了语义与情感的交互式体验，为用户提供了一个富有创意且可控的生成平台。

图 3-16　文心一言绘图提示词

图 3-17　文心一言图像生成

在生成出图片后，用户可通过涂抹局部区域调整生成效果，或叠加多张图片进行融合创作，如图 3-18 所示。此外，平台还提供线稿生成、图片扩展、清晰度提升等功能，增强创作可控性。

图 3-18　文心一言图像重绘

系统能识别输入文本中的情感，生成相应风格的图像，并为设计师提供灵感支持，例如通过输入"可爱呆萌神兽，祥云装饰，8K 极致细节"等提示词，生成复杂场景，如图 3-19 所示。

图 3-19　文心一言图像生成

2. 可灵AI

可灵 AI 是快手公司推出的下一代 AI 创意生产力平台，其核心依托自研的可灵大模型与可图大模型，专注于图像及视频的生成与编辑功能。自 2024 年 6 月首度发布以来，其凭借卓越的多模态生成能力、简便的用户交互界面以及广泛的应用场景，迅速在国内 AI 内容生成领域树立了标杆地位，吸引了超过 600 万用户参与其中。

可灵 AI 官网如图 3-20 所示。可灵 AI 登录按钮位置如图 3-21 所示。可灵 AI 登录界面如图 3-22 所示。

图 3-20　可灵 AI 官网

图 3-21　可灵 AI 登录按钮位置

图 3-22　可灵 AI 登录界面

　　可灵 AI 利用类 Sora 的 Diffusion Transformer（DiT）架构，以 Transformer 架构替代传统的卷积神经网络，结合 flow 模型作为扩散模型的核心基座，推动了计算效率与生成能力的显著跃升，能够支持高达 1080P 的视频生成，并延续至最长 3 分钟的创作时间。其关键技术在于，借助大规模中文语料库的训练，精准解析文本中的文化符号（如"国风"与"赛博朋克"），以及细微的需求表征（如"宇航服的金属光泽"）。此外，该系统还集成了用户反馈驱动的模型演化机制，通过对局部描述的细微调整或对参考图的修正，能够优化生成结果，从而实现迭代式创作的闭环反馈。

　　在可灵 1.5 版本中，新增了运动笔刷、对口型与 AI 模特等功能，并上线了创作社区"创意圈"。而 1.6 版本则在文本响应度、动态质量及画面效果上实现了近 200% 的提升，尤其在支持复杂运动、时序动作与运镜描述方面表现卓越，且高度适配广告素材生成。尤其值得一提的是，可灵 1.6 版本新推出的"视频延长功能"使得生成的视频能够经过多次延长，每次续写 5 秒钟，最长可达到 3 分钟。在此过程中，用户还可继续输入创意描述，对接下来的镜头走向产生直接影响，从而增强了创作的灵活性与互动性。

　　自 2025 年 3 月起，可灵 AI 全面接入 DeepSeek-R1，通过智能提示词生成与优化的机制，显著降低了创作门槛，并提升了视频内容的表现力与创新空间，进一步扩展了人工智能在创作领域的应用边界。

　　可灵系统具备强大的多模态生成能力，支持从文本生成视频及从图像生成视频。用户只需输入文本或上传参考图，即可生成高清 1080P 视频，且能够灵活调整宽高比（如 16∶9、9∶16）与帧率（30fps）（见图 3-23）。可灵 AI 图像生成数量设置如图 3-24 所示。通过"视频续写"功能，创作可延续至 3 分钟，以适应长篇内容创作的需求。此外，可灵还支持生成多种风格（如古风、动漫、写实等）的图片，并能一键转化为视频，最大支持 1080P 分辨率。用户还可以根据需要调整人物服装、发型、场景等元素，并叠加光

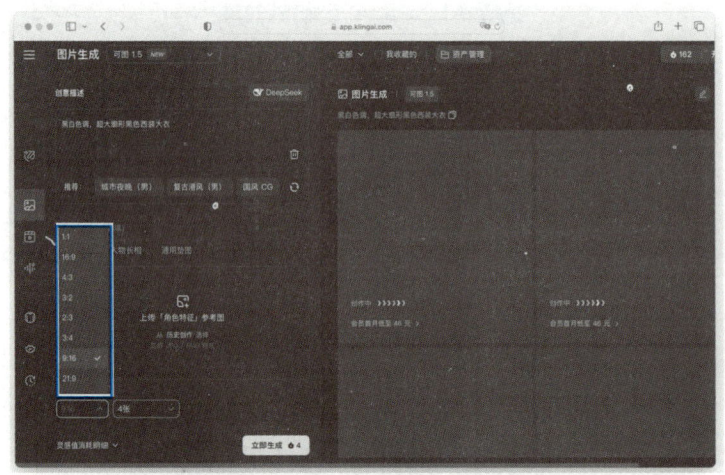

图 3-23　可灵 AI 图像生成宽高比设置

影效果（例如"黑白色调，超大廓形黑色西装大衣"），实现极致定制化创作。可灵 AI 生
成效果如图 3-25 和图 3-26 所示。

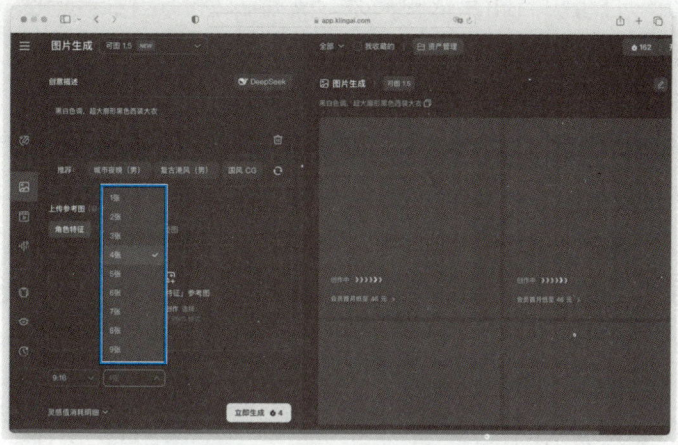

图 3-24　可灵 AI 图像生成数量设置

图 3-25　可灵 AI 生成成果 1

图 3-26　可灵 AI 生成成果 2

平台内设的创意圈为用户提供了跨学科互动的空间，在此空间中，用户可浏览他人的作品，从中汲取灵感，并通过"一键同款"功能快速复制流行创意的核心特征。该功能依托于复杂系统的自组织与相互依赖关系，支持创意的迭代与演化，提升了用户的创造性输出。

同时，系统提供 API 服务，面向开发者开放接口，为企业在定制化解决方案中实现技术赋能。这一功能不仅涵盖了与知名企业如小米、亚马逊云科技的合作案例，还为跨领域的商业生态构建了深度协同的多层次框架，进一步推动了产业链内的知识共享与技术融合。

可灵的应用已经呈现在各个领域，例如为 2025 年哈尔滨亚冬会开幕式实现主火炬点燃特效呈现，并制作会歌《尔滨的雪》MV，实现实景与 AI 特效的无缝融合，如运动员幻化为冰晶、麋鹿互动等场景；以及与快手星芒短剧厂牌联合出品全球首部 AI 单元剧《新世界加载中》，涵盖科幻、历史等题材；与贾樟柯等导演合作打造实验性 AIGC 电影短片（如《麦收》），探索 AI 叙事潜力。

可灵 AI 与 MiniMax 海螺 AI、字节即梦 AI 一起位列国产视频生成应用第一梯队，其商业化规模国内领先，累计营收超 1 亿元，其目标是成为全球营收第一的视频生成 AI 应用。

3. 通义万相

通义万相，作为阿里云推出的 AI 多模态内容生成平台，依托其核心的通义大模型，结合扩散模型（Diffusion Model）与 Transformer 架构，通过逐步去噪与信号重构的过程，在信息复杂性逐层递增的框架中生成高维度图像。其图像生成功能，基于自主研发的组合式生成模型 Composer，借助模块化系统理论将图像元素解构为色彩调配、布局结构等细粒度模块，进而允许用户在跨模块约束条件下进行灵活组合，从而实现对创意输出的高度可控调适。这一过程，正如复杂适应系统中元胞自动机的演化，通过局部规则的协同作用促进全局图像的生成，体现出高维复杂性与非线性反馈的相互作用。通义万相官网如图 3-27 所示，通义万相登录界面如图 3-28 所示。

图 3-27　通义万相官网

图 3-28　通义万相登录界面

　　支持多模态生成机制，首要实现基础的文生图（Text-to-Image）功能。具体而言，不仅支持用户中英文双语输入，还能够触发多元图像风格的生成，包括但不限于水彩、油画、3D 卡通、中国画、扁平插画等超过十种风格。通义万相文字作画如图 3-29 所示。图像生成的最高分辨率可达 200 万像素（2048×2048）。例如，当输入"火星上的废土风格城市"时，模型能够精确构建并呈现末日场景的细节，突显视觉冲击力（见图 3-30）。同时，系统引入智能提示词优化功能，能够自动对简短的输入描述进行高效改写，以提高生成图像的整体质量（见图 3-31 和图 3-32）。此过程不仅是简单的输入 – 输出关系，还是基于复杂系统理论的跨学科隐喻映射，通过深层次的语义理解和模型的非线性推演，展现出生成模型在多层次认知维度上的交互与反馈机制。

图 3-29　通义万相文字作画

图 3-30　通义万相文字作画提示词

图 3-31　通义万相提示词扩写

图 3-32　通义万相图像生成

其次支持图生图（Image-to-Image）与风格迁移，用户上传参考图后，可生成与之内容或风格相似的图像；或是将原图与风格图结合，自动转换图像风格（见图 3-33）。例如，将普通照片转化为卡通风格，适用于艺术创作和品牌视觉定制。

通义万相具有精细化的控制能力与一些辅助工具，例如其支持设置分辨率（如 1024×1024 像素或自定义尺寸）、生成数量（1~4 张）、随机种子（控制生成稳定性）及参考图相似度强度（0.0~1.0），也支持反向提示词（Negative Prompt），可排除不期望的元素，例如"低分辨率、多余手指"等，提升图像精度。同时可以通过高清修复与特效增强对低分辨率图像进行超分处理，并结合第三方工具添加光影特效，优化最终效果。

图 3-33　通义万相风格迁移

4. 即梦

即梦 AI，作为字节跳动推出的跨领域一站式创作平台，其图像生成模块在生成对抗网络（GAN）与变分自编码器（VAE）等深度学习技术框架下，以扩散模型（Diffusion Model）为关键优化工具，借助逐步演化的生成质量体系，在复合层次中实现了技术演进的非线性映射。该平台的图像生成功能，依托于自主研发的深度学习模型，通过反复迭代与机制调优，在多维度的反馈闭环中完成了从基础文生成图到精细化控制图的技术跃迁，构建了一个自适应的动态演化过程，形成了复杂系统的有机交互模式。即梦官网如图 3-34 所示。

图 3-34　即梦官网

其技术架构的核心在于，跨模态理解与动态优化机制的融合，尤其在复杂系统理论框架下，通过大规模中文语料库的训练，精确解码文本中隐含的文化符号（如"国风""赛博朋克"）与深层语义。此过程不仅涉及对中文排版与字体设计的深度剖析，还特别优化了跨领域的认知映射，精准地捕捉和重构语言中的非线性特征。值得注意的是，该模型支持用户反馈驱动的智能迭代机制，通过局部调整或参考图的动态引导，优化生成结果。在即梦 3.0 版本中，系统能够直接输出 2K 高清图，有效满足高精度场景需求与印刷级别的精确输出，从而突破传统生成式语言模型的线性限制，实现跨学科知识的深度整合与应用。即梦 AI 作图模块如图 3-35 所示。

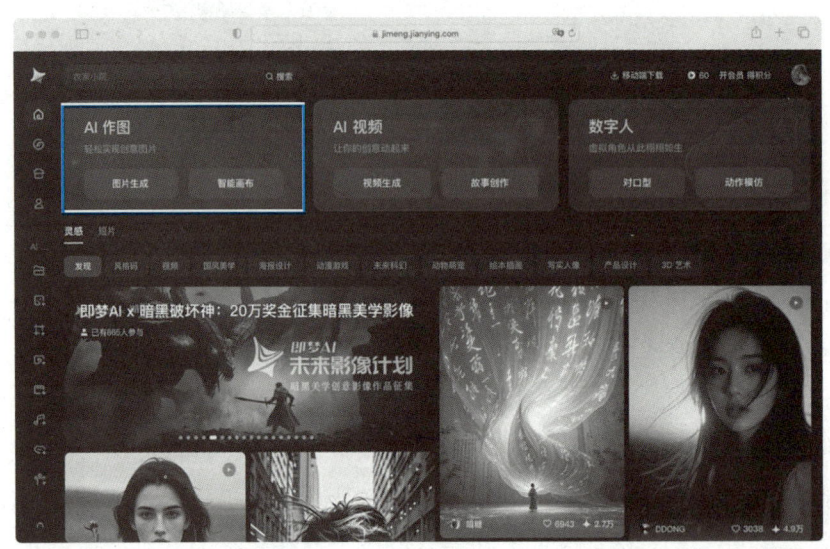

图 3-35　即梦 AI 作图模块

除了基本的文生图（Text-to-Image）（见图 3-36）与图生图（Image-to-Image）功能，即梦 3.0 通过引入精准控图功能，进一步拓展了用户在设计领域中的控制能力。用户不仅能够指定字体风格、文字颜色与位置，而且可以精确调控字体与装饰元素的关系。这一功能与复杂排版需求高度契合，支持如主标题、副标题、英文标注等多层次文字布局的构建，并为字体风格定制（如仿篆书、手写毛笔字）提供了灵活的设计方案。除此之外，系统还能够模拟印章效果，极大地降低了传统设计中的技术门槛。通过动感笔触的生成（如"风"字末端轻盈上扬），或将背景场景（如夏日露营、雪山航拍）与文字设计深度融合，从而实现视觉感官与情感表达的高度协同。

即梦 3.0 支持批量生成与优化，用户可在一次操作中生成 1 至 9 张高清图片，并能通过高清修复、比例调整（如 16：9、9：16）及第三方工具集成（例如添加特效、调色）等功能，进一步提升图像的质量和细节。作为影视级质感优化的延续，该版本减少了传统设计中常见的"油腻感"与 AI 痕迹，使得排版更加精准，能够支持 2K 高清图直接输出。与此同时，即梦 3.0 新增了金句卡片生成功能，用户只需输入 30 至 50 字的文本，即可快速生成排版精美的文字卡片，适用于社交媒体传播，从而有效增强了跨媒介传播的表现力。

图 3-36　即梦文生图

相较于即梦 2.1 于 2024 年 12 月上线的"一句话生成海报"功能，即梦 3.0 在设计效率上有了显著提升，尤其是在对影视级动态运镜效果的描述与复杂运动响应的理解方面，能够更好地捕捉镜头语言、时序动作等细节。该系统的更新不仅推动了设计流程的智能化发展，也为用户创造了一个更加灵活与创新的创作空间。即梦生成海报如图 3-37 所示。

图 3-37　即梦生成海报

图 3-37　即梦生成海报（续）

3.3.3　图像处理与风格迁移

图像处理与风格迁移技术，作为计算机视觉领域的双重引擎，已被应用到多个学科，尤其在艺术创作、医学成像、工业自动化及社交媒体等复杂系统中展现出了巨大潜力。传统的图像处理方法，如边缘检测、滤波和直方图均衡，固然在处理简单任务中表现突出，但其静态操作方式与功能单一的局限性，也使得其在应对复杂数据时，往往显得力不从心。随着深度学习技术的突破，基于卷积神经网络（CNN）的方法应运而生，使计算机具备了从海量数据中自我学习特征的能力，这一能力的引入，极大地提高了图像处理的精度与效率。深度学习的普及，不仅改变了图像分析的方式，更为智能化图像处理的未来发展打开了崭新的视野，形成了一种信息流交织、相互反馈的动态网络结构。

风格迁移技术，起源于艺术领域的跨域隐喻映射，借助卷积神经网络将一幅图像的内容与另一幅图像的风格特征相结合，通过深度学习模型的高阶关联性，创造出新的视觉表达形式。这一技术的初步应用，突破了传统艺术创作的边界，使得用户能够将经典的艺术风格转移至现代图像之上，从而形成了多层次的文化与视觉互动。风格迁移不仅应用于艺术创作，它在医学影像处理中的影响同样不容小觑，通过技术的深度融合，它有效提升了医学图像的清晰度及诊断的准确性。在工业自动化和社交媒体领域中，风格迁移技术提供了虚拟试妆、图像增强等创新解决方案。其内在机制的复杂性及多维度反馈环路，展现了这一技术在多领域交叉中的潜力，并逐步塑造了一个信息自适应、具备实时优化能力的应用体系。

在该体系中，图像处理与风格迁移技术所形成的复杂系统，不仅能有效地扩展视觉数据的深度和广度，同时也促进了各行业的智能化转型。由此可见，这些技术不仅仅是单一的图像处理工具，更是跨越传统与现代界限的智能平台，推动了艺术与技术、创意与产业的深度融合。

1. 图像处理的原理与技术

图像处理技术，作为一项跨学科的复杂系统，涵盖了从图像获取到信息提取、从图像改善到压缩的多重维度，展现出多样化的技术路径与方法论。其技术内核围绕对图像的深度分析、修复、增强、识别与转化展开，形成了一个自适应的、高度非线性的操作链条。传统图像处理方法，依赖于数学变换与精密算法，构建了基础框架；然而，现代图像处理则进入了一个新的认知层次，深度学习模型，特别是卷积神经网络（CNN），成为推动这一技术革新的核心驱动力。此种技术演进，不仅提高了处理精度，更拓宽了处理任务的应用边界，从而在更复杂的图像分析与高维数据优化中达成了前所未有的成果。

（1）图像增强与图像去噪

图像增强作为图像处理中的核心技术之一，其内涵远超传统处理手段，目标在于通过多元算法优化图像的视觉质量与信息密度。在这一复杂系统中，图像去噪作为提升清晰度与恢复细节的关键环节，显现出其在去除噪声与扰动方面的重要性，尤其在多变环境中，图像质量的提升常常依赖于系统内部深层次的反馈机制。

图像增强技术分为空间域与频率域两类，二者的交互式拓扑结构构成了图像处理中的重要维度。空间域增强通过直接调整图像的像素值来优化图像的基本属性，包括亮度与对比度的变化、直方图均衡以及锐化与去噪等技术。亮度与对比度调整作为基础操作，既可为线性也可为非线性模式，通过调整可进一步增强图像的可视效果，并有效拓宽观众的认知边界。直方图均衡则作为一种经典技术，通过优化灰度分布，突破了低对比度图像的局限，显著提升了视觉表现。锐化技术作为图像增强中的高级手段，利用边缘增强算法，尤其是基于拉普拉斯算子与 Sobel 算子的卷积滤波器，进一步细化图像的边缘细节与轮廓，促使图像中的信息呈现更为精细的结构层次。去噪技术则通过滤波策略——如均值滤波、高斯滤波与中值滤波等——有效减少噪声的影响，重建图像的细节与完整性，但这一过程常常伴随一定的细节模糊现象，限制了去噪技术的完美实现。

频率域增强则通过傅里叶变换或离散余弦变换（DCT），实现从空间域到频率域的转换，在这一过程中，图像被分解为不同的频率成分，其中高频成分代表细节与边缘，而低频部分则体现图像的平滑区域。对频率域的精准操作，通过加强高频部分或抑制低频成分，可以进一步优化图像的细节呈现，为复杂图像提供了更具层次的呈现方式。

深度学习技术近年来对图像增强的贡献不可忽视，特别是卷积神经网络（CNN）的广泛应用，使得图像增强过程变得更为智能化与自动化。通过深度学习模型，AI 能够根据输入图像的特征，自动调节和优化图像增强策略，从而有效提升图像质量，尤其在低质量与复杂环境下，深度学习展示出优越的适应能力。例如，通过生成对抗网络（GAN）进行图像去噪与超分辨率重建，或使用自编码器进行图像增强，均能够在细节恢复与图像质量提升上取得显著成效。图像去噪技术则在消除图像噪声的同时，最大限度地保留细节信息，确保图像恢复后的质量接近原始状态。噪声的产生有多种因素，包括传感器缺陷、传输过程中的干扰或环境条件的影响。在去噪过程中，去噪技术的核心目标不仅在于消除噪声，还在于减少图像细节的损失，尽可能地保持边缘与重要特征的完整性。

传统的去噪方法，如均值滤波与中值滤波，虽然能够对图像进行平滑处理，但其对图像细节的损失往往不可避免。随着深度学习技术的快速发展，基于卷积神经网络（CNN）的去噪方法逐渐成为主流，这些方法通过大量图像数据的训练，能够有效识别和去除噪声，同时保留更多图像的细节。例如，U-Net 架构已在音频源分离任务中展现出卓越的去噪能力，尤其是在频谱图分析中，能够有效区分目标信号与背景噪声。频率域去噪技术则通过傅里叶变换等手段，将图像从空间域转换到频率域，在频率成分的分析中，有效地识别和去除噪声，特别是在已知噪声特征的情况下，频率域方法显示出其独特的优势。高频噪声通常被认为是噪声成分，而图像信号则包含在特定频段内，通过精准的滤波处理，能够有效保留有用信号。

未来对图像去噪技术的研究，将继续向更高的复杂度与精确度迈进，探索更鲁棒的算法，以应对日益复杂的噪声环境，并进一步提升图像质量，尤其是在极端条件下的图像恢复能力。

图像去噪技术如图 3-38 所示。

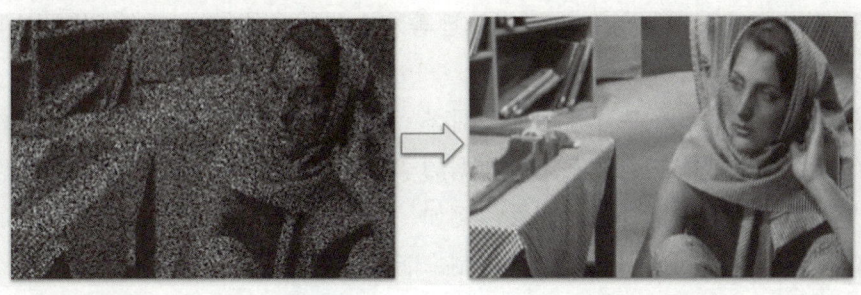

图 3-38　图像去噪技术应用

（2）图像分割与边缘检测

图像分割，作为图像处理领域中的基础任务之一，致力于将图像细分为多个区域或对象，其划分标准基于相似特征。通过这一过程，可以将复杂的视觉信息转化为便于后续分析和解读的结构化数据。它不仅是目标检测、医学影像分析等高级图像处理任务的前提，而且在多种复杂系统的认知层次中扮演着决定性角色。边缘检测，则在图像信息的识别与提取中起到桥梁作用，其通过捕捉图像中显著的亮度变化，辅助识别潜在的物体轮廓与边界结构。图像分割技术应用如图 3-39 所示。

卫星图	分割掩码	边缘映射

  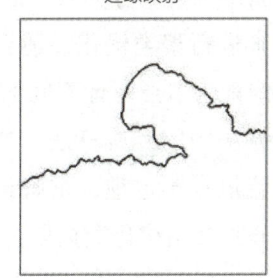

图 3-39　图像分割技术应用

边缘检测的过程，依赖于图像中亮度梯度的显著波动，通过识别这些变化来确定边界，进而提取物体的外轮廓和深层次结构信息。在图像分割、物体识别以及场景理解等任务中，精确的边缘识别无疑是理解和重构图像结构的关键。其机制，正如复杂系统中的信息传递机制，通过反馈调整和对外部干扰的处理，决定了最终边界的准确性与可用性。

传统的边缘检测方法，基于图像梯度的计算，简洁而直接，常用的算子如 Sobel 算子、Prewitt 算子以及 Canny 算子等，构成了图像边界检测的基本框架。Sobel 算子通过计算图像在水平方向和垂直方向上的梯度，突出显示图像的边缘信息，属于一种简单而有效的局部检测方法。而 Prewitt 算子，虽与 Sobel 算子类似，但在权重分配上有所差异，适用于不同方向边缘的检测。Canny 算子，作为一种多阶段边缘检测算法，包含了噪声抑制、梯度计算、非最大抑制与滞后阈值处理等多个步骤，能够更精确地检测出图像中的真实边缘。

随着深度学习的发展，基于卷积神经网络（CNN）的边缘检测方法逐渐兴起，并表现出了强大的能力。这些方法通过对海量数据的学习，自动提取多层次、多尺度的特征，从而显著提升了边缘检测的精度与鲁棒性。例如，Holistically-Nested Edge Detection（HED）方法，凭借全卷积神经网络和深度监督机制，能够捕捉更为丰富的层次化图像特征，并在多个数据集上取得了卓越的表现。这些技术在自动驾驶系统中的应用尤为突出，它通过边缘检测技术识别道路与障碍物的边界，为车辆提供了在复杂环境中安全行驶的保障。

图像分割的核心目标，是将图像划分为若干具有相似特征的区域，使得计算机能够高效处理和理解图像。分割方法包括基于阈值的方法、区域生长算法、聚类分析、图论方法以及基于深度学习的技术等。基于阈值的方法，通过设定灰度阈值将图像像素分为不同类别，其中，大津算法（Otsu's method）利用类间方差最大化原理，确定最优阈值，实现图像的二值化处理，适用于直方图呈双峰分布的图像数据。区域生长算法，从种子像素出发，逐步合并相似像素，以形成区域，这一过程依赖于相似性度量的准确性，通常通过颜色、纹理或亮度等特征进行衡量。聚类分析则将像素视作特征向量，通过无监督学习将图像像素划分为若干簇，这种方法常见的算法如 K− 均值算法，它通过最小化簇内平方和来进行聚类优化，适合处理具有明显聚类特征的图像。图论方法则将图像视作图结构，像素为节点，像素间的相似性通过图的连接权重进行表示。最小割／最大流算法作为图论方法中的经典算法，通过图模型将图像分割问题转化为最小割问题，利用图论中的最大流最小割定理，求解最优分割。该方法能够处理具有复杂拓扑结构的图像，展示出图像分割在结构化数据处理中的独特优势。

随着深度学习技术的不断突破，基于卷积神经网络（CNN）的方法在图像分割中的应用取得了显著进展。全卷积网络（FCN）作为基础架构，通过用卷积层替代全连接层，实现了对任意尺寸图像的像素级预测。而 U-Net，特别适用于对生物医学图像分割，其独特的 U 形结构，在捕捉上下文信息的同时，保持了精确的定位能力。Mask R-CNN 则在 Faster R-CNN 的基础上，增加了分支预测分割掩码，完成了实例级分割任务。这些方法通过端到端的训练，自动学习图像特征，显著提高了分割的精度和效率。图像分割技术的演进，反映了传统方法与深度学习方法的交替推进。传统方法，因其简单高效而被广泛使用，但在特征提取与泛化能力方面有所局限；而深度学习方法，则凭借自动化特征学习，能够应对更为复杂的分割任务，但对计算资源与数据集的需求较高。

2. 风格迁移的原理与技术

（1）风格迁移（Style Transfer）

作为一种深度神经网络技术，通过对图像内容与艺术风格的跨域映射，实现在图像之间进行风格融合的过程。该技术通常依赖卷积神经网络（CNN）进行图像特征的抽象提取，通过对内容特征与风格特征的分离与重组，借助优化算法结合生成新的艺术效果图像。风格迁移技术应用如图 3-40 所示。

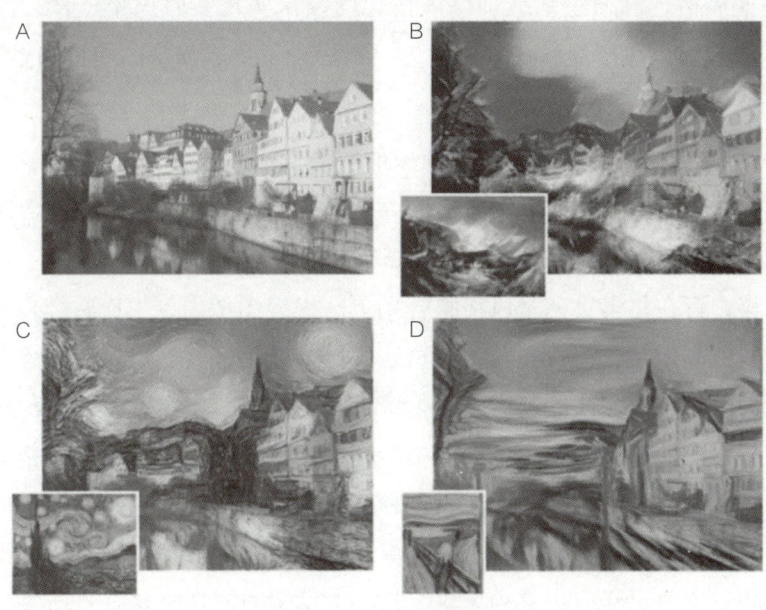

图 3-40　风格迁移技术应用

神经风格迁移（Neural Style Transfer，NST）作为风格迁移技术的一个重要变种，基于深度学习模型的特征提取能力，对图像内容与艺术风格进行双重优化，产生在视觉上具有创新艺术效果的图像。此方法最初由 Leon A. Gatys 等人于 2015 年提出，其理论根植于卷积神经网络（CNN）在图像特征提取中的优势，旨在将内容图像与风格图像的内在联系进行离散化处理，并通过重构形成新颖的图像输出。

在神经风格迁移的实现过程中，核心思想在于通过优化生成图像，使其在内容与风格上能够向目标图像逐步收敛。具体而言，首先，采用预训练的卷积神经网络（如 VGG-19）来提取图像内容和风格的特征表示。内容特征通常源自网络高层的激活数据，反映出图像的结构性和语义性信息；风格特征则通过计算特征图的 Gram 矩阵，捕捉图像的纹理与风格信息。在优化过程中，分别定义内容损失与风格损失函数，这些损失函数用来衡量生成图像与内容图像、风格图像之间的差异。内容损失通常采用均方误差（MSE）进行度量，以评估高层特征之间的差异；而风格损失则通过比较生成图像与风格图像在统计特征（如 Gram 矩阵）上的差异来实现优化。

最终，神经风格迁移的目标是生成一幅图像，能够既保留内容图像的结构特征，又呈现风格图像的艺术表现。为达成此目标，通过联合优化内容损失与风格损失的加权和，采用梯度下降法调整生成图像的像素，直至满足损失最小化的预设条件。

尽管神经风格迁移在艺术创作及图像编辑领域取得了显著成果，但其在高分辨率图像生成过程中存在较高的计算开销。为此，研究者提出了若干改进方法。例如，基于预训练模型的快速风格迁移通过离线训练风格化网络来实现实时风格迁移；同时，生成对抗网络（GAN）被引入风格迁移任务中，进一步提升了生成图像的质量和多样性。

（2）多风格迁移与实时风格迁移

神经风格迁移技术，作为深度学习领域的核心突破之一，近年来在多风格迁移与实时风格迁移两个方向上取得了显著的进展，并且在不同艺术表现的融合、计算效率的优化等方面推动了学术界和工业界的深度探索。

多风格迁移，旨在将多重艺术风格整合到单一内容图像中，生成融合多元艺术效果的全新视觉图像。例如，结合"梵高"与"莫奈"风格，不仅能塑造出与传统艺术表达不同的视角，还能为图像注入深度的艺术性。传统方法通过加权平均或拼接多种风格图像的特征进行整合，尽管能够达到一定程度的风格融合，但往往在细节保留与风格的丰富性上有所局限。近年来，深度学习驱动的多风格迁移方法进一步拓宽了这一领域的应用边界。自适应实例归一化（AdaIN）技术作为一项创新，通过在训练过程中学习风格特征的分离与组合，能够在测试阶段灵活应用多种风格。这一方法通过对风格特征进行去均值与归一化处理，显著提高了风格迁移的效率与多样性，同时避免了风格信息的丢失。

深度特征扰动（Deep Feature Perturbation，DFP）方法通过施加正交随机噪声，在不改变原始风格信息的前提下增强了风格迁移的多样性。这一策略不仅拓展了风格迁移的表现形式，还在高质量图像生成的同时，保持了风格的独特性和视觉冲击力。

实时风格迁移，作为风格迁移技术的另一个重要分支，旨在解决传统神经风格迁移所面临的计算开销问题，力求实现快速处理，满足实时应用的需求。传统的风格迁移方法由于需要多次迭代优化生成图像，计算成本较高，常常难以满足实时性要求。为此，基于预训练卷积神经网络（CNN）的快速风格迁移方法应运而生。例如，Johnson 等人提出的感知损失方法，通过训练风格化网络，使其在一次前向传播中即可完成风格迁移，从而大幅提升了处理速度。此外，实例归一化（Instance Normalization）技术也在快速风格迁移中扮演了关键角色。通过对特征图进行归一化处理，不仅改善了模型对风格特征的捕捉能力，还有效提高了风格迁移的效率与效果。

多风格迁移与实时风格迁移技术的融合，推动了神经风格迁移在艺术创作、数字图像编辑等领域的应用创新。未来，随着计算能力的提升与算法的持续优化，风格迁移将能够更广泛地应用于更高效、更精细的创作过程中，极大地促进艺术创作与技术创新的深度交汇。

（3）风格迁移的应用

风格迁移技术，作为一种跨学科创新工具，广泛渗透于多领域应用之中，尤其在艺术创作、广告设计、游戏开发及虚拟现实等领域，发挥着至关重要的作用。其核心在于将图像内容与艺术风格进行深度嵌合，从而实现视觉效果的艺术化转化。

在艺术创作与设计领域，艺术家与设计师借助神经风格迁移，能够将经典艺术作品的风格映射至数字图像之上，创造出在视觉上具有浓厚艺术感的作品。这一过程不仅提升了创作的多样性，也极大地拓宽了艺术表现的边界。例如，艺术家们利用风格迁移技术，将现代照片转化为诸如梵高或毕加索等大师风格的油画，从而将传统与现代艺术巧妙地融合。此类技术的应用，大幅度提升了创作的艺术深度和视觉冲击力。

在虚拟现实（VR）与增强现实（AR）技术中，神经风格迁移的引入，使得虚拟环境或现实场景的渲染拥有了更高的艺术化水平，进一步增强了用户的沉浸感与参与感。通过实时风格转换，用户可以在虚拟世界中经历全新的艺术化视觉效果，甚至将现实世界的景象按特定艺术风格进行重塑。例如，在增强现实应用中，用户可将周围的现实世界景象进行风格化处理，享受各种艺术风格的视觉效果，从而使日常生活中的普通场景也能呈现出独特的艺术氛围。

社交媒体与个性化内容也受益于风格迁移技术的广泛应用。如今，多个社交平台已将风格迁移算法集成至滤镜系统中，用户通过这一技术，能够将普通的照片或视频转换为具有艺术性的画作。这种应用使得风格迁移技术不仅具备了娱乐性，还加入了个性化元素，令每一位用户的创作都能展现其独特的艺术审美。这种易于操作且富有趣味性的功能，极大丰富了社交媒体内容的表达方式，也为用户提供了更为个性化的数字创作体验。

风格迁移技术通过引入艺术化的视角和强大的图像处理能力，在多个领域中不断推动着技术创新，同时提升了创作自由度和互动体验的层次。

3. 图像处理与风格迁移的挑战与发展方向

图像处理与风格迁移技术近年来取得了显著的进展，然而，随着技术应用的深入，暴露出多个复杂的挑战。在面对环境变化的多样性时，图像处理算法常常表现出一定的脆弱性。例如，在复杂背景、低光照，以及噪声干扰的条件下，传统的图像增强、去噪与边缘检测技术往往难以稳定有效地执行。这些局限性根植于图像处理技术对输入图像质量的高度依赖，特别是在处理大规模且多样化的数据时，如何确保算法的鲁棒性和适应性，成为研究取得突破的关键。为此，深度学习方法的引入，尤其是卷积神经网络（CNN）与生成对抗网络（GAN）的应用，为研究者提供了新的解决思路。尽管这些方法在一定程度上提升了图像处理的精度与效率，但问题依然存在，尤其是在训练数据的稀缺与计算资源的消耗方面。未来的研究需进一步探索如何通过模型压缩、迁移学习等方法，提升算法在资源受限的边缘计算环境中的效率，尤其是如何实现实时图像处理。

风格迁移技术作为图像处理中的一种创新性方法，面临着更加严峻的技术挑战。神经风格迁移在艺术创作、视频处理等多个领域展示了广泛的应用潜力，但其计算开销巨大与实时处理能力不足，依然是推动技术普及的核心障碍。当前，基于卷积神经网络（CNN）与生成对抗网络（GAN）的方法已被提出，以期提高风格迁移的速度与效果。例如，感知损失优化方法被应用于快速风格迁移，但在高分辨率图像的处理上仍旧面临着诸多难题。因此，如何在保证风格迁移效果的同时，优化计算资源的使用，成为研究者亟须解决的课题。与此同时，风格迁移模型的泛化能力尚需进一步提升，目前的技术往往依赖于针对特定风格的训练，并且在迁移至其他风格时，图像质量可能出现不稳定的现象。因此，提升风格迁移算法的通用性，发展更高效且不依赖大量样本的模型，会成为未来研究的方向。

4.具体应用

（1）文本生成图像

文本生成图像是 AIGC 的重要应用之一。通过输入自然语言描述，AI 模型能够生成与之匹配的图像。这种技术广泛应用于艺术创作、广告设计、游戏开发等领域。下面将通过具体的提示词和案例，展示文本生成图像的应用场景。

1）提示词与案例。

以下是一些具体的提示词和生成图像的案例，展示了文本生成图像的能力。

--- 案例 1：自然风景 ---

提示词："清晨的山谷，阳光透过薄雾洒在绿草地上，远处有雪山，近处有一条清澈的小溪流过，风格写实。"

自然风景生成结果如图 3-41 所示。

图 3-41 自然风景生成结果

案例 2：科幻场景

提示词："未来的太空城市，巨大的玻璃穹顶覆盖着城市，飞船在空中穿梭，霓虹灯光照亮了整个夜空，风格赛博朋克。"

科幻场景生成结果如图 3-42 所示。

图 3-42　科幻场景生成结果

2）提示词设计技巧。

为了生成高质量的图像，提示词的设计至关重要。以下是一些设计提示词的技巧：

- 具体描述：尽可能详细地描述场景、物体、颜色、风格等细节。
- 风格指定：明确指定图像的艺术风格（如写实、赛博朋克、古风等）。
- 情感表达：通过语言传递情感或氛围（如宁静、震撼、浪漫等）。
- 参考对象：可以引用经典艺术作品或文化元素作为参考。

3）示例提示词。

- "一只金色的凤凰在夜空中翱翔，羽毛闪烁着光芒，背景是满月和星空，风格中国神话。"
- "一座未来科技实验室，充满高科技设备，科学家们正在研究机器人，风格科幻电影。"
- "一片秋天的森林，树叶金黄，阳光透过树枝洒在地面上，风格油画。"

文本生成图像技术为创作者提供了全新的表达方式。通过精心设计的提示词，用户可以生成符合需求的图像，无论是自然风景、科幻场景还是古风人物，AI 都能胜任。未来，随着技术的进一步发展，文本生成图像将在更多领域展现其潜力。

（2）图像生成图像

图生图是指利用已有图像，通过 AI 生成风格化、增强或完全转换的新图像，广泛应用于艺术创作、建筑设计、电商广告等领域。以通义万相的"相似图生成"为例，以前文的"中国山水画"为基础生成相似的图像（见图 3-43~图 3-45）。

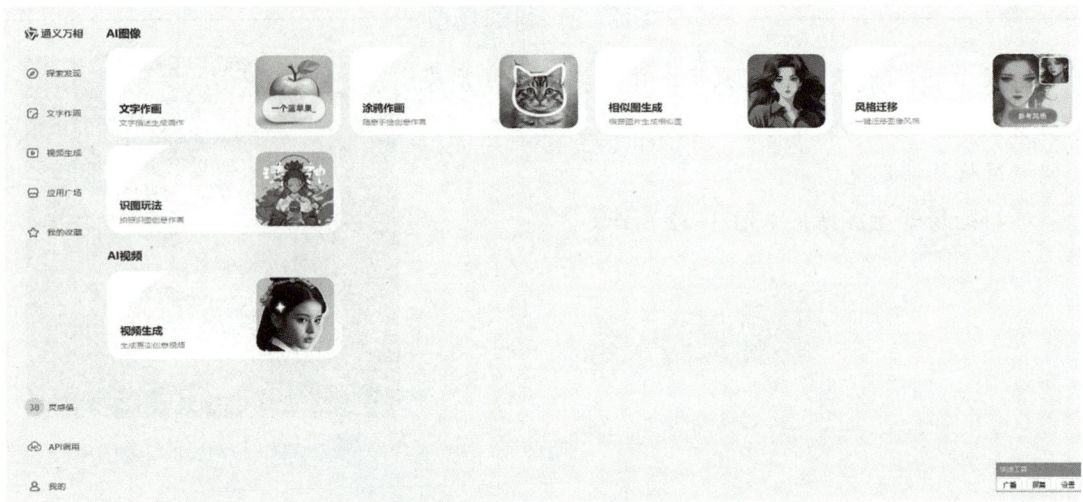

图 3-43　通义万相图像生成图像的界面

图 3-44　通义万相"相似图生成"界面　　　图 3-45　通义万相"相似图生成"结果

（3）AI图像背景移除

AI图像背景移除是借助人工智能技术，自动识别并去除图像中的背景部分，保留主体对象。这种技术在电商产品图片处理、证件照换背景等场景中应用广泛。

Remove.bg（https://www.remove.bg）是一款借助智能AI技术的图片背景移除工具，能100%自动且免费地在5秒内一键去除图片背景，为用户带来高质量的抠图效果，备受专业人士青睐。使用时，只需进入官网，上传需要处理的图片，软件会自动运用AI技术在几秒内完成背景移除，之后下载处理好的图片即可。它既可以将背景处理为透明（PNG格式），也能添加白色背景，还能精准提取或分离主体。对于电商从业者处理大量商品图片，或是设计师制作创意海报、贺卡等需要抠取元素进行组合的场景，Remove 都能快速精准地完成抠图任务，极大提升工作效率。Remove.bg 官网页面如图 3-46 所示。

图 3-46 Remove.bg 官网页面

操作步骤：

1）访问网站并上传图像（支持 JPG/PNG 格式，最大分辨率 2500×2500 像素）。

2）系统自动处理，生成透明背景的 PNG 文件。

3）用户可手动修正边缘（需注册免费账户）。

Remove.bg 原始图片页面和背景消除图片页面如图 3-47 和图 3-48 所示。

图 3-47 Remove.bg 原始图片页面

图 3-48　Remove.bg 背景消除图片页面

> **注意事项：**
> 1）免费版输出分辨率受限（640×640 像素），高清结果需付费。
> 2）对复杂边缘（如毛发）的处理效果优于传统抠图工具。

（4）AI智能抹除

AI 智能抹除能够精准识别并移除图像中特定的物体、元素或瑕疵，随后利用先进的算法填充移除后的空白区域，使图像在内容去除的同时保持整体的连贯性与自然度。其应用场景广泛，如在摄影后期处理中，能轻松去除画面中闯入的路人、杂物等，优化构图；在设计领域，可移除图片上干扰主体展示的元素，助力创意表达；对于历史照片修复，能够消除岁月留下的污渍、划痕等瑕疵，还原照片的原本面貌。

Hama 作为一款专业且免费的 AI 智能抹除工具，专注于图像内容的精确擦除。用户只需上传原始图像，通过调整橡皮擦的粗细，用鼠标或触摸设备在图像上标记出想要擦除的区域，无论是人物、物体还是文字等元素，Hama 便能凭借其内置的智能算法，深入分析标记区域的图像细节，准确区分需要保留与去除的部分。在移除目标元素后，Hama会智能利用周围图像的颜色、纹理、形状等特征，对空白区域进行填充，从而生成一张自然、无明显编辑痕迹的图像，实现高效且高质量的图像编辑与优化，让图像更加符合用户的预期。使用方法如下：

1）访问网站并上传图像。打开 Hama 官网，如图 3-49 所示。用户可以上传需处理的图片（支持 JPG/PNG，最大 25MB）。

2）标记需抹除的区域。使用画笔工具涂抹需删除的物体（如路人、水印）。可通过调整画笔大小精确控制选区。

3）启动 AI 处理。单击"删除"按钮，AI 自动填充背景，处理时间约 10~30 秒（取决于图像复杂度）。

4）微调与导出。

若填充效果不理想，可用"恢复画笔"局部修复。

免费用户可下载分辨率受限的图片（带水印），高清无水印版本需付费。

Hama 智能抹除示例如图 3–50 和图 3–51 所示。

图 3-49　Hama 官网

图 3-50　Hama 示例原图页面　　　图 3-51　Hama 示例原图抹除相机页面

3.3.4　任务实施——使用通义万相

【场景设定】

传统节日是中华文化的重要组成部分，设计节日海报是传播文化、增强节日气氛的重要方式。你需要通过使用通义万相，快速生成符合节日主题的高质量图像，并将其应用于海报设计。

【任务目标】

1）分析节日场景，确定海报设计需求。

2）使用通义万相生成符合节日主题的图像。

3）优化提示词，调整构图和细节，完成海报设计。

4）通过修改迭代，提升海报的视觉效果和文化内涵。

【任务实施】

（1）选择主题

学生可以从以下主题中选择一个。

- 春节：设计一幅以"团圆饭"为主题的海报。
- 中秋节：设计一幅以"赏月"为主题的海报。
- 端午节：设计一幅以"赛龙舟"为主题的海报。
- 元宵节：设计一幅以"花灯会"为主题的海报。

教师示范主题：春节"团圆饭"。

（2）分析场景与需求

春节"团圆饭"场景分析。

- 节日气氛：热闹、温馨、喜庆。
- 主要元素：家庭聚餐、红色装饰、传统美食（如饺子、鱼）。
- 文化内涵：团圆、祝福、新年希望。

（3）确定构图与提示词设计

构图设计。

- 画面中心：一家人围坐在餐桌旁，桌上摆满传统美食。
- 背景：家中客厅，装饰有红色对联、灯笼等春节元素。
- 色彩：以红色和金色为主，突出喜庆氛围。

提示词设计。

- 初始提示词："一幅春节团圆饭的场景，一家人围坐在餐桌旁，桌上摆满饺子、鱼等传统美食，背景有红色对联和灯笼，风格为写实。"

（4）生成初稿

使用通义万相生成初稿。示例输出如图 3-52 所示。

图 3-52　通义万相生成的春节节日海报

（5）初步反馈

- 优点：画面温馨，节日气氛浓厚，美食细节丰富。
- 不足：背景对联文字不清晰，人物表情略显僵硬，色彩对比度不足。

（6）优化细节与修改迭代

1）优化提示词。

- 优化后的提示词："一幅春节团圆饭的场景，一家人围坐在餐桌旁，桌上摆满饺子、鱼等传统美食，背景有红色对联和灯笼，对联文字清晰可见，人物表情自然，色彩鲜艳，风格为写实。"

2）生成优化稿。使用优化后的提示词生成新的图像。示例输出如图 3-53 所示。

图 3-53　优化后的春节节日海报

3）细节调整。

- 增强色彩对比度，使画面更加鲜艳。

- 调整人物表情，使其更加自然。
- 确保背景对联文字清晰可读。

4）最终海报设计。将生成的图像与文字结合，完成海报设计。示例输出如图 3-54 所示。

图 3-54　迭代后的春节节日海报

【总结与反思】

总结：通过不断优化提示词，通义万相生成的节日海报从初步构想到细节呈现逐渐完善，最终产出了一张既具美感又富含文化内涵的设计作品。整个过程涵盖了场景分析、提示词撰写、图像评估与多轮迭代，充分体现了 AIGC 在设计任务中的实用性和高效性。

反思：在设计过程中，不同提示词带来的图像风格和表现效果差异显著。提示词的选择和调整对精准表达节日元素和文化内涵尤为关键。适时地给出反馈并不断细化要求，是优化图像输出的重要手段。

通过本案例，学生应能够深入理解 AIGC 在视觉创作中的作用，掌握提示词设计与优化的基本方法，并在实践中增强对传统文化的认知与创新表达能力。

3.4　视频生成

情境导入

　　清晨，一位自媒体创作者对着计算机输入"生成一段巴黎日落的延时摄影，配上班德瑞风格的音乐"，30 秒后，一段高清视频便自动生成；广告公司里，策划人员输

入"25 岁都市女性使用智能护肤品的 15 秒广告"，AI 立即输出了三个不同风格的视频方案；电影工作室中，导演正在用 AI 生成的分镜脚本调整剧情节奏……这些曾经需要专业团队数日工作的视频创作流程，如今正被 AIGC 技术彻底改变。

从简单的图像动态化到复杂的情节视频生成，AI 视频技术正在突破一个又一个创作边界。2023 年，某 AI 视频平台用户量突破 1 亿，平均每天生成 200 万条视频内容；好莱坞开始尝试用 AI 完成部分特效制作；教育机构批量产出 AI 讲解视频……视频生成技术为何能突飞猛进？它背后的核心技术是什么？又将如何重塑视频内容产业？让我们一同揭开 AI 视频生成技术的面纱，探索这项改变视觉创作方式的颠覆性技术。

3.4.1　视频生成中的技术与应用

AI 视频生成技术，作为一种结合人工智能（AI）与深度学习模型的前沿应用，能够无须人工干预，通过学习海量图像与视频数据，模拟并重构人类创作过程，自动或半自动地产生逼真且创新的视频内容。具体而言，用户仅需输入一个简短的指令，如"制作一段小猫跳舞的视频"，AI 便能自动生成符合要求的视频，而无须依赖传统的拍摄或动画制作手段。此技术不仅突破了传统创作方式的限制，还被广泛应用于电影制作、电子游戏开发、广告创意等多个领域，极大地拓展了创意表达的边界，并在多重语境中产生了深远的影响。随着技术的不断进步，这种生成式模型逐步向更加智能化、个性化的方向发展，逐步实现创意内容生成的全面自动化。

1. 生成对抗网络（GAN）

在视频生成的应用场景中，尤其是基于生成对抗网络（GAN）与深度学习模型的技术，已经在诸多领域展现了显著的潜力。结合 GAN 与卷积神经网络（CNN），研究人员能够在数据稀缺的情况下，生成视觉连贯且情节一致的高质量视频内容。此过程中，输入简短的文本描述或静态图像即可触发自动生成包含运动、表情变化等元素的视频片段。然而，生成视频的核心挑战在于不仅需要保证图像质量，还需解决视频中的时间连续性与动态变化的处理问题，要求生成模型不仅在空间上保持一致，还要在时间维度上保持连贯。

视频超分辨率技术则进一步拓展了视频生成的应用范围。通过深度学习模型，视频超分辨率能够生成低分辨率视频的高分辨率版本，有效提升视频质量。传统的超分辨率技术通常难以应对大范围运动或复杂场景的变化，而基于卷积神经网络（CNN）或生成对抗网络（GAN）的方法在处理这些复杂场景时，能够更好地保持细节和动态一致性，显著减少模糊和噪声，提升视频质量。尤其是通过生成对抗训练，这些技术能够使得生成的高分辨率视频更加真实，并减少传统方法中因过度重建导致的伪影与噪声。

在视频修复与编辑方面，AI 视频生成技术同样具有重要意义。深度神经网络能够自动填补视频中缺失的帧，或去除不需要的物体和场景，保持视频的自然流畅性。此技术通过理解视频中物体的运动规律、场景变化以及背景信息，推断出合理的缺失部分，并生成相应内容。这一过程能够减少传统编辑方法中对人工干预与复杂工具的依赖，显著简化视频编辑流程，从而节省时间与成本。

虚拟现实（VR）与增强现实（AR）中的视频生成技术也是前沿应用之一。AI 视频生成能够实时处理来自不同摄像头或传感器的数据，将其转化为具有高度沉浸感的虚拟或增强现实内容。例如，在 AR 应用中，AI 能够动态生成与现实世界互动的虚拟对象，并无缝融入视频流中，实时进行图像合成和调整。这一技术的进展不仅推动了游戏、电影等娱乐行业的发展，还为教育、医疗等领域带来了革命性的变革。

总体而言，随着生成对抗网络（GAN）与深度学习技术的持续创新，视频生成技术正在推动内容创作、视频质量提升、修复与编辑等领域的技术革新。随着计算能力的提升与算法的优化，AI 在视频生成中的应用将进一步扩展，尤其是在虚拟现实、电影制作及智能监控等前沿领域，有着巨大的潜力与应用前景。

2. 扩散模型（Diffusion Models）

扩散模型（Diffusion Models）的引入，标志着视频生成技术进入了新阶段，相较于传统生成对抗网络（GANs），展现出了更为显著的稳定性与高质量。在其正向扩散阶段，模型逐步向真实视频中加入噪声，形成从清晰图像到纯噪声的渐变序列。该过程通过向每个视频帧添加少量噪声，令其逐渐丧失原有结构信息。然而，在反向生成阶段，模型则试图从噪声中恢复出原视频，学习这一反向转化的过程。通过最大化数据在反向过程中的似然性，模型逐渐掌握如何从噪声中生成视频内容。

扩散模型在视频生成领域的应用，提供了高质量与连贯性兼具的解决方案。例如，通过文本、图像和视频的多模态输入，生成符合多格式需求的视频内容。自回归方法被采用，以便根据输入生成结构连贯的短视频。此外，Runway 公司推出的 Gen-1 与 Gen-2 模型，分别实现了视频到视频以及文本到视频的生成。这些先进的模型可以根据用户的文本描述或图像输入，生成相应的视频内容，并已广泛应用于电影制作、广告创意及内容创作等领域。

尽管如此，扩散模型在视频生成中的应用依然面临挑战。首先，由于视频数据的维度与复杂性，生成高质量、时长较长的视频内容需要巨大的计算资源。其次，如何确保生成的视频内容与输入的文本或图像高度一致，依然是目前的研究热点。因此，学术界与工业界正在不断优化扩散模型的架构与训练方法，以求提升生成效率与视频质量。

3. Transformer架构

什么是 Transformer？其技术原理如图 3-55 所示。

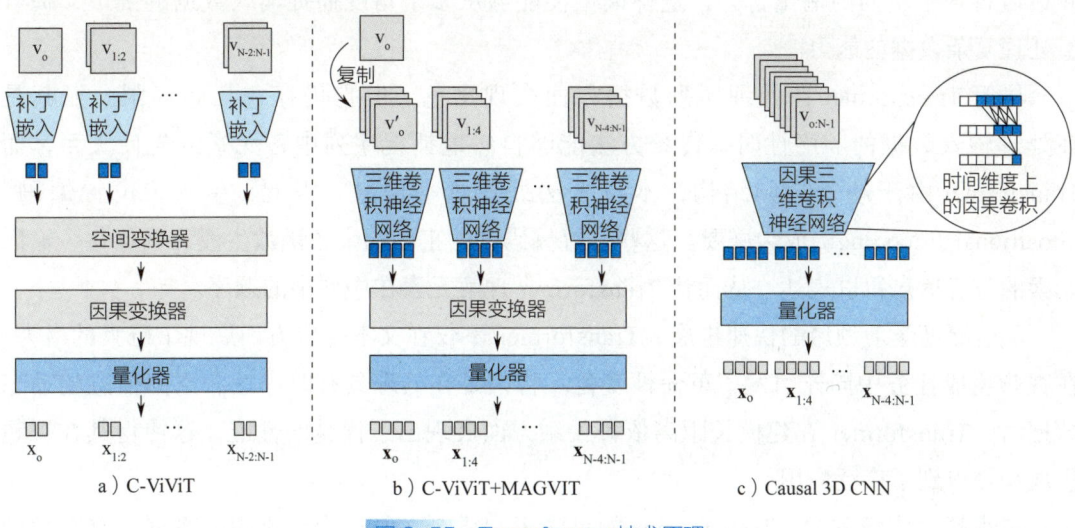

图 3-55　Transformer 技术原理

Transformer 是一种深度学习模型，自 2017 年由 Vaswani 等人提出以来，在序列数据处理领域取得了显著进展，尤其在自然语言处理（NLP）任务中成为核心架构，涵盖机器翻译、文本生成等多种应用。然而，Transformer 的创新并不仅仅局限于其在这些领域的应用，关键之处在于其摆脱了传统的循环神经网络（RNN）结构，转而依赖"注意力机制"（Attention Mechanism）。这种转变使得模型能够在序列处理时实现全局依赖的捕获，并通过并行计算提高训练效率，解决了传统方法处理长序列时所遇到的瓶颈。

在理解语句结构的过程中，传统的递归式处理模式常常受到时间依赖性丧失的限制，而 Transformer 则通过自注意力机制（Self Attention Mechanism）成功突破这一障碍。此机制通过计算输入序列各元素之间的相对重要性来生成输出，每个元素生成查询（Query）、键（Key）和值（Value）三个向量，经过加权平均，输出结果得以计算。如此一来，模型便能够并行处理多个序列部分，极大地提升了计算速度。

Transformer 每一层除了包含自注意力机制外，还包括一个前馈神经网络。该网络由两层线性变换及一个非线性激活函数（如 ReLU）组成，用于进一步处理来自注意力机制的输出。这一设计提升了模型的表达能力，使其能够捕捉到更为复杂的特征，确保在广泛应用中的鲁棒性与准确性。

值得一提的是，Transformer 引入了残差连接和层归一化，这不仅有助于缓解梯度消失问题，还能提高训练的稳定性与模型的泛化能力。残差连接将每个子层的输入与输出相加，层归一化则确保了每一层的输出具备零均值和单位方差，这对于高效训练至关重要。

为进一步增强表达能力，Transformer 还采用了"多头注意力机制"（Multi Head Attention Mechanism）。其基本思想是将查询、键和值分解成多个子空间进行独立计算，并最后将各子空间的输出合并，这样模型便能够从多个角度捕捉输入数据的细节，提升了处理复杂数据的能力。

尽管 Transformer 在处理序列数据方面表现出色，但它仍存在某些局限。尤其是在处理输入数据的顺序性时，传统方法能够自然地捕捉序列中各元素的先后关系，而 Transformer 由于缺乏递归结构，本身无法处理这一信息。因此，引入"位置编码"（Positional Encoding）成为必要。这些位置编码基于正弦和余弦函数生成，确保每个输入元素的位置信息得以表达，从而让 Transformer 理解元素在序列中的顺序。

随着深度学习领域的快速进展，Transformer 不仅在文本生成方面展现了巨大的潜力，在视频生成任务中同样引发了革命性变化。特别是在处理具有时序性和空间信息的动态数据时，Transformer 在建模长距离依赖关系方面展现出了优越的性能，这使得其在视频生成领域得到了广泛应用。

在视频生成任务中，Transformer 的自注意力机制尤其适合处理由一系列连续图像帧组成的视频数据。通过计算帧与帧之间的依赖关系，Transformer 保证了生成视频的连贯性与自然性，避免了传统基于 RNN 的模型在生成过程中出现的时间依赖性丢失问题。Video Transformer（VTM）和 TimeSformer 等模型采用 Transformer 框架，通过将视频划分为多个时间步长的图像块，利用多头注意力机制处理每个图像块的时空关系，生成更加细腻且真实的视频内容。这种方式能够更好地捕捉视频中的动态变化，如物体的运动轨迹、场景的切换等。

然而，Transformer 在处理视频生成时仍面临挑战。视频数据本身具有极高的维度和时序性，这对计算资源和存储空间提出了更高的要求。此外，如何在生成过程中平衡图像质量与时间连贯性也是一个需要持续探索的问题。为此，学术界与工业界已经开始研究优化 Transformer 的架构，尝试引入稀疏注意力机制和多层次特征融合策略，以提高生成效率和质量。

总体而言，Transformer 在视频生成中的应用不仅提供了全新的思路，也为时空依赖关系建模和计算效率提升提供了独特的技术框架。随着技术的不断进步，Transformer 有望在多个领域，包括电影制作、游戏设计及虚拟现实等，发挥更加重要的作用，推动视频内容生成技术的突破与革新。

3.4.2 人工智能视频生成工具

1. Vidu

Vidu 是由北京生数科技有限公司与清华大学联合研发的中国首个长时长、高一致性、高动态性的视频大模型，其架构基于原创的 U-ViT 设计，融汇了扩散模型（Diffusion）与变换器（Transformer）技术。此模型在认知语境中，通过深度学习与时空动态的结合，能够生成最长 16 秒、分辨率高达 1080P 的高清视频内容。通过复杂系统理论隐喻的构建，Vidu 将语义理解与图像生成能力无缝连接，为多维度的跨学科应用提供理论支持与实践导向。

在更广泛的创作场景中，Vidu 可应对更复杂的时间与空间交织的动态表达，特别在多镜头切换、时空一致性等复杂情境下展现卓越的表现力。这一架构支持多种镜头切换模式——远景、近景、中景、特写等，形成多层次的镜头语言设计，从而提升动态场景的表达精度与细腻度。同时，基于文化符号的自动生成能力，Vidu 能够在视频内容中精准地表达具有中国特色的元素，如熊猫、龙等，从而有效地增强文化表达的多样性与认知深度。

Vidu 官网如图 3-56 所示。

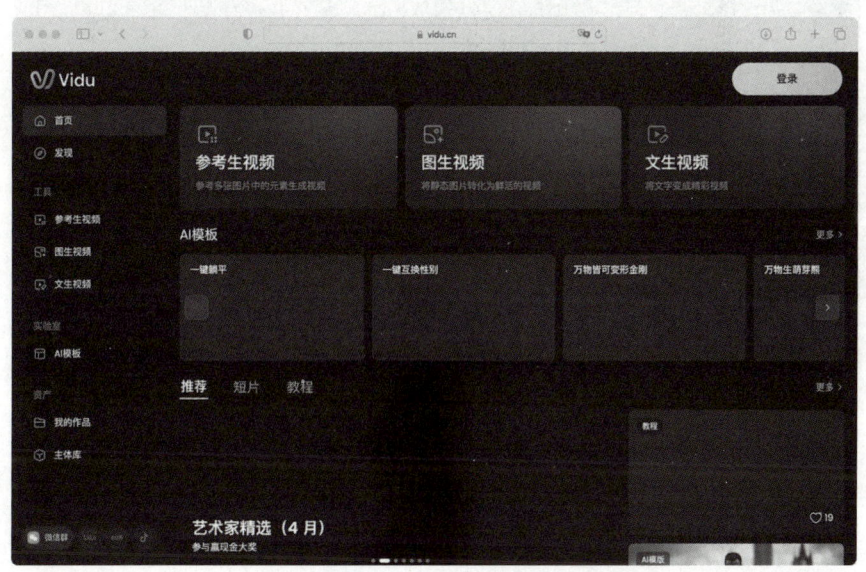

图 3-56　Vidu 官网

2. 即梦

即梦的视频生成接入 DeepSeek-R1 模型，优化了提示词生成效率，结合自研 OmniHuman-1 模型实现复杂动作生成，突破传统面部表情限制。在多模态条件下，基于单一输入图像与运动信号（如音频、视频或其组合）的协同作用，OmniHuman-1 模型通过引入混合条件训练策略，克服了高质量数据稀缺的挑战。该模型不仅支持面部特写、半身像和全身图像的输入，还能够处理复杂的动作和姿势，生成高度逼真的人类视频。在此过程中，模型通过扩散变换器架构，融合文本、音频和姿势等多种输入信号，生成自然流畅的运动和表情，展现出超越传统方法的能力。

在"故事模式"下，用户可从角色设定到场景构建进行全流程创作，支持自定义角色形象和场景图的生成。通过输入提示词（如"卡通"或"真实"）生成二次元或写实人物，或导入图片进行 AI 重绘，系统能够自动识别图像拓扑结构并重建三维网格，实现高保真度的动作迁移。此外，用户还可以进行分镜制作，将静态图片转为动态视频，提供运镜方式（平移、旋转）、时长（4~8 秒）、补帧及对口型等后期优化功能，满足创意短片制作的需求。

即梦官网如图 3-57 所示。

图 3-57　即梦官网

3. 讯飞绘镜

讯飞绘镜（Typemovie）作为科大讯飞推出的一种基于人工智能的短视频创作平台，系统化地将认知过程与创作流程的解构与重组融为一体，以期通过高效的智能技术重塑传统视频创作模式，进而简化从创意到成品的映射过程。用户在平台上输入创意描述后，系统通过自动化语言模型，实时生成具备跨域隐喻映射特征的视频剧本，并在此基础上通过情境生成的分镜图像，进而逐步实现从创意到视觉效果的精准落地。

平台自动拆解剧本内容为具体分镜元素，在这一过程中引入了多层次的镜头逻辑推演与风格调节框架，使得用户不仅能够对内容进行个性化的调整，还能在复杂系统的支配下，精细控制画面流动性与内涵张力。此系统集成了多个视频生成模型，赋予用户依据具体需求选择相应创作模式的可能性。文本编辑、旁白及对白录制、背景音乐配置等多功能接口，不仅增强了视频编辑的灵活性，还在平台中构建了信息流的多维反馈环，使创作者能够对视频内容的观众反应进行精确追踪与实时优化。

　　当视频创作完成后，平台支持用户将最终作品无缝上传至主流社交及视频共享平台，同时，集成的粉丝互动与数据统计分析模块，能够在不同维度提供反馈信息的深度解析，从而有效促进创作者的持续优化与创意迭代过程。这一系列功能通过高效的智能化体系，将跨学科的视角与动态调整机制充分应用于内容创作与观众交互之间，彰显出复杂系统在信息生成与文化生产中的深远意义。

　　讯飞绘镜官网如图 3-58 所示。

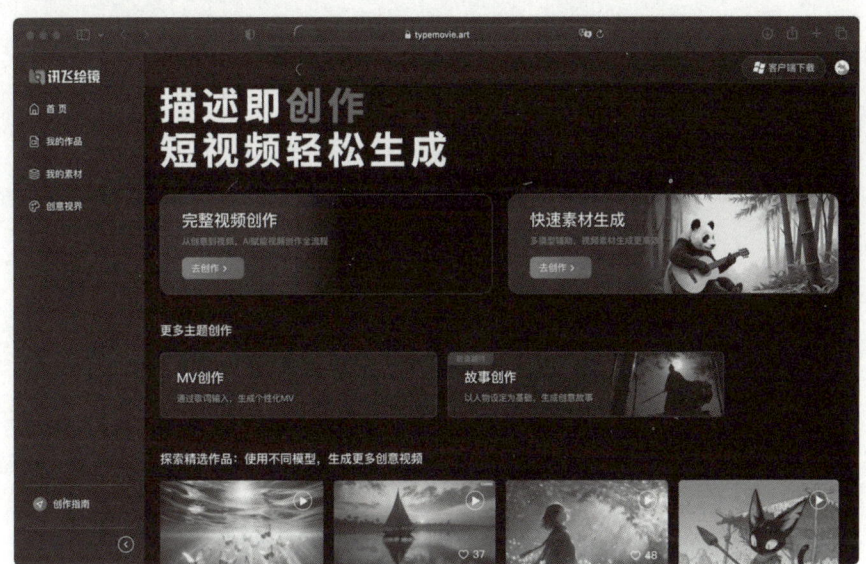

图 3-58　讯飞绘镜官网

4. 万彩AI

　　万彩 AI 是由广州万彩信息技术有限公司推出的高阶智能内容创作平台，具备通过深度学习与认知建模机制优化创作效率与操作便捷性的能力。该平台的多元功能体系跨越了多个知识领域，涵盖了 AI 智能写作、面部特征映射与数字人构建、视频内容生成等多种模块，广泛应用于广告传播、教育培训、社交媒体等场景。

　　其核心功能体系可以被视作一个自适应反馈系统，其中包括：面部特征映射与换脸，该模块基于复杂的深度学习算法，通过精准的面部特征匹配机制，用户可以在不同场景中对面部进行再构，形成高质量换脸效果；数字人构建，用户上传的图像通过平台的智能算法转化为数字人形象，在生成过程中自动化完成图像重构，并基于用户的输入生成具有情感表征与语音同步的视频内容。此技术通过自动删除原始照片，确保用户隐私的安全，并且为用户提供了灵活的控制手段，能够精细调整数字人面部表情、动作的表现维度；短视频生成与多媒体创作，在该模块中，用户可通过输入文案或关键词，并选择符合需求的视频模板，快速生成包含配音、特效与字幕的短视频。这一过程可通过调整视频的参数，如时长与分辨率等，进一步优化成品的视觉与听觉效果，支持多种格式的导出，形成一个循环反馈的创作系统。

该平台构建了一套基于复杂系统理论的智能创作流程，其中每个功能模块都通过动态适应的方式与用户需求产生互反馈关系，消解了传统创作模式的线性叙事特征，形成了一个跨领域的集成性认知架构，适应未来内容创作的多样化与精细化需求。

万彩 AI 官网如图 3-59 所示。

图 3-59　万彩 AI 官网

5. 智谱清影

智谱清影是智谱科技推出的一款前沿人工智能视频生成平台，其架构内在地融合了自然语言处理、深度学习以及图像处理技术，旨在为用户提供高效且自动化的视频创作工具。该平台的应用场景涵盖广告制作、影视后期制作、教育培训、社交媒体运营等多个领域，其设计核心之一在于通过 AI 驱动的视频生成技术，在交互性与用户需求之间构建了一个高度动态的反馈系统。平台的技术架构并非单一线性过程，而是基于深度神经网络与复杂视觉体系的交织，实现了跨领域数据的嵌套式映射与情节生成。

智谱清影的视频生成技术是基于深度学习和计算机视觉的协同作用，借助对大量视频数据的深度学习，平台能够在认知图式的构建中识别并生成具备情节结构、特效设计及配音同步的完整视频。用户仅需提供初步文本输入，系统便通过其内部的深度神经结构对输入内容进行编码，进而触发与其相适应的视频素材、动画及场景映射。这一过程中，用户并不需要具备专业的视频编辑能力，平台通过高阶自动化支持，消除了高技能门槛，使其适合各类创作者、营销人员以及企业用户。平台进一步引入了文本转语音（TTS）功能，通过声线的多维度选择和情感语气的调整，使得视频生成不仅限于视觉呈现，而是通过跨感官信息的协同与整合，强化了多模态反馈的沉浸式体验。

在更广泛的应用中，智谱清影能够根据视频内容生成精准的字幕同步功能，进一步提升视频内容的可达性和多重感知路径的交叉链接。其深度学习模块不仅局限于单纯的视觉特效生成，还涉及对视频内容的语境分析，自动为视频添加特效和动画，在多层次上提高视觉表现力。用户在此过程中可根据实际需求选择特效风格及模板，系统自动响应并生成与内容逻辑契合的动态效果、转场与镜头切换，极大提升了视频的表现力和视觉吸引力。

此外，平台还支持图像处理功能，能够将静态图像与视频场景有机融合，形成动态化的多重效应。如用户将品牌 LOGO 或广告图像嵌入视频特定位置，通过自动生成的动画过渡效果，视频内容不仅提升了视觉冲击力，还通过这一跨模态互动增强了品牌传达的信息熵。在此过程中，平台通过无缝结合静态与动态元素，推动信息的深度再现与图形符号的语义嵌入，形成具有强烈视觉吸引力的传播媒介。

在这种系统嵌套式的框架内，智谱清影不仅仅是一个视频生成工具，更是一个高度自适应与反馈循环的复合系统，它通过复杂的算法映射与数据流转，构建了一个具有深度学习与认知图式驱动的多维视频创作环境。

智谱清影首页如图 3-60 所示。

图 3-60　智谱清影首页

6. 白日梦AI

白日梦 AI 作为一项前瞻性的人工智能创作平台，融汇了多维度的技术体系与认知框架，着眼于为用户提供高效且灵活的跨领域内容生成服务。该系统依托于复杂系统理论的多元反馈机制，通过深度学习算法、图像生成模型及自然语言处理技术的协同作用，优化了内容生成的过程，并在此基础上构建了一个能够动态调节创作维度与结构的认知交互框架，从而在多个创作领域中（文本、图片、音频及视频生成与编辑）展现出高度的适应性与扩展性。

白日梦 AI 作为一个集成化的创作工具平台，基于语义网络和智能推理系统，不仅涵盖了文本生成、图像生成、视频制作、音频合成等多重功能模块，还通过跨学科知识的融合，旨在优化内容创作的时间成本比。其平台设计秉承信息焦点理论，通过简洁直观的用户界面使用户在无须复杂技能支持的前提下，能够以简短的指令或创意文案作为输入，便捷地触发高效内容的自动化生成。在此过程中，平台内嵌的智能算法会根据用户需求自主调整创作风格、内容细节与输出格式，形成一个自主适应的创作生态，最大限度地减少用户的干预与操作难度。

作为平台的核心优势之一，白日梦 AI 的视频生成功能实现了从创意构思到成品生成的全自动化闭环，这一过程基于深度学习模型与图像处理技术的双重支撑，运用系统的自适应机制自动识别并生成符合用户需求的创意视频。在用户输入关键字或情节描述后，平台会通过隐喻映射机制对用户需求进行跨域转换，并生成关联性强的创作内容，推荐最适合的短视频模板。系统在此过程中不仅能够根据剧本内容自动为视频匹配场景、人物及物体，还能够通过智能化推荐进行优化，使用户无须手动选择元素，而是由 AI 提供最合适的视觉与情感元素匹配。通过这一智能化反馈过程，平台能实现视频创作的无缝衔接和个性化定制，极大地提升了创作的效率与质量。

白日梦 AI 的视频模板库提供了多元化的创作资源，涵盖广告、教学、娱乐、个人创作等多个应用场景，每一套模板都经过深度训练，能够根据用户的具体需求推荐最优的创作路径。在此基础上，平台进一步整合了自动配音与音效合成模块，利用 AI 语音合成技术，用户可以精确调整语言、口音、语速等配音参数，从而生成与视频内容高度匹配的音频输出。与此同时，系统在生成视频时，还能智能地为其配备背景音效或音乐，以确保视频的整体风格与情感表达的统一。

最终，经过白日梦 AI 自动生成与参数优化后，用户能够获得一部符合其需求的视频作品，平台支持输出多种视频格式（如 MP4、MOV、AVI 等），使得作品可以无缝地适配各种社交媒体平台。视频生成完成后，用户还可以根据具体需求对视频细节进行进一步定制，如调整镜头切换、修改字幕样式等，以保证视频内容在视觉与听觉上的完美呈现。通过这一自动化生成流程，白日梦 AI 显著加速了视频创作的流程，尤其在广告与社交媒体等领域，具备了极强的内容生产能力，能够在短时间内实现高质量的视频输出，满足了快速迭代内容创作的行业需求。

白日梦 AI 官网如图 3-61 所示。

图 3-61 白日梦 AI 官网

3.4.3 数字人

数字人（Digital Human）作为通过数字技术构建的虚拟人类形象或人格体，已广泛渗透至虚拟现实、增强现实、影视娱乐与客户服务等多个领域。这一构建过程融合了计算机图形学、人工智能、自然语言处理、面部识别等众多技术，致力于模拟与生成接近真实人类的外貌、动作、语言及行为，从而在虚拟空间内塑造出与人类互动的沉浸感和真实性。

AI 数字人（AI Digital Human），作为基于人工智能技术所构建的虚拟实体，能够在多个领域进行智能化交互与行为模拟。它不仅融合了计算机图形学、自然语言处理、机器学习和深度学习等前沿技术，还能够模拟人类的外貌、行为、情感和语言，并与人类进行自然且富有表现力的互动。构建此类数字人的核心基础之一便是计算机图形学，特别是在三维建模与渲染技术的支持下。数字人首先需要一款精确的 3D 模型，这一模型不仅包含角色的外形细节，还涵盖了皮肤、头发、服饰等元素。设计师在这一阶段需要精心构建出逼真的三维结构。随着技术进步，AI 辅助的建模工具大幅简化了这一过程，能够通过 AI 自动生成极为细致的虚拟人物，从而实现高度仿真，甚至能够模仿特定艺术风格或真实人物的面貌特征。

为了增强数字人的真实感，开发者会采用纹理映射技术。这一技术通过将高精度图像（如皮肤纹理与衣物材质）投射到 3D 模型上，使得数字人的表面呈现出更加自然的效果。此外，渲染技术，通过光线追踪和阴影映射等手段模拟光照效果，极大地提升了数字人的视觉真实性，使其外观达到电影级别的逼真效果。

然而，数字人的外形再精致，也仅是数字人能力的起点。其情感和肢体语言的表达更加重要。面部表情捕捉技术，借助高精度摄像头与传感器，实时捕捉面部肌肉的微小变化，生成高仿真的面部表情。早期的技术依赖于光学标记系统，通过在演员的脸部和身体上附加反射标记来捕捉动作，而现代技术则通过深度学习与神经网络，仅凭普通摄像头即可实时捕捉面部动作。例如，iPhone 的 TrueDepth 摄像头能够通过 30,000 多个红外点扫描面部，精确转化为面部动作数据，并应用到数字人模型上。

同样重要的动作捕捉技术则通过专业设备，捕捉数字人行为中的每个细节，从而生成丰富的动作库。这些数据不仅涵盖了身体的基本动作，还包括微小的身体语言和姿态，赋予数字人更加灵动的表现。

与此同时，自然语言处理技术成为 AI 数字人与人类进行流畅对话的核心支撑。借助自然语言理解（NLU）与自然语言生成（NLG），数字人不仅能够理解用户的指令与问题，还能根据语境生成恰当的回应。深度学习和神经网络的应用，使得 AI 数字人能够捕捉到语言中的细节与潜在含义，进而模拟与用户的互动。例如，当用户询问"你好，今天过得如何？"时，数字人不仅识别到这是问候，更能根据情感模型生成回应："今天很好，谢谢你的关心！"此外，现代的 NLP 技术还能识别并应对复杂的情感波动、语气及语境。例如，当用户表现出焦虑时，数字人会通过缓慢且温柔的语气，传递出情感的共鸣。

语音合成（TTS）技术赋予了数字人自然、清晰且富有情感的语音输出能力。传统的语音合成方式常显得机械和单调，但随着 WaveNet 和 Tacotron 等深度学习技术的发展，现代的语音合成已经能够模拟出接近人类的音色、语调和情感。通过对大量语音数据的学习与训练，数字人的语音输出不仅流畅自然，还能够根据情境和情感分析动态调整语音的情感色彩，从而增强与用户的互动质量。例如，在用户表现出困惑时，语音可能转为温柔而安慰的语气。

此外，多模态交互技术让数字人能够通过声音、视觉、触觉等多个感官进行实时的交互。借助计算机视觉技术，AI 数字人能够通过摄像头识别用户的面部表情、姿态及肢体语言。卷积神经网络（CNN）使数字人能够分析用户的面部表情并判断其情感状态，从而做出适当的反应。

在实际应用中，数字人往往结合语音与视觉输入进行互动。例如，在虚拟客服场景中，用户不仅通过语音与数字人对话，还可能通过手势或目光接触与之互动。数字人能够通过分析用户的手势或眼神的变化，动态调整自身行为，进一步增强互动的自然性。

数字人的行为模拟，借助强化学习与行为规划模型，能够使其在复杂的环境中自主决策。通过不断调整行为与决策，数字人不仅能应对简单指令，还能处理多任务与决策问题。通过与多名用户的互动，数字人逐渐学习并改进行为，最终形成个性化的互动模式。

通过上述技术的深度融合，数字人不仅具备了高度的仿真外形与情感表达，还能够在多种感官交互的支持下，精准且自然地与人类进行互动。

那么如何生成自己的数字人呢？接下来以即梦和有言两个平台举例。

1. 即梦

首先登录即梦，进入数字人入口（见图 3-62）。

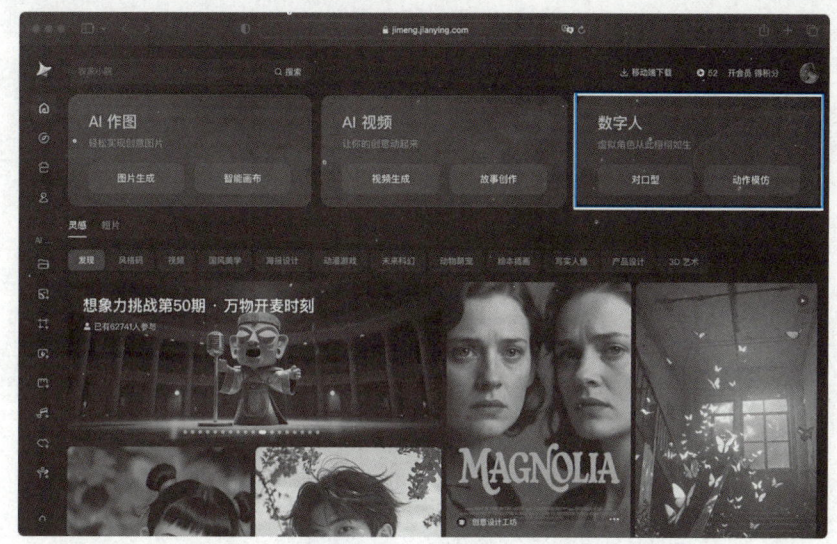

图 3-62　即梦数字人

进入后可以根据不同的需求选取数字人模板，例如是否需要更加丰富的面部表情或是否需要更加逼真的全身动作和背景动效等。随后我们需要上传人物图片生成数字人（见图 3-63），上传时需保持人物五官清晰效果更好，AI 将基于这张照片生成一个 3D 模型或虚拟数字人，并能够在视频中进行动态表现。

图 3-63　导入角色图片 / 视频

后续我们可以选择或输入语音内容，平台会根据输入生成语音并与角色的嘴型和面部表情同步，同时提供多种现成的音色供我们选择（见图3-64），也可以上传本地录音生成独特的音色。

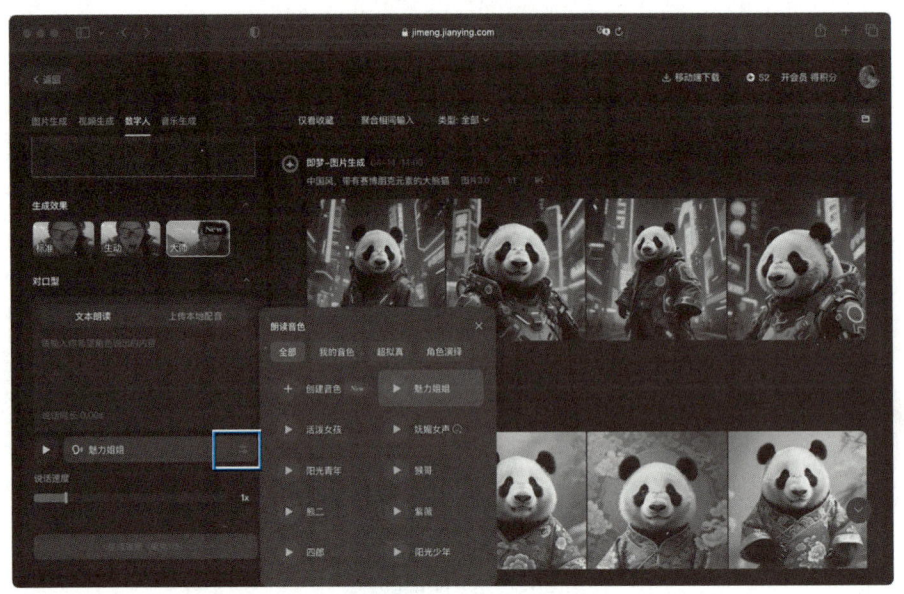

图 3-64   选择音频

2. 有言

有言（Youyan）是一个依托于人工智能技术构建的数字人创作平台，旨在为企业及个体提供虚拟人物的生成、定制与应用服务。通过结合自然语言处理、计算机视觉、语音合成等前沿人工智能技术，该平台能够高效地生成具有高度互动性与真实性的数字人形象，并在多元场景中实现无缝适配。在广告创作、教育培训、客户服务、虚拟主播等领域，有言的数字人技术不仅提供了强有力的支持，而且在复杂的多模态交互系统中，展现出更高的适应性与灵活性。

有言平台的 AI 数字人通过一系列技术复合手段生成，模拟真实人物的面部表情、肢体语言、语音等多维度特征，具备与用户实时交互的能力。其核心技术构成包括以下几项。

1）面部识别与动作捕捉：结合深度学习与计算机视觉技术，该模块通过对真人面部表情、动作和语言特征的映射，将其高维信息精确传递至数字人虚拟体内，从而确保其在动态系统中展现出自然与逼真的行为模式。

2）语音合成与情感模拟：AI 数字人不仅具备精准的语音合成功能，还能够根据输入的语境与上下文关系，调节其语气、情感及表达方式，进而实现情感与语音的双向耦合与共振，提升交互系统的表现力与用户体验。

3）自动生成与定制化：平台提供了一种基于输入文案、图片或视频的快速生成机制，并辅以多层次的模板及定制化选项，使得用户能够在此自适应环境中，按照个性化需求进行深度创作，从而推动系统生成与用户目标间的动态协同。

有言的 AI 数字人在其设计架构中，依托于先进的 3D 建模与渲染技术，精细地呈现出高度真实的虚拟人物形象。这些形象不仅具备皮肤纹理、眼睛光泽等细节的映射，而且通过跨域隐喻的方式，重新定义了数字人物与现实世界之间的边界，仿佛是在一个复杂适应性系统中，人与虚拟之间的界面不断演化与交融。

在交互层面，借助有言 AI 技术，数字人能够在实时互动中灵活调整语气、内容及面部表情，从而模拟出人类互动中微妙的情感波动。这一能力的实现，正是通过对多层信息反馈机制的深度学习与优化，形成了具有自我学习与调整能力的交互模式。

有言数字人界面如图 3-65 所示。

图 3-65　有言数字人界面

3.4.4　任务实施——使用多种工具

（1）文案生成视频

使用智谱清影，通过简单的文案生成短视频，我们能够深入理解 AI 文本生成与视频制作的完美结合。

登录智谱清言后，我们进入 AI 生视频模块（即智谱清影，见图 3-66），便可以尝试通过简单的文字输入来生成短视频。例如，输入"春天的公园"作为提示词，智谱清影会根据这一简单的描述自动生成相关视频（见图 3-67）。在这个过程中，我们可以通过下方的设置选项自定义视频的风格、时长、清晰度、比例大小以及生成的视频数量等参数（见图 3-68），确保生成的视频更加符合我们的需求。

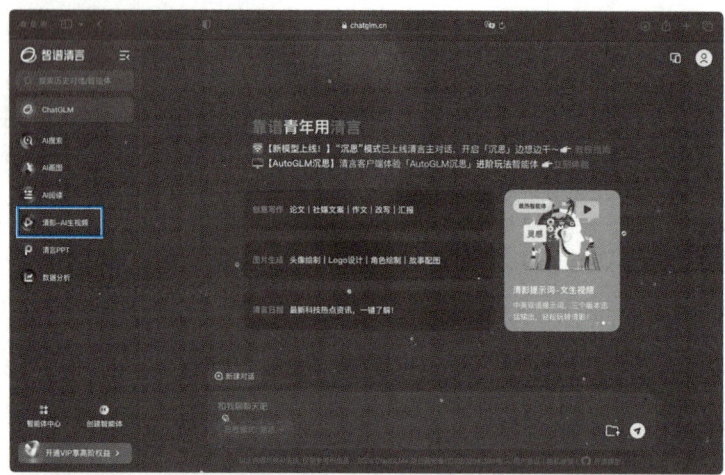

图 3-66　进入智谱清影

图 3-67　输入提示词

图 3-68　设置参数

完成这些设置后，我们单击生成按钮，智谱清影会展示初步的视频效果（见图 3-69）。

图 3-69　智谱清影视频生成结果

接下来，我们可以观看生成的视频，判断是否符合我们的期望。如果效果不尽如人意，或者我们希望视频的场景更加细腻和生动，可以通过 AI 工具进一步丰富场景的描述。举例来说，原本简单的"春天的公园"可以被我们修改为更加具体、富有画面感的描述："春意盎然的公园景色，日系清新风格。画面中央，一位穿着淡粉色和服的女子站在盛开的樱花树下，微风吹过，花瓣轻轻飘落，宛如仙境。女子长发披肩，手中轻握一把绘有传统图案的折扇，眼神温柔地望向前方。背景中，绿草如茵，各种花卉争奇斗艳，远处的小桥流水人家增添了几分诗意。整个画面采用高饱和度色彩，营造出一种生机勃勃、充满活力的氛围。运用了自然光效，使得光线柔和而明媚，近景采用了对称构图，强调了画面的平衡和谐。"提示词修改后视频生成如图 3-70 所示。

图 3-70　提示词修改后视频生成

通过这种方式，生成的视频内容明显更为精致，视觉效果更符合我们的设想。这一过程展示了 AI 如何将简洁的文字转化为生动、细腻的视频画面，同时也体现了人工智能在以文本生成视频应用中的巨大潜力与创作自由度。

（2）图片生成视频

使用 Vidu，可以轻松体验图像生成视频的创作过程。首先，进入图生视频模块（见图 3-71），可以上传一张喜爱的图片（见图 3-72），结合简单的文字描述，快速生成短视频。

图 3-71　进入 Vidu 图生视频

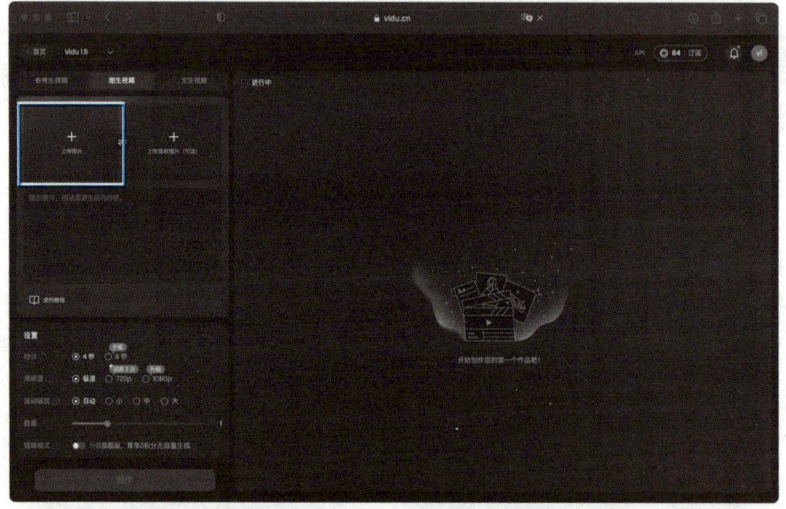

图 3-72　Vidu 上传图片

在上传图片后，输入一个简短的文字描述，例如"海边日落"（见图 3-73），Vidu 会根据文字输入和图片自动生成短视频（见图 3-74）。生成的初步视频可以提供一个大致的效果，我们可以观察视频中图像与文字的结合，看看是否符合预期。如果需要，可以根据自己的需求适当调整文字描述，微调视频效果，以实现更好的呈现。

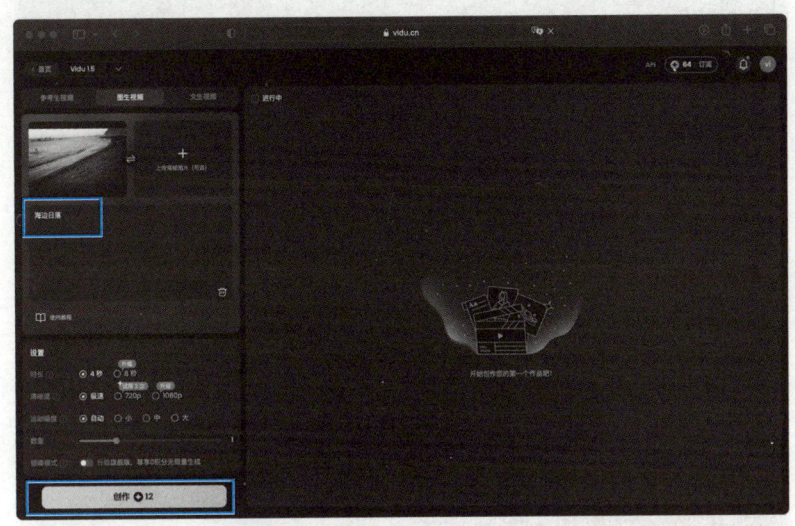

图 3-73　Vidu 图生视频写入提示词

图 3-74　Vidu 图生视频结果

接下来，让我们尝试使用"参考生视频"功能（见图 3-75）。在这一功能中，不仅可以上传多张图片，还可以加强场景的文字描述，以生成更加细腻且富有情感的视频。例如，我们可以将简单的描述"海边日落"扩展为更具画面感的描写："浪漫的海边落日风光，金色的夕阳缓缓沉入海平面，天边被染成了橙红色，云朵如同燃烧的火焰。海浪轻轻拍打着沙滩，泛起层层金色的泡沫。一对情侣手牵手走在沙滩上，他们的影子被拉长，与海浪的节奏共同绘出一幅动人的画面。"参考生视频设置如图 3-76 所示。

图 3-75　Vidu 参考生视频功能

图 3-76　Vidu 参考生视频设置

通过这种增强的文字描述，Vidu 会结合上传的图片和您丰富的场景描写，生成一个更加生动的短视频。视频中的细节，如夕阳、云朵、海浪、情侣的身影等，都能通过 AI 技术被巧妙地呈现出来，提升了视频的视觉效果和情感表现力。这一过程展现了 AI 技术如何将静态图像与生动的文本描述结合，创造出引人入胜的视频内容，为创作者提供了更广阔的创作空间。

（3）数字人生成

首先，让我们登录有言平台。在使用时，建议选择 Chrome 浏览器以确保最佳的访问体验。进入平台后，我们可以直接选择一个现有的 3D 数字人模型进行创作，或者根据需求对现有的模型进行个性化调整。有言 3D 数字人如图 3-77 所示。

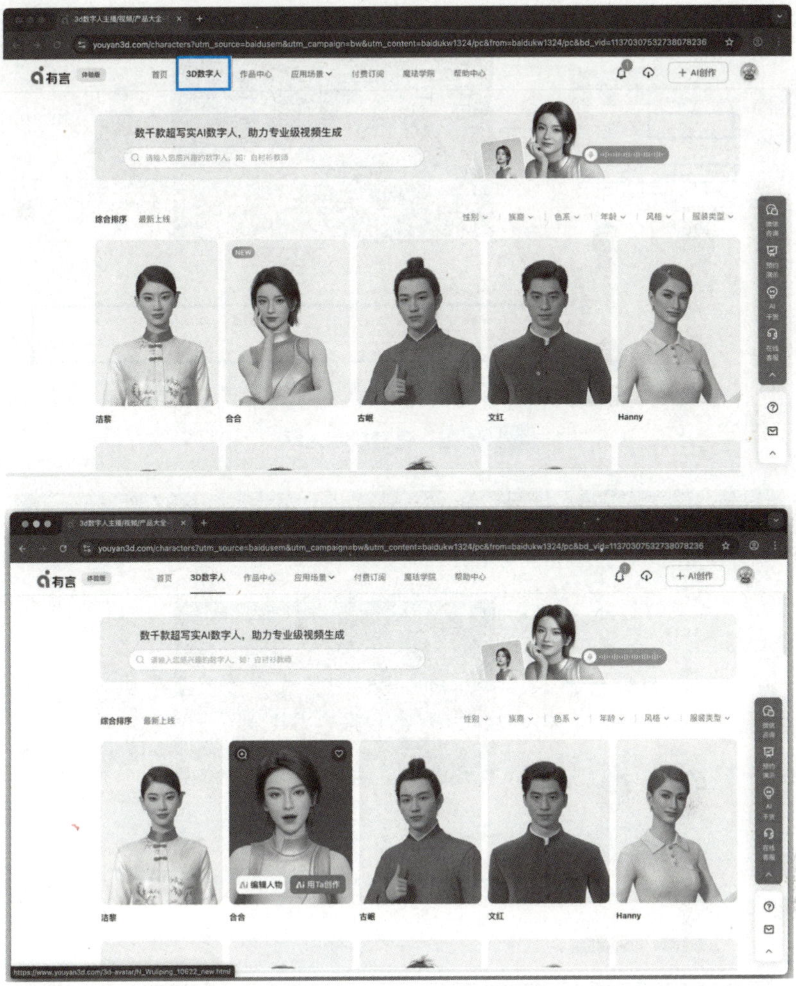

图 3-77　有言 3D 数字人

平台提供了一个丰富的人物库，用户可以根据性别、种族、肤色等多维度条件进行筛选，从而找到最符合需求的数字人模型（见图 3-78）。这使得每个创作者都能够根据自己的具体要求，选择最合适的人物形象。选择好模型后，我们可以进行文字输入，平台会根据输入的文本内容生成相应的 3D 数字人动画。有言数字人创建角色如图 3-79 所示。

例如，用户可以通过简单的文字描述，让 3D 数字人完成特定的动作或表达特定的情感。无论是要求数字人进行演讲、表演，还是展示某种特定场景，系统都能够迅速理解并生成相应的动画效果。除此之外，平台还允许对模型进行细微调整，比如修改面部表情、姿势、服装或背景等，进一步增强数字人模型的个性化和表现力。

图 3-78　有言数字人库

图 3-79　有言数字人创建角色

图 3-79 有言数字人创建角色（续）

如果人物库中的模型无法完全满足我们的需求，平台还提供了一个"我的人物"功能。通过这个功能，我们可以创建全新的人物模型，进行从外貌到服装的全面定制，真正实现个性化创作。

3.5 全流程及多模态生成

────────── 情境导入 ──────────

某出版社编辑正在审阅一本即将上市的科普读物。从内容撰写、插图设计到排版优化，这本 200 页的电子书竟然只用了 48 小时就完成了全流程制作。更令人惊讶的是，这本书的文字由 AI 根据最新科研报告自动生成，插图由 AI 根据文字描述即时绘制，甚至最后的营销文案也是 AI 针对不同读者群体个性化生成的。这不是科幻场景，而是 AIGC 多模态生成技术带来的出版革命。

从单一的文字或图像生成，到融合文本、视频、音频的多模态创作，AIGC 正在突破内容生产的传统边界。在电子书创作领域，AI 不仅能独立完成写作任务，更能协调文字、图像、版式等多元要素，实现真正的"端到端"智能创作。那么，这种全流程的 AIGC 创作究竟如何实现？它会给出版行业带来哪些机遇与挑战？让我们通过两个创作案例，揭开多模态 AIGC 协同创作的神秘面纱，探索人机协作的无限可能。

3.5.1 AIGC在创作电子书中的探索案例

在使用 AI 辅助创作电子书时，确定书籍主题和大纲是至关重要的第一步。明确的主题和结构不仅有助于 AI 对内容的组织，还能指导后续的文字、图像和视频生成。我们首先使用 DeepSeek 进行创作，提示词应给予 AI 一个明确的受众群体（见图 3-80）。

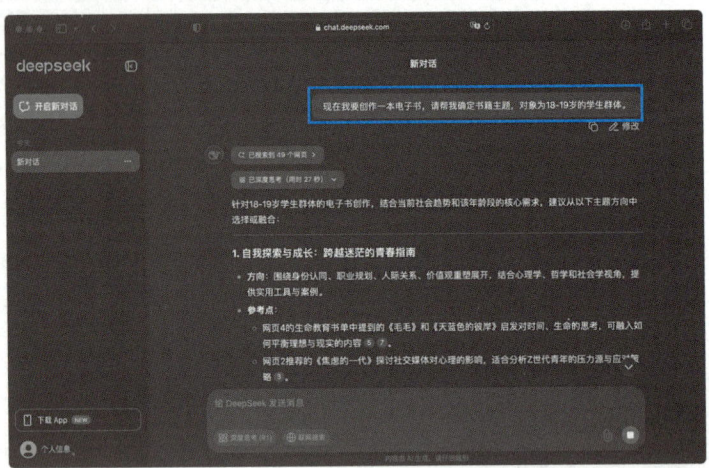

图 3-80　DeepSeek 定位受众及明确主题

不满意可以重新生成，随后选取主题进行下一步操作。

接下来我们需要让 AI 明确它的角色，例如"你是一位资深的 ×× 作家，专注于 ×× 领域"。明确角色身份有助于设定内容的专业水平和深度，若角色设定为"资深的 ×× 作家"，生成的内容将体现出深入的专业知识和权威性。角色设定也会影响内容的表达方式和语气，作家的设定可能要求使用正式、专业的语言，而其他角色设定可能采用不同的风格。同时通过设定特定角色，AI 可以聚焦于特定领域的知识，生成与主题高度相关且准确的内容，避免偏离主题或产生无关信息。DeepSeek 确定主题及角色如图 3-81 所示。

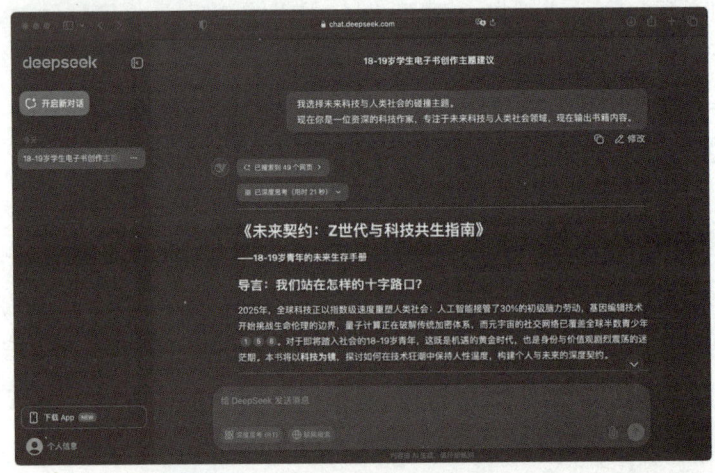

图 3-81　DeepSeek 确定主题及角色

接下来我们需要明确输出格式要求，也可以给出相应的参考示例或风格指引，设定篇幅或字数限制。通过提供参考示例或风格指引，AI 可以了解如何构建文章的结构、使用何种语言风格以及如何呈现信息。这样可以确保整本书的内容在风格、语气和表达方式上保持一致，避免出现突兀或不连贯的段落。如果参考示例是一部科普书籍，AI 就会使用通俗易懂的语言来描述复杂的科技概念。面向青少年的书籍可能需要轻松幽默的语气，而专业的技术书籍则需要严谨、正式的语气。通过设定语气和风格，您可以确保 AI 生成的内容符合目标读者的预期和需求。

AI 生成的内容有时可能存在语句不够流畅、表达不清的情况。这就需要我们逐段阅读，找出并修改那些结构不够清晰、句式重复或不够简洁的部分，使内容更符合自然阅读的流畅度。同时 AI 生成的内容可能在逻辑上不够清晰，尤其是在过渡段落或多步骤的解释中。这时需要重新组织内容的顺序，确保每个观点之间有自然的衔接。某些内容可能需要补充更多的专业知识或背景信息，可以通过查阅相关文献、案例研究或行业报告来补充具体的技术细节或数据支持。DeepSeek 主题扩写如图 3-82 所示。

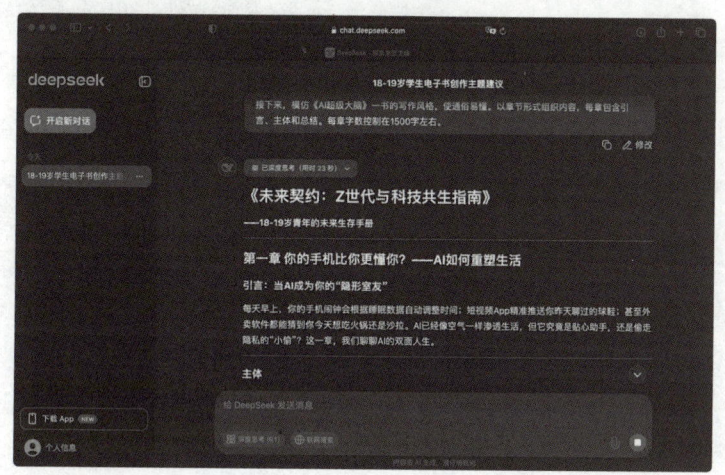

图 3-82　DeepSeek 主题扩写

文字内容完成后，我们需要考虑电子书中的配图。需要确定图像类型，要确保图像风格与书籍内容和目标读者群体相匹配，以达到增强视觉吸引力和阅读体验的目的。不同类型的文章需要配不同风格的插图，例如科普类书籍，可以选择简洁明了的插图、流程图或信息图表，以帮助读者理解复杂概念。面向青少年读者的书，需要选择色彩鲜艳、富有创意的图像，如卡通风格或数字插画，以吸引年轻读者的注意。同时需要确保图像内容与章节主题相关，增强图文结合的效果。我们可以根据每个章节的主题，确定需要的图像内容。

这里我们可以使用 DeepSeek 提取每章节的图像生成提示词，或是直接使用通义万相中的智能扩写。将生成后的图像，根据章节内容，选择合适的位置插入。通义万相制作图片如图 3-83 所示。

图 3-83　通义万相制作图片

随后我们可以继续使用 DeepSeek，进行视频提示词的生成（见图 3-84）。

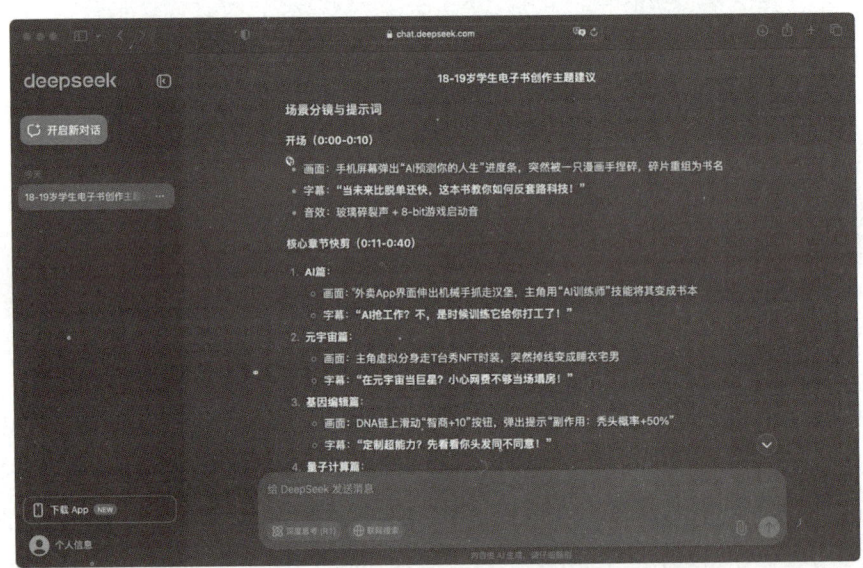

图 3-84　DeepSeek 视频提示词

进入即梦，采用 AI 视频中的故事创作（见图 3-85），使用分镜头处理的方式生成视频（见图 3-86）。

最后，我们需要对文本排版并做一些格式调整，以提高阅读体验，使内容层次分明，易于导航。随后嵌入图像，将图像插入相关章节的位置，调整图像大小和位置，确保与文字内容协调，增强视觉效果，帮助读者更好地理解内容。

图 3-85　即梦视频生成

图 3-86　即梦分镜制作

3.5.2　AIGC在个人Vlog中的实践案例

前期准备是创作个人 Vlog 非常关键的一步，考虑 Vlog 会面向哪些人群？是年轻人、学生、旅游爱好者，还是对某些特定领域有兴趣的人？还需要选择一个或几个主要的 Vlog 主题（如旅行、生活日常、技术教程、美食分享等）。在确定主题后，我们需要进行脚本和创作，虽然 Vlog 看起来很随意，但提前写一个内容大纲或脚本会让拍摄过程更加流畅。

我们可以使用 Kimi 辅助进行主题选择，然后生成内容大纲或脚本。使用 AI 自动生成脚本和字幕，可以提高创作效率，可以减少手动编写的时间和精力投入。同时可以增强内容一致性，确保视频内容结构清晰，逻辑连贯。

Kimi 制作前期内容如图 3-87 所示。

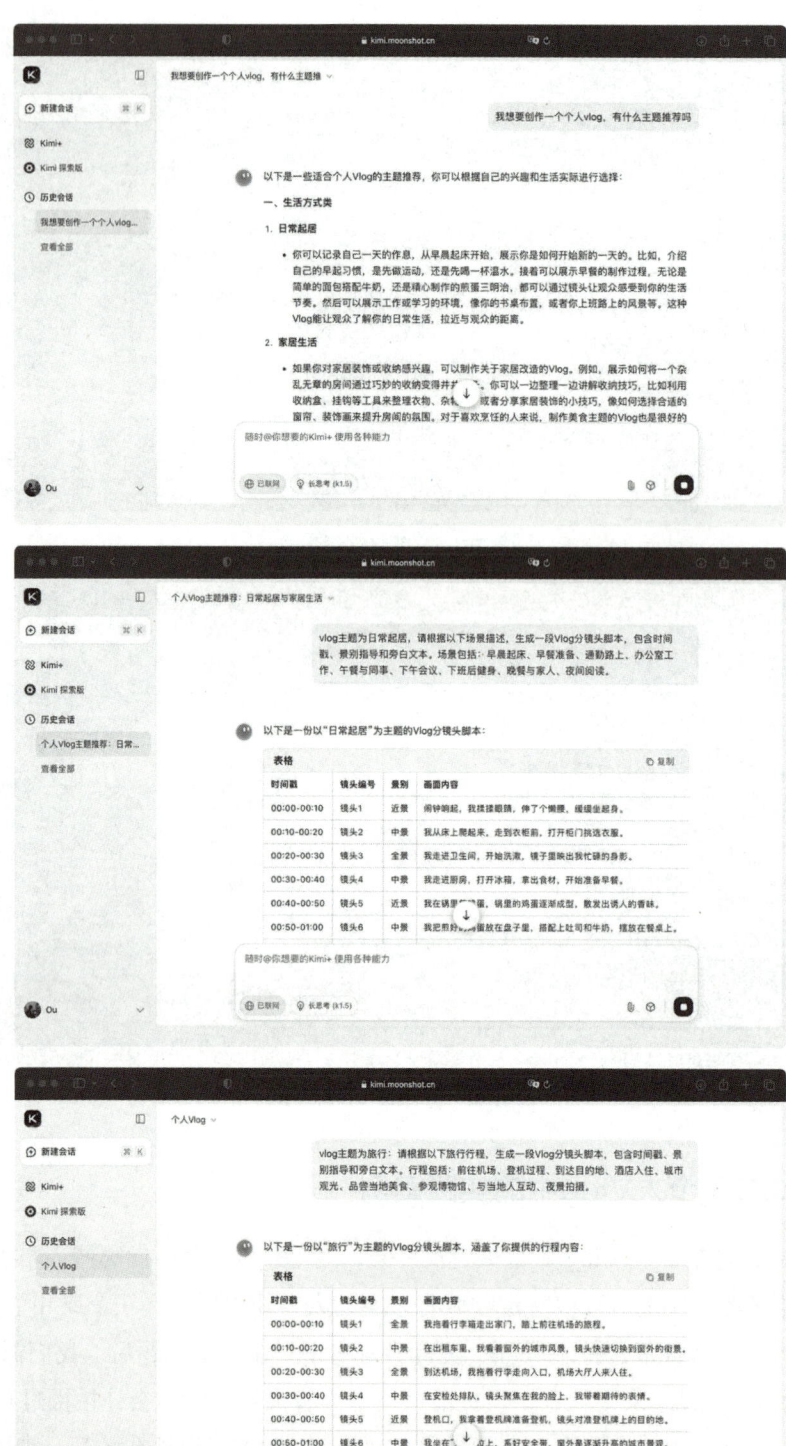

图 3-87　Kimi 制作前期内容

　　完成后，选择一款适合的 AI 图像生成工具，如即梦 AI 或通义万相等。根据视频镜头内容描述，制作详细的提示词，并输入提示词，制作图像，如图 3-88 和图 3-89 所示。

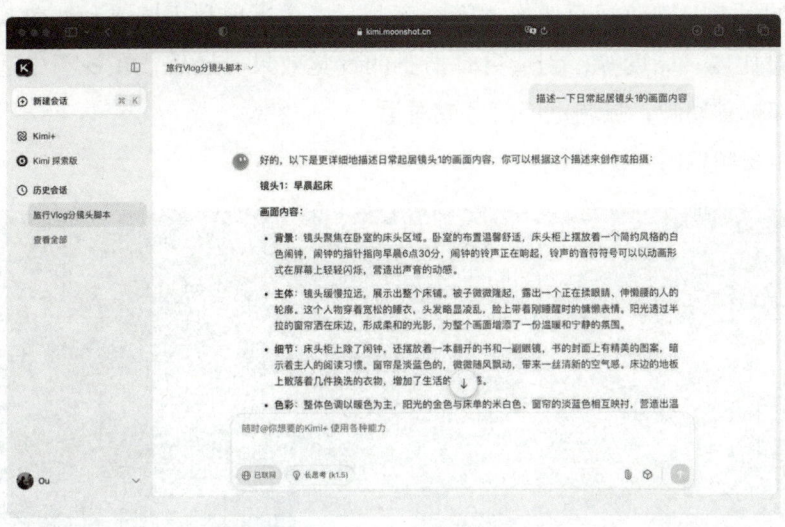

图 3-88　Kimi 制作提示词

图 3-89　通义万相制作图像

　　随后可以以第一次镜头为基础，进行后续的图像与视频制作（可在不同镜头描述中添加同一段人物的文字描述或是上传同一张人物图进行后续视频生成）。同时将制作的视频等内容进行保存。进行视频分析，识别出其中的精彩片段或重点时刻（如人物表情、动作高光、情节转折等）。根据视频分析，自动剪辑原始素材，保留高光时刻，生成一个初步的视频内容。用户可以进行进一步调整，如修改剪辑点、删除不必要的片段等。如果需要，可以通过简单的拖拽和调整剪辑顺序，进一步优化视频的结构和节奏。随后，选择合适的特效功能。特效包括过渡效果（如画面切换的动画效果）、滤镜（如复古、黑白、增强色彩等效果）和动画文本（例如标题动画、字幕效果等），在不同镜头或场景之间添加平滑的过渡，避免画面切换过于突兀。可以适当地利用滤镜和调色功能，调整视频的色调、对比度、亮度等，创造更具情感的视觉效果。最后，在视频中适当的位置加入动态字幕和标题动画，强调重要信息或对话。

即梦制作视频如图 3-90 所示。

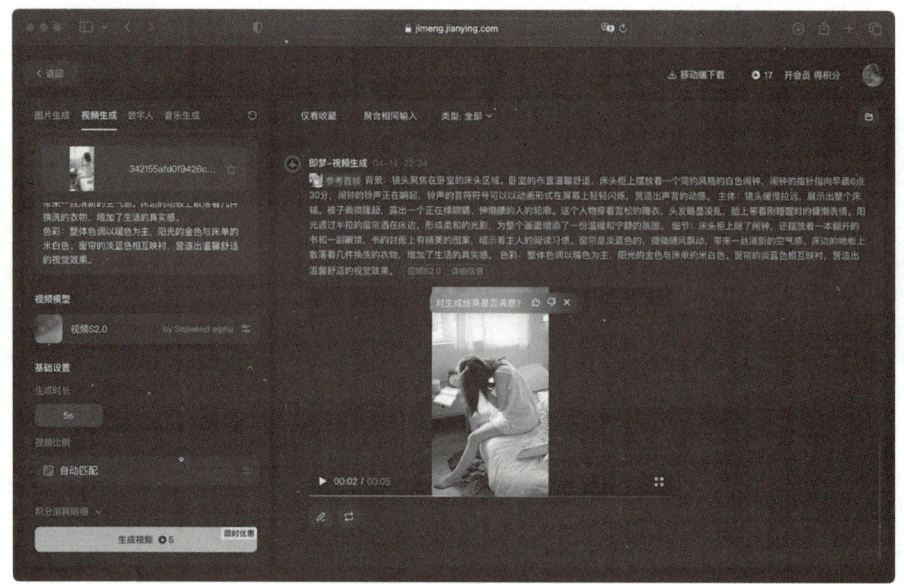

图 3-90　即梦制作视频

课后练习

一、选择题

1. AIGC 的全称是（　　）。

A. 人工智能生成代码

B. 人工智能生成内容

C. 自动化智能图形计算

D. 增强智能交互内容

2. 以下哪项不属于 AIGC 的主要应用领域？（　　）

A. 文本生成

B. 图像生成

C. 数据库管理

D. 视频生成

3. DeepSeek 主要基于哪种技术架构？（　　）

A. 卷积神经网络（CNN）

B. 生成对抗网络（GAN）

C. Transformer

D. 循环神经网络（RNN）

4. 以下哪项是 AI 图像生成的核心技术之一？（　　）

A. 随机森林

B. 扩散模型（Diffusion Model）

C. K-means 聚类

D. 支持向量机（SVM）

5. AI 视频生成面临的主要挑战不包括（　　）。

A. 计算资源消耗大

B. 时序一致性难以保持

C. 无法生成高清内容

D. 伦理与版权问题

6. 多模态 AIGC 的核心特点是（　　）。

A. 只能处理单一数据类型

B. 能同时处理文本、图像、音频等多种数据

C. 仅适用于科研领域

D. 需要人工全程干预

7. 以下哪项不是 AIGC 在电子书创作中的应用？（　　）

A. 自动生成章节内容

B. 设计个性化封面

C. 管理印刷厂生产

D. 优化排版格式

8. AIGC 的发展主要依赖以下哪三个要素？（　　）

A. 算法、算力、数据

B. 硬件、软件、网络

C. 资金、政策、市场

D. 人力、设备、时间

9. 以下哪项是 AIGC 可能带来的伦理问题？（　　）

A. 提高生产效率

    B. 生成虚假信息

    C. 降低创作成本

    D. 增强人机交互

10. 未来 AIGC 最可能突破的方向是（　　）。

    A. 完全替代人类创作

    B. 实现更高水平的创意协作

    C. 仅限于简单重复性任务

    D. 仅用于娱乐领域

二、填空题

1. AIGC 是指利用 _____ 技术自动生成文本、图像、音频、视频等内容。

2. 当前主流的 AI 文本生成模型（如 DeepSeek）主要基于 _____ 架构。

3. AI 图像生成的两种代表性技术是 _____ 和 _____。

4. 多模态生成是指 AI 能同时处理 _____、_____、_____ 等多种数据类型。

5. AIGC 在出版业的应用案例包括自动生成 _____、设计 _____、优化 _____ 等。

三、思考题

1. 请简要说明 AIGC 在文字生成、图像生成和视频生成三个领域的技术特点和应用场景。

2. 创意实践。

请使用任意 AIGC 工具（如 DeepSeek、MidJourney 等），完成以下任务：

（1）生成一篇 500 字左右的科幻短文，主题为"未来人机协作创作"。

（2）为这篇短文生成一张配套的封面插图，并简要说明你的创作思路。

第 4 章
人工智能的应用场景

本章导读

在当今时代，人工智能作为推动社会进步与经济发展的关键力量，正以前所未有的深度和广度融入工业制造、金融服务、医疗健康等各个领域，重塑生产和生活方式。本章将通过丰富案例与前沿技术，展现 AI 与制造、金融、物流等行业融合的精彩实践，揭示人工智能如何赋能各行业提升效率、优化服务，推动社会可持续发展；同时探讨其在促进社会公平、产业升级、保障民生等方面的重要作用，引导树立正确价值观，思考未来如何为社会贡献力量。

学习目标

■ **知识目标：**

了解人工智能在制造业、金融业、医疗业等六大领域的典型应用场景应用及相应的技术实现路径。

■ **能力目标：**

掌握 AI 应用场景分析方法、技术迁移实践能力、伦理风险评估策略及跨领域协作技能。

■ **素质目标：**

树立科技向善理念，强化责任担当，培育 AI 技术转化思维，提升创新实践能力，建立数字化转型认知，塑造契合国家战略需求的职业价值观。

4.1 智能制造：工业的智慧脉搏

制造业是经济增长的关键驱动力。根据世界银行数据显示，2022 年全球制造业总产值约为 16.19 万亿美元，占全球 GDP 的 16.05%。制造业作为现代经济的基石，是衡量一个国家的综合国力和国际竞争力的重要指标。我国制造业是国民经济的主体，承载着国家经济发展的重任，我国制造业的崛起也已经成为全球经济的亮点。2023 年我国制造业 GDP 高达 4.61 万亿美元，占总 GDP 的 26.18%，约占据全球制造业份额的 28.5%。

在此背景下，人工智能赋能制造业能够降本提效，提高制造业产品质量，加速产品创新，促进绿色生产，提升我国制造业竞争力。

4.1.1 从制造到"智造"

智能制造（Intelligent Manufacturing，IM）是一种由智能机器和人类专家共同组成的人机一体化智能系统，它在制造过程中能进行智能活动，诸如分析、推理、判断、构思和决策等。通过人与智能机器的合作共事，去扩大、延伸和部分地取代人类专家在制造过程中的脑力劳动。它把制造自动化的概念更新，扩展到柔性化、智能化和高度集成化。

智能制造源于人工智能的研究。纵览全球，日本 1989 年提出智能制造系统，且于 1994 年启动了先进制造国际合作研究项目，包括了公司集成和全球制造、制造知识体系、分布智能系统控制、快速产品实现的分布智能系统技术等。1992 年美国执行新技术政策，大力支持关键技术（Critical Technology），包括信息技术和智能制造等，希望借助此举改造传统工业并启动新产业。

中国在上世纪末也将"智能模拟"列入国家科技发展规划的主要课题，并在专家系统、模式识别、机器人、汉语机器理解方面取得了一批成果。国家科技部正式提出了"工业智能工程"，作为技术创新计划中创新能力建设的重要组成部分，智能制造是该项工程中的重要内容。2021 年，"十四五"智能制造发展规划发布。计划到 2025 年，规模以上制造业企业大部分实现数字化网络化，重点行业骨干企业初步应用智能化；到 2035

年，规模以上制造业企业全面普及数字化网络化，重点行业骨干企业基本实现智能化。

制造系统正在由原先的能量驱动型转变为信息驱动型，这就要求制造系统不但要具备柔性，而且还要表现出智能，否则是难以处理如此大量而复杂的信息量的。其次，瞬息万变的市场需求和激烈竞争的复杂环境，也要求制造系统表现出更高的灵活性、敏捷性和智能性。因此，智能制造越来越受到重视。

从制造到"智造"的破界重构主要体现在以下几个方面。

1. 技术应用与生产方式变革

传统制造业主要依赖人工操作和机械化生产，而智能制造通过引入工业机器人、自动化生产线、智能传感器等设备，实现了生产过程的自动化和智能化。例如，宁德时代的智能工厂中，搭载视觉传感的机械臂、AGV 自动运输车和高科技机器人等设备协同工作，实现了生产数据可视化、生产过程透明化和生产现场无人化，如图 4-1 所示。

图 4-1　宁德时代的智能工厂

智能制造还将物联网、大数据、人工智能、云计算等新一代信息技术与制造技术深度融合，使制造系统具备了自感知、自学习、自决策、自执行、自适应等功能。例如，通过工业互联网技术，实现了设备、系统、人之间的高效协作和信息共享，打破了传统制造模式下设备和信息系统之间的孤岛现象。

2. 产业形态与商业模式创新

传统制造业以标准化批量生产为主，难以满足消费者的个性化需求。智能制造通过大数据分析和柔性生产技术，使企业能够根据客户的个性化需求进行产品设计和生产。例如，一些服装企业通过智能制造技术，实现了根据消费者的身材、喜好等定制服装。

智能制造推动了制造业向服务型制造转型，企业从单纯的产品销售向提供产品和服务的综合解决方案转变。例如，一些工程机械企业通过在设备上安装智能传感器，实现了对设备运行状态的实时监测和远程维护，为客户提供设备租赁、维护保养、数据分析等增值服务。

3. 企业竞争力与价值创造提升

智能制造通过优化生产流程、提高设备利用率和减少人为错误，显著提高了生产效率和产品质量。例如，哈电集团通过建设数字化车间和生产线，实现了产能平均提升10%以上，生产效率提高20%以上。

智能制造通过自动化、智能化设备的应用，降低了人力成本、能源消耗和原材料浪费。例如，西部矿业通过无人驾驶矿车的应用，节省了人工，降低了燃料与轮胎消耗，年节省成本约600万元。

智能制造为企业提供了更多的创新机会和手段，使企业能够更快地推出新产品、新技术和新服务，增强了企业的市场竞争力。例如，湘钢通过攻克高强低温韧性匹配、大厚度高强钢焊接等难题，研制出了满足"海基二号"等重大工程项目需求的特种钢材。

4. 产业生态与协同发展优化

智能制造通过工业互联网平台和大数据分析，实现了产业链上下游企业之间的信息共享和协同合作，促进了产业链的整合和优化。例如，一些企业通过工业互联网平台，实现了与供应商、客户之间的实时数据交互和业务协同，提高了产业链的效率和竞争力。

智能制造推动了制造业与服务业、互联网、人工智能等行业的深度融合和创新发展，催生了一系列新业态和新模式。例如，一些互联网企业通过与制造业企业合作，推出了智能家居、智能穿戴等智能化产品和服务，促进了制造业与互联网行业的融合发展。国内的制造业智能应用也在由简单识别类向建模优化类等复杂应用延展，相比海外应用占比更高，如图4-2所示。

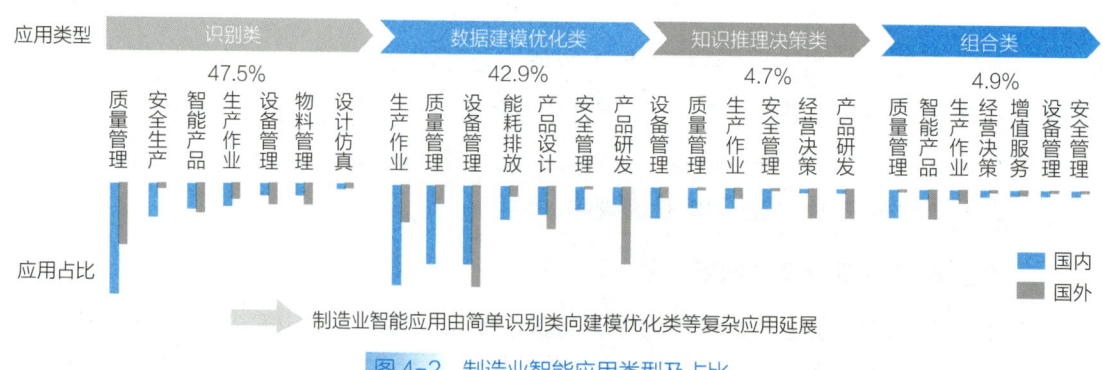

图4-2 制造业智能应用类型及占比

4.1.2 AI赋能产品设计

1. 自动化设计

AI技术可以帮助设计师实现自动化设计，减少重复性劳动。例如，AI生成内容式工具可以根据用户需求自动生成多种设计方案，设计师只需从中挑选最佳方案进行优化。此外，AI 还可以辅助设计师完成设计元素的排列、颜色搭配等工作。

在微梦龙年 IP 形象的设计过程中，设计师利用 AI 生成了多张龙年吉祥物的灵感图，这些灵感图在风格、造型和色彩上各有特色，为后续设计提供了丰富的素材。最终，设计师通过 AI 优化线条、色彩和细节，完成了整个设计过程，整体效率提高了 50%。

2. 智能设计建议

AI 可以分析大量设计案例，为设计师提供智能设计建议。这些建议可能包括设计风格、色彩搭配、排版布局等方面。通过参考 AI 的建议，设计师可以更快地找到灵感，提高设计质量。

3. 设计交互优化

AI 技术可以帮助设计师更好地理解用户需求，从而优化设计交互。例如，AI 可以分析用户在界面上的操作行为，为设计师提供改进方案。此外，AI 还可以模拟用户在不同设备上的使用体验，帮助设计师实现跨平台设计。

例如，美团外卖在"发现美食"功能的优化中，利用 AI 分析用户在界面上的操作行为，提出了改进方案，帮助用户更高效地找到想吃的美食。

4. 数据驱动设计

AI 可以帮助设计师更好地利用数据驱动设计。通过对用户行为数据的分析，设计师可以发现潜在的设计问题，从而优化产品设计。

此外，AI 还可以帮助设计师预测未来的设计趋势，提前布局。通过 AI 赋能产品设计，设计师不仅能够提高效率，还能在创意和用户体验上实现更大的突破。

5. 典型案例：海尔AI创新设计

海尔创新设计中心，借助生成式 AI 开启向"智慧化"的跃迁。在市场洞察中，以往耗时数月的用户调研，通过与亚马逊云科技合作，利用其云计算和大数据分析能力，短短数小时就能精准完成用户画像，为产品设计和市场定位提供坚实依据，极大地提高了决策效率。

在设计流程方面同样成果斐然，传统的重复劳动被 AI 高效替代，基于与亚马逊云科技渲染农场构建的高效渲染器结合专属小模型，大幅缩短了渲染时间和产品设计周期，从"一票到底"迈向"一模到底"，让设计方案更贴合市场需求，产品竞争力显著增强。

从数据指标来看，提升效果令人瞩目，图生图效率提升 80%，加速创意可视化；产品上市周期从 18—24 个月缩短至 12—16 个月，快速响应了市场；协同成本降低，甚至团队的岗位结构也得到优化，与外部合作实现互利共赢。海尔智家副总裁、海尔创新设计中心总经理吴剑表示："海尔深知，唯有拥抱智慧化设计，开展跨领域合作，才能在未来保持竞争优势。"

4.1.3　AI在生产制造中的应用

AI技术为制造业带来了前所未有的变革，从生产线优化到质量检测与控制，从供应链管理到个性化定制与生产，人工智能正在重塑制造业的未来。把人工智能嵌入生产制造环节，可以使机器变得更加聪明，不再仅仅执行单调的机械任务，而是可以在更多复杂情况下自主运行，从而全面提升生产效率。随着国内制造业自动化程度的提高，机器人在制造过程和管理流程中的应用日益广泛，而人工智能还更进一步赋予机器人自我学习能力。目前人工智能在生产制造环节中的主要应用如下。

1. 智能自动化分拣

在制造业中，分拣作业和物流管理是不可或缺的一环。传统的分拣作业主要依赖人工进行，不仅效率低下，而且容易出错。通过引入AI技术，智能分拣系统得以广泛应用。该系统结合机器学习和计算机视觉技术，能够自动识别、分类和定位物品，大大提高了分拣的准确性和效率。

智能自动化分拣系统是制造业中通过机器人、人工智能、机器视觉等先进技术替代传统人工操作的系统，旨在实现对物料、零件或产品的高效精准分类与分发。其核心目标是通过技术融合提升生产效率、降低分拣错误率、减少人力与资源成本，同时适应柔性化、定制化的生产需求。这一系统借助多维度技术的协同运作，构建起从识别、抓取到运输的全流程自动化链条，成为现代智能制造转型的重要支撑。

在技术架构上，智能自动化分拣系统主要由五大模块构成：首先，机器视觉与图像识别技术通过高精度摄像头和深度学习算法，实时解析物体的形状、颜色、尺寸或标签信息，完成复杂环境下的分类决策；其次，工业机器人（如多轴机械臂、AGV自动导引车）负责执行物理操作（见图4-3、图4-4），前者以毫米级精度抓取分拣，后者实现物料的动态调度与运输；此外，激光、红外、重量等多类型传感器协同检测物体的空间位

图4-3　多轴机械臂

置、材质属性等关键数据，为系统提供实时反馈。人工智能与大数据技术则通过历史数据训练优化分拣路径和优先级策略，而物联网平台将所有设备联网互通，实现分拣状态监控与全局动态调整，形成闭环控制。

图 4-4　AGV 自动导引车

该技术的应用优势显著，一是效率提升，系统可 24 小时连续运转，分拣速度可达人工的 3~5 倍，尤其在电商物流等高频场景中单小时处理量超千件；二是精准度突破，依托机器视觉与 AI 算法，分拣错误率可控制在 0.1% 以下，有效规避人工疲劳导致的误操作风险；三是综合成本优化，初期投入虽高，但长期可减少约 60% 的人力成本，并通过精准分拣降低物料损耗。此外，系统支持软件快速配置分拣规则，能无缝切换不同规格产品的处理流程，为小批量、多品种的定制化生产提供灵活适配能力，显著增强制造企业的市场响应速度。

2. 设备健康管理与预测性维护

设备故障是导致制造业生产中断的主要原因之一，因此设备健康管理至关重要。通过 AI 技术对设备运行状态进行实时监控，尽力避免突发故障导致的生产中断。AI 系统借助物联网传感器（如振动、温度、电流传感器）持续采集设备数据，结合机器学习算法建立正常运行的基准模型。当数据偏离预设阈值时，系统立即触发预警并定位故障类型。例如，在风力发电领域，西门子歌美飒（Siemens Gamesa）通过振动传感器监测风力涡轮机齿轮箱的频谱特征，利用异常检测算法识别轴承磨损的高频信号，提前 3 周发出维护警报，减少 60% 的非计划停机。在半导体制造中，台积电实时分析晶圆蚀刻机的电流波动与气体压力曲线，AI 模型通过比对历史数据，发现等离子体腔体的异常状态，每年避免数百万美元的晶圆报废损失。

此外，通过对大量设备运行数据的分析，AI 可以预测设备的使用寿命和维修周期，从而提前制定维护计划，避免设备因过度使用而损坏。这种预测性维护策略不仅延长了设备的使用寿命，还提高了生产效率和产品质量。预测性维护通过 AI 分析设备历史数据与实时工况，预测关键部件的剩余寿命（见图 4-5），优化维护计划。例如，波音公司为 LEAP 航空发动机构建数字孪生模型，结合飞行数据（如转速、温度）与地面检测数据，预测涡轮叶片的裂纹扩展趋势，提前规划更换周期，单台发动机维护成本节省超 200 万美元，寿命延长 15%。在汽车制造中，丰田汽车的焊接机器人通过传感器监测焊枪压力与电机扭矩，AI 模型从 0.5% 的微小偏差中预测故障风险，将修复时间从 8 小时压缩至 1 小时，缺陷率降低 25%。食品行业同样受益，雀巢公司利用声学传感器捕捉灌装生产线泵阀的噪声，AI 通过声纹对比识别密封失效风险，泄漏事故减少 90%，显著提升产线清洁度与效率。

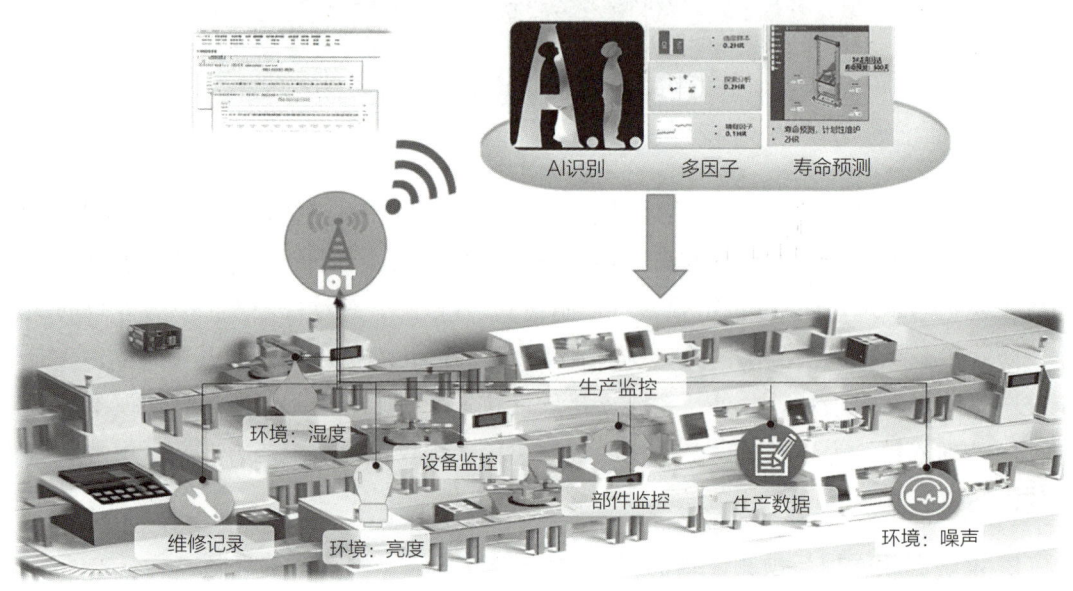

图 4-5　AI 预测性维护

3. 生产线自动化与优化

生产线是制造业的核心环节，其效率直接影响到企业的盈利能力。AI 技术在生产线自动化与优化方面发挥着重要作用。首先，通过引入智能机器人和自动化设备，生产线可以实现高度自动化，减少对人力的依赖。这不仅降低了劳动力成本，还提高了生产效率。例如在汽车制造领域，奔驰匈牙利工厂里 Apollo 机器人将夜班人力需求削减近三分之一，这种可 24 小时连续作业的"数字劳动力"成为刚需。Apollo 这类通用机器人还可以快速适配新车型生产线，使改造成本降低 40%。在奔驰柏林工厂的测试中，机器人不仅能按预设路线配送零件，还能在货架临时调整时自主重建地图。当工人突然进入作业区域，其动态避障系统能在 0.1 秒内冻结动作。这种类人化的环境交互能力，使得机器人从"隔离在护栏后的工具"进化为"可与人类并肩的同事"（见图 4-6）。

图 4-6　奔驰柏林工厂

其次，AI 技术可以用于生产线的优化。通过分析生产现场的数据，AI 可以找出生产线的瓶颈环节，并提出优化建议。例如，调整设备布局、改进工艺流程、优化作业顺序等。例如京东方 6 代 OLED 产线采用数字孪生控温技术，在蒸镀工艺中将腔体温度波动控制在 ±0.2℃，良品率提升 5%。这些措施有助于提高生产线的整体效率和灵活性，从而更好地适应市场需求的变化。

4. 质量检测与控制

在生产制造领域，产品质量是企业的核心竞争力之一，质量检测是产品质量生命线的最后一关。这对企业的管理规范、持续发展、抢占市场和提高客户满意度等均具有重要意义。然而，传统制造业的质检方式，充斥着大量的人力劳动，成本居高不下。而 AI 的各种技术应用于质量检测具有显著优势。

基于 AI 的机器视觉系统在质量检测技术中大行其道。例如：深圳思谋信息科技有限公司将机器视觉系统用于半导体制造的缺陷检测中，包括外壳、结构、硅片等产品零部件的微小缺陷（见图 4-7）。具体方式是通过高分辨率摄像头，配合 AI 图像处理算法，结合深度机器学习、大数据系统等，实现智能识别和缺陷分类，从而提高产品良率和质量。目前，通过 AI 视觉比对技术，对光学图像中的关键特征进行识别和分析，快速、准确地判断产品质量的技术，已被应用于半导体、电子产品、食品等行业。

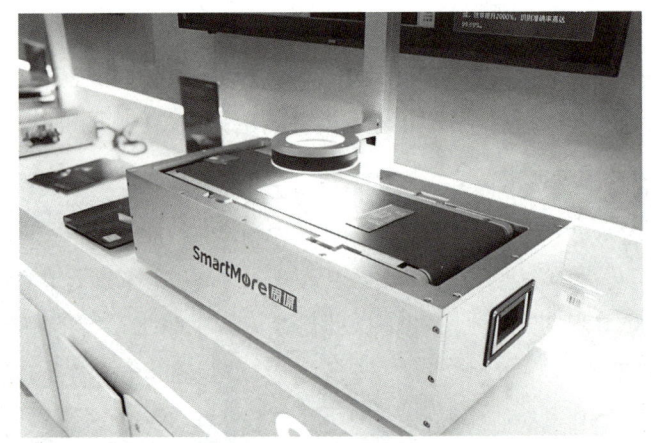

图 4-7　思谋科技智能检测

　　AI 与光学技术相结合可以实现"非接触式测量"。光学测量设备无须接触物体表面，便能获取物体的几何尺寸、表面纹理等信息；还可以通过红外等技术，获取表面被遮挡的产品的内部发热状况等。这些数据经过 AI 的处理，可用于实时监测产品质量，确保生产过程的精度、稳定及安全性。

　　AI 结合声波技术在质量检测中，可以通过对声波数据的自动采集和分析，准确地捕捉到物体内部的细微变化，实现对产品质量的快速、准确检测。例如，在一些复杂的机械金属部件中，微小的砂眼、裂缝或损伤往往难以通过肉眼或传统检测方法观测到，但这些问题可能对设备的性能和安全性造成严重影响。而声波技术能够通过对设备内部声波信号的捕捉和分析，发现这些微小的变化，从而为设备的维护和保养提供及时的指导。

5. 智能供应链与库存管理

　　供应链管理是制造业中至关重要的一环，涉及采购、生产、销售等多个环节。借助 AI、物联网、数字孪生等技术的深度融合，现代供应链正从"经验驱动"转向"数据智能驱动"，构建起覆盖"需求预测—资源调配—生产协同—物流追踪"的全链路智能体系。据麦肯锡研究，AI 赋能的供应链可降低 20%~50% 的库存成本，并提升 30% 以上的交付效率。

　　首先，通过大数据分析技术，AI 可以预测市场需求和供应趋势，帮助企业制定合理的采购计划和库存策略。这有助于降低库存成本、减少缺货风险并提升客户满意度。其次，利用物联网技术实现货物追踪和信息共享，提高了供应链的透明度和协同效率。企业可以实时了解货物的运输状态、库存情况等信息，从而更好地协调各个环节的工作。最后，及时评估供应商的绩效和风险，选择优质供应商，建立稳定的供应关系，保障原材料和零部件的供应质量和服务。

6. 典型案例：走进小米超级工厂

小米超级工厂是小米公司投资建设的大型现代化汽车生产基地，位于北京亦庄新城智造基地。其一期项目总占地面积约 72 万平方米，相当于 100 个足球场面积，建筑面积约 42 万平方米。整个工厂包含研发试验基地以及冲压、压铸、车身焊接、涂装、电池和总装等为新能源车专属打造的六大车间，还有总长 2.5 公里的测试跑道以及小米汽车工厂店，是一个集研发、生产、销售、体验于一体的智造园区。

这些车间的关键工艺均实现了 100% 自动化，展现了小米在智能制造方面的领先地位。

（1）压铸车间

小米的压铸机以其 9100 吨的锁模能力成为一大亮点。在生产过程中，泰坦合金在 700℃ 高温炉中熔化为液态铝，随后，液态铝在 340 倍标准大气压的压力下，以 25 倍的重力加速度，在短短的 100 毫秒内被迅速注入模具。此时，压铸机对模具内的泰坦合金施加高达 9100 吨的压力，使得金属分子更加紧密地结合，从而显著提升铸件的强度和刚度。这种先进的工艺，可以简单地理解为高压铸造与锻造技术的完美结合。

相较于传统的汽车制造工艺，小米汽车通过引入压铸技术，对传统的冲压焊接流程进行了革新。这一技术革新不仅减少了因零件繁多而带来的人力与时间成本，更实现了 72 个零件在 9100 吨压铸机内的完美融合。相较于传统的焊接工艺，新工艺减少了 840 个焊点，使得整车减重 17%，同时将生产时间缩短了近一半。此外，这一技术还显著提升了整车性能。值得一提的是，小米的压铸车间每 2 分钟便可高效生产出一个压铸件，而且泰坦合金中还融入了 30% 的循环铝，使得每个零件都能实现 352.53kg 的碳减排。

在传统铸件生产过程中，常常会出现裂纹、冷隔、摩擦烧蚀等质量缺陷。为了确保上车的铸件都是合格的，小米在压铸车间内引入了先进的质检机器人。这些机器人会对每个压铸件进行 28 张 X 光片的拍摄，并利用自研的 X-Eye 智能质检系统进行缺陷识别，如图 4-8 所示。质检环节融入了 AI 技术，能够自动识别缺陷，显著提升质检效率，确保准确率超过 99.9%。在检测过程中，一旦发现任何残次或不合格的零部件，它们将被统一收集到"残次区"，以待后续的回收利用。

（2）冲压车间

冲压车间配备了总吨位高达 6900 吨的冲压机，其中首台压机便重达 2500 吨，如图 4-9 所示。车间采用先进的 6 点式冲压技术，配合高规格的模具研合，使得精度公差仅限于 $5\sim10\,\mu m$，这一精度甚至超越了普通模具研合精度的两倍。凭借这样的技术实力，车间能够轻松应对 175° 曲面的加工需求。

在冲压生产流程中，冲压件的圆角半径能够精细地被控制在 1.2mm 以内。这一成就反映在 SU7 车型上，其四门两盖以及翼子板的接缝设计更为精细，工艺水平堪比豪华汽车品牌。

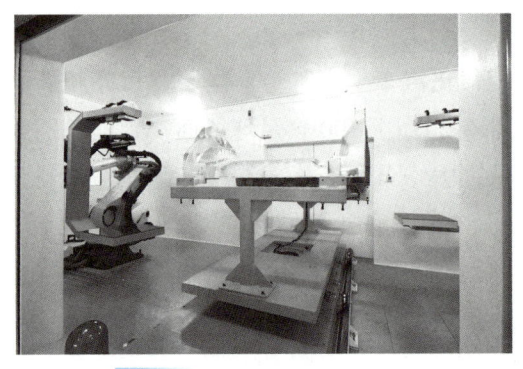

图 4-8　X-Eye 智能质检系统　　　　　图 4-9　冲压车间

（3）车身车间

由压铸车间与冲压车间精心生产的零件，通过 AMR 物流机器人的智能运输，被有序地送达车身车间。这个车身工厂内，共计部署了近 200 台 AMR 物流机器人，它们以激光雷达为感知核心，辅以 AI 算法，实现高效且自主的运输，无须传统的电磁感应式引导线。

除了智能的 AMR 物流机器人，车身车间还配备了 269 台自动化上件与连接机器人，41 台自动视觉上件机器人，实现大件 100% 自动上线。在产线上，车身被精心悬吊并送至指定工位。随后，8 台机器人默契配合，机械臂灵活伸展，对小米汽车的车身进行精细的点焊、自冲铆接、热熔自攻丝以及涂胶等工艺处理，从而确保小米汽车能够拥有超高强度且质量卓越的车身（见图 4-10）。

（4）涂装车间

涂装车间则展现了小米汽车在自动化方面的全面实力。75 台喷漆机器人全自动作业，实现 100% 自动化喷涂，如图 4-11 所示。

图 4-10　机械臂自动工作　　　　　图 4-11　自动化喷涂

（5）总装车间

总装车间主要进行大件的自动化装配，如前后风挡、全景天幕均由机械臂自动化装配（见图 4-12）；车身的电池合装定位精度达到 0.1mm，缝隙之小甚至无法塞入一张 A4 纸。在装配完成后，车辆需要经过一系列的检测，包括整车外观紫外光、机身骨架激光雷达 100% 全自动在线监测，以及一体压铸件的 X 光 AI 检测等，这些先进的检测技术确保了产品的高质量和准确性。

图 4-12　总装车间

综上来看，小米汽车超级工厂采用高度自动化的智能生产线，工厂内部署了超过 700 台机器人承担着安装、检测、运输等多项复杂任务，这些机器人协同工作。关键工艺自动化程度达 100%，车身车间综合自动化率达 91%。还有代替人眼识别的智能质检系统大大提高了生产效率，减少了人工干预，从而降低了生产成本和出错率。

4.2　智能金融：金融科技的智慧浪潮

— 情境导入 —

纽约华尔街，某对冲基金的交易大厅空无一人，但服务器机房的指示灯疯狂闪烁。AI 量化系统"AlphaFin"正在执行一项高风险套利任务：它通过自然语言处理（NLP）实时解析美联储主席的演讲视频，结合卫星图像中港口集装箱数量的变化，在 0.02 秒内重构了原油期货价格预测模型。与此同时，东京一位家庭主妇的手机弹出一条通知——AI 理财助手"FinBot"基于她的睡眠心率数据（通过智能手表同步），自动将明日定投计划中的医疗基金比例上调了 8%，并附言："监测到您近期压力值上升，建议增配抗周期资产。"当 AI 叩开金融之门，上述场景已非科幻想象，而是 2025 年金融领域的日常切面。当传统金融遭遇数据爆炸、用户需求碎片化、风险复杂度攀升等挑战时，人工智能、区块链、大数据等技术正像"水电煤"一样融入金融毛细血管，重构服务逻辑。

4.2.1 认识智能金融

智能金融（AiFinance）即人工智能与金融的全面融合，以人工智能、大数据、云计算、区块链等高新科技为核心要素，全面赋能金融机构，提升金融机构的服务效率，拓展金融服务的广度和深度，使得全社会都能获得平等、高效、专业的金融服务，实现金融服务的智能化、个性化、定制化。智能金融利用人工智能技术，创新金融产品和服务模式、改善客户体验、提高服务效率等；其参与者不仅包括为金融机构提供人工智能技术服务的公司，也包括传统金融机构、新兴金融业态以及金融业不可或缺的监管机构等，这些参与者共同组成智能金融生态系统。

在金融业的长期发展中，每一次技术升级和商业模式转型都离不开技术赋能和理念的大力支持（见图4-13）。在20世纪90年代末"IT+金融"的1.0阶段，计算机和信息技术逐步应用于金融机构的日常办公和金融业务处理，实现了存款、汇款、贷款业务的电子化核算，磁条信用卡技术、ATM、POS机等基础设施的完善，大大提高了数据处理能力和金融服务效率。

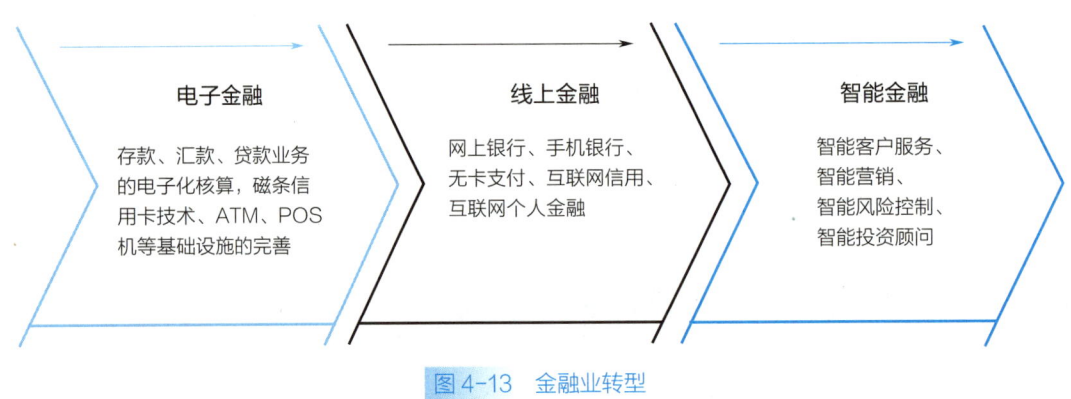

图4-13　金融业转型

在"IT+金融"的2.0阶段，互联网技术拓宽了金融业务的渠道，大数据和云计算提高了业务处理效率。网上银行、手机银行、无卡支付、互联网信用、互联网个人金融等新兴服务推动了金融与技术融合的历史进程。

目前，我们正在经历"IT+金融"的3.0阶段。2014年以来，机器学习、计算机视觉、信息处理等技术在金融业的应用越来越广泛。智能客户服务、智能营销、智能风险控制、智能投资顾问的出现，标志着我国智能金融发展的开始。

1.智能金融的特点

（1）智能化显著，智能技术实现"自我学习"

智能金融能够实现"感知——认知——自主决策——自我学习"，借助大数据技术，人工智能可以基于大量数据，找出相同和差距，传输到自己的神经网络，再基于源源不断的数据实现输出的自我调整，然后做出恰当的决策。源源不断的大数据可以让智能技术灵活地自主学习和掌握知识，根据环境的变化，依照用户需求提供服务。

（2）以"客户为中心"，实现随人、随时、随地、随需

客户的需求是多元化的，互联网的发展催生了交易的 O2O 模式（Online To Offline），基于智能技术，将理解客户需求变为可能，通过对客户使用互联网信息的掌握，实现从理解到匹配、从千人到千面。

2. AI在金融行业的革命性影响

（1）提升金融服务效率

AI 技术的引入显著提升了金融服务的效率。无论是智能投顾的自动化投资建议，还是信贷审批的快速处理，AI 都极大地缩短了服务时间，降低了人力成本。同时，AI 还通过优化业务流程和减少人为错误，提高了金融服务的准确性和可靠性。

（2）实现个性化服务

AI 技术能够全面分析客户数据，了解客户需求和偏好，从而提供更加个性化的金融服务。智能投顾可以根据投资者的风险偏好和投资目标，提供定制化的资产配置建议；智能信贷系统可以根据借款人的信用记录和财务状况，提供个性化的贷款方案。这种个性化服务不仅提升了客户满意度，还增强了客户对金融产品的信任感。

（3）增强风险管理能力

AI 技术在风险管理方面的应用，使得金融机构能够更准确地评估和预测风险。通过大数据分析和机器学习算法，AI 可以实时监控市场动态和交易行为，识别潜在的风险因素，并采取相应的防范措施。这不仅降低了金融机构的坏账率和风险损失，还提高了其市场竞争力和盈利能力。

（4）推动金融科技创新

AI 技术的广泛应用推动了金融科技的持续创新。金融机构通过引入 AI 技术，不断优化和创新金融产品和服务，提升用户体验和满意度。同时，AI 技术还促进了金融科技与其他领域的深度融合，如区块链、云计算和大数据等，共同推动金融行业的全面智能化和数字化转型。

4.2.2　人工智能在金融业的应用

1. 智能投顾

智能投顾是基于 AI 算法和大数据分析，为投资者提供个性化的资产配置和投资建议的一种新型服务。传统的投资顾问通常依赖于个人经验和市场分析，而智能投顾则通过人工智能技术，结合投资者的财务状况、风险偏好、投资目标等信息，提供更加精准和

个性化的建议。利用机器学习技术，智能投顾可以实时监控市场变化，根据不同的市场环境和投资者的需求，自动调整资产配置，并优化投资组合。这种基于数据驱动的投资方式，相较于传统的人工投资顾问，能够更快速、更高效地做出决策，极大提高了投资效率。例如，国信证券"鑫投顾 AI 助手"融合头部投顾经验与 DeepSeek 大模型，覆盖个股诊断、基金分析等场景，服务效率提升 10 倍，累计管理资产超 100 亿元；银河证券 G-Winstar 平台，接入 DeepSeek 大模型，根据用户风险偏好和历史交易行为生成定制化投资组合，资讯转化率提升 29%；中金智能投顾系统通过自然语言处理（NLP）解析用户需求，结合机器学习模型生成投资策略，用户年化收益率达 12%，远超传统服务的 7%。

2. 风险管理

风险作为金融行业的固有特性，与金融业务相伴而生，风险防控是传统金融机构面临的核心问题。智能风控主要得益于以人工智能为代表的新兴技术近年来的快速发展，在信贷、反欺诈、异常交易监测等领域得到广泛应用。智能风控也是人工智能在金融业应用占比最高的领域，如图 4-14 所示。

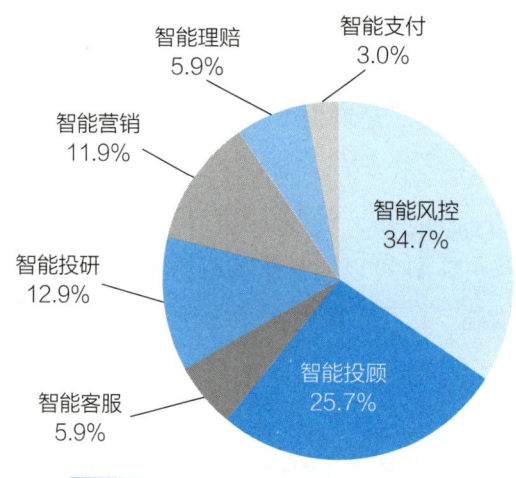

图 4-14　人工智能在金融业应用占比

与传统的风控手段相比，智能风控改变过去以满足合规监管要求的被动式管理模式，转向依托新技术进行监测预警的主动式管理方式。以信贷业务为例，传统信贷流程中存在欺诈和信用风险、申请流程烦琐、审批时间长等问题，而 AI 技术的引入则使得信用评估变得更加精准和高效。AI 能够通过对个人或企业的大数据分析，深入挖掘潜在的信用风险，从多维的海量数据中深度挖掘关键信息，找出借款人与其他实体之间的关联，从贷前、贷中、贷后各个环节提升风险识别的精准程度，使用智能催收技术可以替代 40%~50% 的人力，为金融机构节省人工成本，同时可以使得小额贷款的审批时效从过去的几天缩短至 3~5 分钟，进一步提升客户体验。AI 还能够帮助金融机构监测市场风险和流动性风险，及时识别潜在的危机并采取相应的对策，如图 4-15 所示。例如，平安银行 AI 反欺诈系统实时监控用户行为，构建风险预警模型，拦截异常交易准确率超 99%，减少欺诈损失 30%。交通银行动态信用评估系统整合社交媒体、物流数据等替代性征信指标，小微企业贷款审批时间从 3 天缩短至 5 秒，违约率下降 15%。

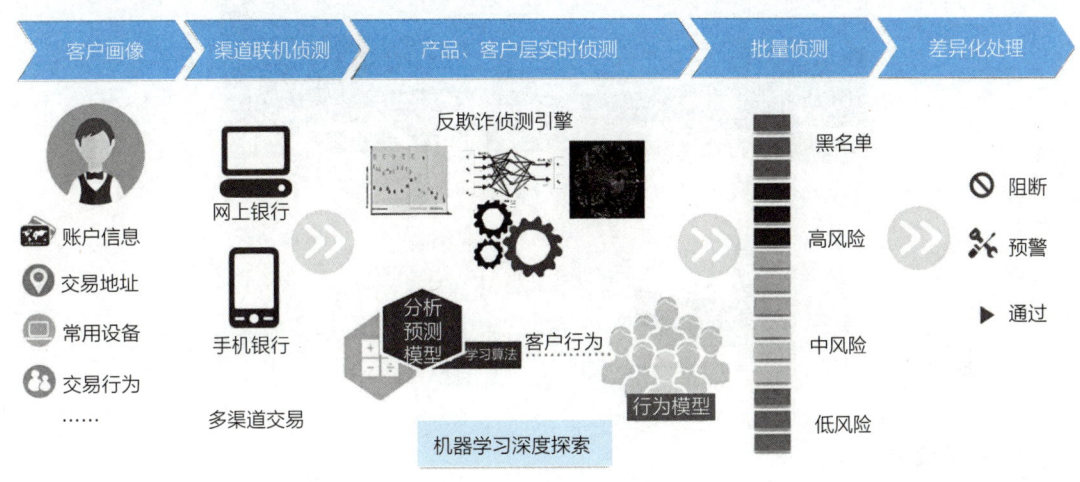

图 4-15　AI 帮助金融机构监测市场风险和流动性风险

3. 自动化交易和算法交易

在交易领域，人工智能的应用则体现为自动化交易和算法交易。通过利用 AI 算法，金融机构能够瞬间分析大量市场数据，寻找出价差异和交易机会，从而实现高速交易。与传统的人工交易方式相比，AI 的算法交易能够在毫秒级别的时间内执行订单，并根据市场的波动情况实时调整交易策略。这种高频交易和智能化的市场分析，不仅大幅提高了交易的效率和精度，还能帮助金融机构减少人为错误的发生。例如，摩根大通量化交易系统基于深度强化学习的 LOXM 算法，每秒处理百万级交易数据，远超人工交易员。然而，这种自动化交易方式也存在一定的风险，尤其是在市场波动剧烈或出现异常情况时，AI 可能会迅速放大市场风险，导致交易失控。因此，如何平衡人工智能的高效性与金融市场的稳定性，将是未来金融监管机构需要重点关注的议题。

4. 智能客服和金融服务自动化

随着金融业务量的增加，越来越多的金融机构采用了 AI 技术来替代人工客服，提升客户体验和服务效率，如图 4-16 所示。基于自然语言处理（NLP）和机器学习的聊天机器人，能够 24 小时在线为客户提供咨询服务，回答常见问题，处理账户查询、资金转移等简单操作。这不仅大幅减轻了人工客服的工作压力，还提高了客户服务的响应速度和准确性。同时，AI 还可以通过对客户行为和需求的深入分析，提供个性化的金融产品推荐，帮助客户做出更符合自身需求的金融决策。例如，广发证券鸿蒙语音助手可以让用户通过语音指令完成股票交易，日均服务量超 50 万次，错误率低于 0.1%。

图 4-16　银行 AI 客服

5. 金融监管

随着金融市场的数字化和智能化发展，监管机构面临着日益复杂的市场环境和交易活动。AI 可以帮助监管机构提高对市场的监控能力，实时分析海量的金融数据，识别出异常交易或涉嫌违规的行为。通过机器学习，监管机构可以精准监测市场操作以及市场操纵、洗钱等不法行为，并及时采取相应的措施。这种基于数据分析的监管方式，能够有效提高监管效率和准确性，减少人工干预的误差和滞后性。此外，AI 还能够在金融稳定性分析、风险评估等方面提供更加科学的决策支持，帮助监管机构及时应对金融风险和市场波动。

6. 典型案例：中国农业银行ChatABC

随着金融科技的飞速发展，客户对银行服务的便捷性、个性化及即时响应能力提出了更高要求。作为国有大型商业银行，面对日益增长的客户服务需求与期望，中国农业银行寻求通过技术创新提升客户体验和运营效率，尤其是在智能客服领域。因此，中国农业银行引入了先进的大模型技术，技术核心在于构建一个能够理解复杂金融语境、具备自我学习能力的 AI 模型——ChatABC。

ChatABC 可以实现大规模数据训练，利用农业银行丰富的历史客户交互数据和金融知识库进行深度学习，提升模型的理解和回应能力。它还能建立专业领域知识图谱，结合上下文理解和意图识别技术，确保模型能够准确把握客户意图并给出专业回复。并通过强化学习等方法，根据客户反馈和实际应用效果持续优化模型，提高服务质量。ChatABC 的技术架构如图 4-17 所示。

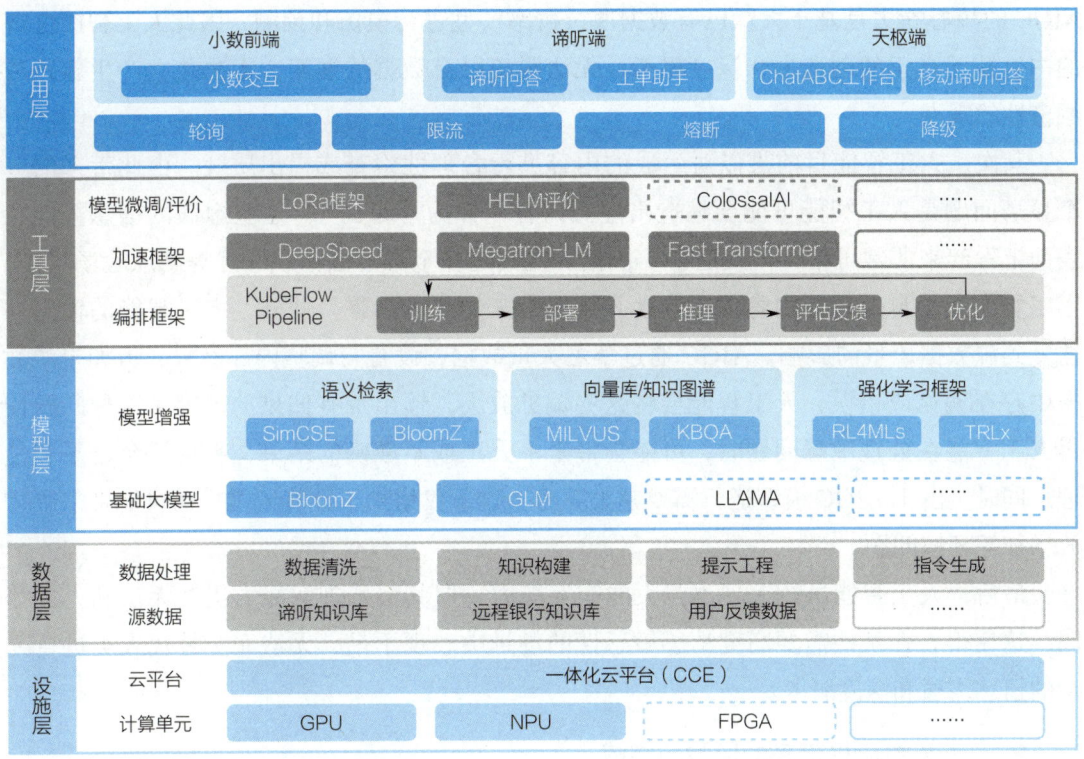

图 4-17　ChatABC 的技术架构

ChatABC 作为一款高度定制化的 AI 客服解决方案，不仅能够提供基础的查询服务，还能处理复杂的金融咨询、产品推荐、风险提示等。通过与现有客服系统无缝对接，ChatABC 实现了 24 小时不间断服务，即时响应客户需求，有效分流人工客服压力。具体成效与影响有以下几方面。

1）客户体验提升：ChatABC 的上线，使得农业银行的客服响应速度提升 30%，客户满意度提高至 90% 以上；

2）运营效率优化：减轻了人工客服的工作压力，使得团队能更专注于复杂问题处理，实现了客户服务的质效双赢。

3）业务能力创新：ChatABC 的应用还促进了农业银行在产品创新、市场洞察等方面的进步，为银行带来了新的业务增长点。

4）品牌形象升级：作为行业领先者农业银行通过 ChatABC 展示了其科技创新能力和对客户需求的敏锐洞察，增强了品牌竞争力和市场影响力。

4.2.3　智能金融的发展挑战

1. 人工智能自身的局限性

人工智能虽然在多个领域展现了强大的能力，但仍然存在一些明显的局限性。首先，

AIGC 的核心能力是基于大量已有数据通过概率模型进行模仿和预测，因此人工智能生成的内容缺乏真正的创造力和深度思考，无法脱离已有数据的框架，无法独立产生新颖或颠覆性的观点。

其次，人工智能目前难以对生成的内容进行合理性检查或提出质疑。由此带来的一个显著问题是人工智能可能会编造出虚假内容，称为"幻觉"。这些虚假的信息可能在表面上看起来非常可信，但缺乏事实依据。尤其是在金融、法律或医疗等高风险场景中，人工智能无法自发验证内容的正确性及可能带来的严重后果。此外，人工智能的输出往往受到源数据质量的影响。AIGC 通过学习大量数据，设置与调整内部参数，但如果源数据中存在偏见或错误，人工智能会将这些偏见放大，输出带有偏见的内容。这种问题使得人工智能在处理敏感问题时，可能会带来不公正或不准确的结果，影响社会公平和伦理。同时，由于 AIGC 模型运行需要超大算力，这不仅增加了计算成本，还可能带来碳排放增加等环境问题。

最后，人工智能虽然表现出强大的交互能力，但其情感理解能力仍然无法和人类等同，这使得它在某些需要高度情感敏感性的场景中表现不足，无法完全替代人类进行复杂的情感沟通和深度服务。

2. 人工智能应用带来的风险与挑战

人工智能的广泛应用也伴随着新的风险，尤其是在金融稳定性、网络安全与隐私保护等方面。首先，人工智能应用依赖于少数几种算法，可能会加剧市场波动和顺周期性风险。例如，人工智能可能助长市场的羊群效应、流动性囤积及金融机构的挤兑。最早引发 2008 年金融危机并放大传染的并非规模最大的机构，而是金融网络中与其他机构联系紧密的机构。

其次，为了满足客户的多元化需求，AIGC 在智能投顾、普惠金融用户画像识别等场景中需要使用大量隐私数据，信息泄露风险较高。如果在使用智能投顾服务时，客户提供的数据被用于进一步的模型训练与参数微调，私人数据可能被模型记录下来，并在与其他客户的交互中被不当泄露，进而泄露个人隐私并威胁财务安全。此外，人工智能的普及还可能带来更加复杂的网络攻击，需要加强对大型语言模型程序系统漏洞的防范。

同时，AIGC 自身能力的局限性也可能对客户的财产安全构成威胁。由于模型的输出具有一定的随机性，模型出现"幻觉"的可能性始终存在，并可能对用户的决策造成负面影响。此外，AIGC 的"技术黑箱"问题使客户无法了解智能决策背后的信息和逻辑，进而难以自行判断并完全信任其生成的内容。这种不透明性可能导致客户做出高风险决策，带来严重的安全、合规和监管风险。

展望未来，随着人工智能技术的不断突破，量子计算与人工智能、区块链技术的融合，将为金融行业带来全新的发展机遇，中国的金融科技行业将有望在全球市场中获得更强的竞争力，并持续引领未来金融科技发展的潮流。

4.3　智慧物流：供应链的神经末梢

中国经济腾飞的篇章，与中国物流行业的崛起紧密相连。从最初的自给自足物流方式，到现在几千万的卡车司机队伍和上百万家物流相关企业，几十年的变迁犹如一幅生动的画卷，展现了物流行业的蓬勃发展和创新变革。在这个过程中，各种物流模式的商业奇迹也应运而生，为经济的繁荣做出了巨大贡献。

物流这一历史悠久的运输服务行业，在国家蓬勃发展的浪潮中实现了自我革新，展现出令人瞩目的新风貌。它不仅将国民经济的生产、分配与消费紧密相连，而且在历史车轮的滚滚声中不断实现自身价值，成为推动国家经济持续增长的不可或缺的力量。

4.3.1　现代物流的多元化递进式发展

从最初的人工操作、传统运输，到如今融入先进科技，物流行业在不断进化。人工智能、大数据等新一代信息技术驱动着现代化物流的递进式发展，如图 4-18 所示。从信息化到智慧化，它们不仅代表着技术的升级，更推动着物流行业运作模式和管理理念的革新。

图 4-18　物流行业进化过程

1. 信息化：物流信息的基础构建

信息化是通过计算机、通信和网络等信息技术手段，将各种信息资源组织、处理、传递和利用的过程。在物流领域，信息化的核心是搭建信息系统，实现物流信息的记录、存储、传输和共享。可以说，现代物流就是随着信息化的发展而催生的。古代没有物流概念，只有仓储、运输等割裂的物流功能性的作业。信息的链接，让我们可以对物流全链路进行信息沟通，进而计划与控制，让割裂的功能性作业连接起来形成系统，产生了现代物流。现代物流也是随着信息化发展而不断发展变革的。

例如，企业构建的物流管理信息系统，涵盖订单管理、库存管理、运输管理等模块。订单管理模块可实时记录订单的生成、修改和发货状态；库存管理模块能精准监控库存数量、出入库记录；运输管理模块则可跟踪货物的运输路线、预计到达时间等信息。通过这些模块的协同运作，企业能够实时掌握物流各环节的动态，实现信息在企业内部各部门以及与合作伙伴之间的流通，从而提高物流运作的效率和准确性。信息化侧重于业务流程的线上化，主要依赖计算机系统和网络技术，关注数据的记录和计算，在现有的业务逻辑基础上进行提速和优化。

2. 数字化：物理物流世界的数字映射

数字化是将模拟信号或复杂多变的信息资料转化为数字信号的过程，是信息化的高级阶段。信息化与数字化的根本区别就在于物流机器系统能否可以自动采集和处理信息。随着物联网技术应用，当物流系统机器可以自动采集与处理信息的时候，信息化就发展到了数字化阶段。

在物流行业，数字化是把物流活动中的各种信息，如货物的属性、运输车辆的状态、仓库的布局等，转化为数字形式进行存储、处理和传输。例如，将纸质的物流单据转化为电子文档，利用传感器将货物的位置、温度、湿度等物理信息转化为数字信号。通过数字化，物流信息能够更高效地被计算机处理和分析，实现信息的精准复制和广泛共享。数字化更关注数据的分析和挖掘，借助数据挖掘、机器学习等先进技术手段，为后续的智能决策和业务优化提供数据基础。

3. 智能化：物流决策的自主执行

智能化是通过引入先进的算法和人工智能技术，使机器或系统能够自主学习、分析并做出决策的过程，数字化与智能化的区别就在于此。当进入数字化阶段，但机器系统信息数字化处理后还需要由人来决策，那就仍然停留在数字化阶段；只有机器系统能够参与决策，就代表机器系统已经进入智能化阶段。在物流场景中，智能化体现在多个方面。

例如，智能仓储系统中的自动导引车（AGV），它能根据预设的程序和实时的环境信息，自主规划行驶路径，完成货物的搬运任务；智能分拣系统利用图像识别技术和机器人手臂，能够快速准确地对货物进行分类和分拣；智能运输调度系统可根据实时路况、车辆状态和订单需求，自动优化运输路线和车辆调配方案。智能化赋予机器或系统感知能力、记忆和思维能力、学习能力和自适应能力、行为决策能力，通过智能化技术优化和重构业务模式和服务方式，代表着技术的自我演化，是更高层次的应用。

4. 数智化：数据与智能的深度融合

数智化是数字化、信息化与智能化的深度融合，是在数字化基础上，利用智能算法对数据进行深入分析、解释和利用，实现数字智能化；同时把人类的知识也智能数字化，嵌入机器系统，辅助机器系统决策，最后实现数字智能化与智能数字化融合，就是数智化。

在物流行业，数智化强调数据驱动的智能决策和业务优化。例如，电商物流企业通过对数以亿计的用户购买行为数据、商品销售数据、物流配送数据进行深度挖掘和分析，运用机器学习算法预测不同地区、不同时间段的商品需求，从而提前调整库存布局，优化配送路线。数智化不仅关注数据的转换和整理，更注重数据的深度挖掘和智能决策，将数据转化为有价值的信息和知识，并基于这些信息和知识进行决策和行动，实现业务流程的高效、智能。

5. 智慧化：物流生态的全面协同

智慧化是物流行业发展的高级阶段，它不仅仅是技术的应用，更是一种理念和生态的构建。智慧物流通过大数据、云计算、智能硬件等智慧化技术与手段，实现物流系统思维、感知、学习、分析决策和智能执行等能力的全面提升，达成整个物流系统的智能化、自动化水平的飞跃，让系统具有自我学习与训练提升的能力。智慧物流具有互联互通、数据驱动以及深度协同、高效执行的特点。所有物流要素互联互通并且数字化，以"数据"驱动一切，洞察、决策、行动；跨集团、跨企业、跨组织之间深度协同，基于全局优化的智能算法，调度整个物流系统中各参与方高效分工协作。

例如，在一个智慧物流生态中，供应商、生产商、物流企业、零售商和消费者通过统一的信息平台紧密相连，实现信息的实时共享和协同运作。各方能够根据市场需求的变化，快速做出响应，共同优化供应链流程，提高整体效益。

4.3.2　认识智慧物流

智慧物流是指通过智能软硬件、物联网、大数据等智慧化技术手段，实现物流各环节精细化、动态化、可视化管理，提高物流系统智能化分析决策和自动化操作执行能力，提升物流运作效率的现代化物流模式。

1. 智慧物流的特点

智慧物流的核心特点是通过物联网、大数据、人工智能等技术实现物流全流程的智能化、自动化与高效协同。以下为具体特点的归纳。

（1）互联互通与数据驱动

所有物流要素（如设备、货物、车辆等）通过物联网技术实现数字化连接，业务流程全面数据化，形成实时可追溯的透明化系统。数据不仅用于监控，还驱动决策优化与自动化执行。

（2）深度协同与全局优化

突破企业、组织间的界限，基于智能算法实现跨集团、跨供应链的深度协作，调度资源时以全局效率最优为目标，提升整体物流网络效率。

（3）自主决策与学习进化

系统通过人工智能和大数据分析，具备自主决策能力（如路径规划、库存调配），并在执行中持续学习优化，逐步提升响应速度和适应性。

（4）自动化与智能化操作

应用自动化设备（如 AGV 机器人、智能分拣系统）和智能软件，实现仓储、分拣、运输等环节的无人化操作，显著提升效率与准确性。

（5）可视化与可追溯管理

利用传感技术、GPS、RFID 等，实时监控物流各环节状态，实现全流程可视化与可追溯，确保货物安全并增强客户信任。

2. 智慧物流对社会的影响

（1）降低物流成本，提高企业利润

智慧物流能大大降低制造业、物流业等各行业的成本，实打实地提高企业的利润。其关键技术诸如物体标识及标识追踪、无线定位等新型信息技术应用，能够有效实现物流的智能调度管理、整合物流核心业务流程，加强物流管理的合理化，降低物流消耗，从而降低物流成本，减少流通费用、增加利润。企业还可以共享基础设施、配套服务和信息，降低运营成本和费用支出，获得规模效益。

（2）加速物流产业的发展，成为物流业的信息技术支撑

智慧物流的建设，将加速当地物流产业的发展，集仓储、运输、配送、信息服务等多功能于一体，打破行业限制，协调部门利益，实现集约化高效经营，优化社会物流资源配置。同时，将物流企业整合在一起，将过去分散于多处的物流资源进行集中处理，发挥整体优势和规模优势，实现传统物流企业的现代化、专业化和互补性。

（3）为企业生产、采购和销售系统的智能融合打基础

随着 RFID 技术与传感器网络的普及，物与物的互联互通，将给企业的物流系统、生产系统、采购系统与销售系统的智能融合打下基础，而网络的融合必将产生智慧生产与智慧供应链的融合，企业物流完全智慧地融入企业经营之中，打破工序、流程界限，打造智慧企业。

（4）使消费者节约成本，轻松、放心购物

智慧物流通过提供货物源头自助查询和跟踪等多种服务，尤其是对食品类货物的源头查询，能够让消费者买得放心，吃得放心，再增加消费者的购买信心同时促进消费，

最终对整体市场产生良性影响。

（5）提高政府部门工作效率

智慧物流可全方位、全程监管食品的生产、运输、销售，大大节省了相关政府部门的工作压力的同时，使监管更彻底更透明。通过计算机和网络的应用，政府部门的工作效率将大大提高。

（6）促进地方经济进一步发展，提升综合竞争力

智慧物流集多种服务功能于一体，体现了现代经济运行的需求，即强调信息流与物质流快速、高效、通畅地运转，从而降低社会成本，提高生产效率，提升综合竞争力。

4.3.3　人工智能在智慧物流中的应用

1. 基于人工智能、物联网、大数据的智慧物流体系

在数据时代大背景下，物流行业以互联网为依托，运用大数据、人工智能等先进技术，对线上线下的数据进行深度整合，并利用一套完善的系统来进行库存管理、需求预测等。这样的匹配平台将传统运输环节与现代技术融合，对物流行业原有运行形态和市场环境进行了创新改变。下一代物流体系的一个主要特性将会是 AI+ 物流。基于新一代信息技术的智慧物流体系如图 4-19 所示。

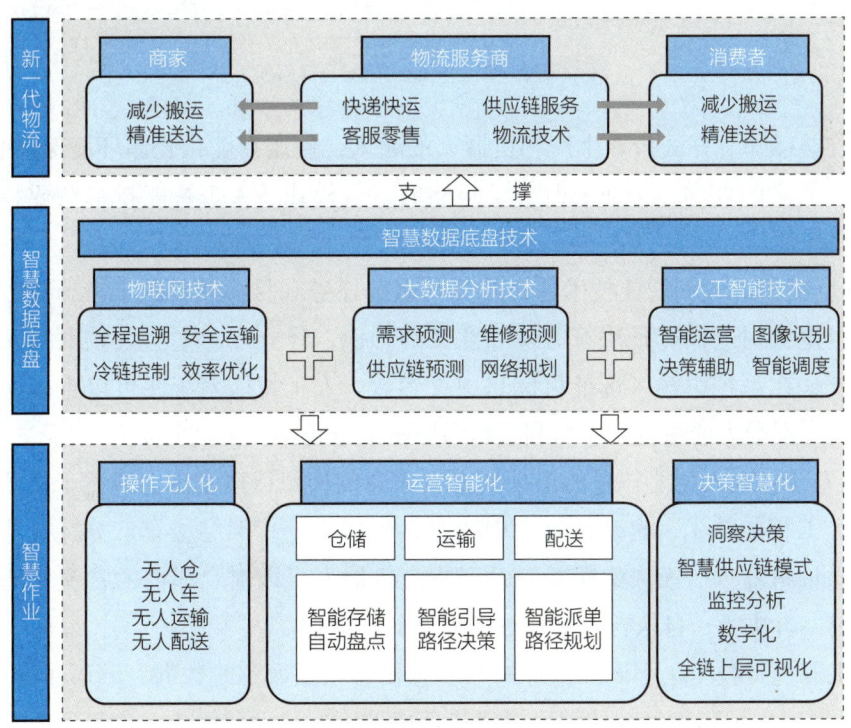

图 4-19　基于新一代信息技术的智慧物流体系

在物流产业链中，人工智能将参与仓储、运输和配送三个基本环节。此外，人工智能技术也能作为指导物流科技底层技术存在，从而实现技术落地的综合管理平台。人工智能将会是新一代物流行业重要的支撑技术，实现整个物流行业的信息化、标准化、智能化。

（1）基于人工智能技术的智慧仓储

新一代物流行业中，物流仓储环节应具有网络协调化、管理系统化、操作信息化、决策智能化、全面自动化等特点。人工智能背景下新一代智能仓库管理系统应实现仓库信息的自动化与精细化管理，指导和规范作业流程，提升仓库货位利用率从而完善仓库管理并提高仓库整体运行质量的特点，这些特点的实现需要人工智能技术的推进。基于人工智能的智慧仓储系统分为识别、搬运、存储、分拣和管理系统，如图 4-20 所示。

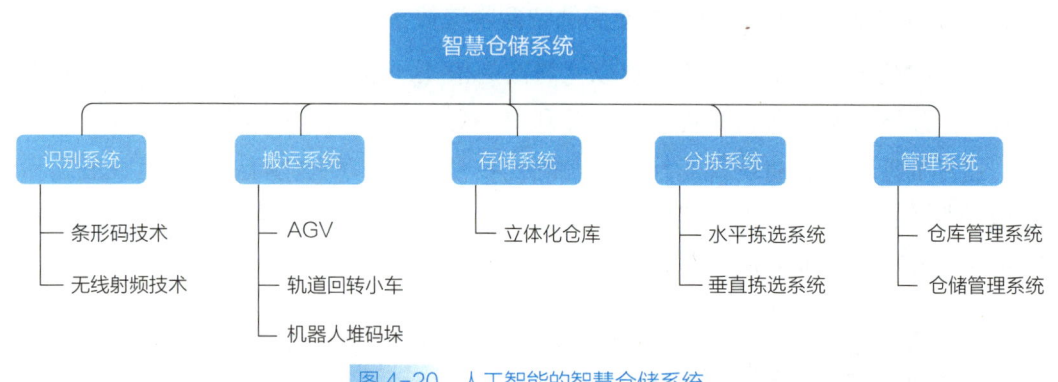

图 4-20　人工智能的智慧仓储系统

通过数据感知、算法指导生产和机器人的融入，使用智能化仓储环境保障仓储安全，提高出库和入库的效率，全面地改善了仓储的运行模式。人工智能技术在智慧仓储环节的具体应用包括：

1）选址决策。人工智能技术通过收集与选址任务和目标相关的丰富历史数据，通过大数据技术挖掘对仓储选址决策有指导意义的知识，建立一个基于大数据的人工智能选址决策系统，在系统中输入选址目标与相关参数，人工智能系统便可以直接得到最接近最优目标，且不受人的主观判断与利益纠纷影响的选址结果。

2）无人仓。人工智能技术的出现使得无人仓的构想得以实现。得益于机器视觉、进化计算等人工智能技术，自动化仓库中的搬运机器人、货架穿梭车、分拣机器人、堆垛机器人、六轴机器人、无人叉车等一系列物流机器人可以对仓库内的物流作业实现自感知、自学习、自决策、自执行，实现更高程度的自动化。

通过机器视觉技术，不同的摄像头和传感器可以抓取实时数据，继而通过品牌标识、标签和 3D 形态来识别物品，从而可以使拣选机器人对移动传送带上的可回收物品进行分类和挑拣，以替代传统人工仓库中的传送机器、扫描设备、人工处理设备和工作人员一道道的分拣作业，大大提高仓库的运行效率。京东的"亚洲一号"仓库就是其中的代表，如图 4-21 所示。"亚洲一号"智能仓库中大量使用着京东自主研发的 AGV "地狼"搬运机器人，它承重可达 500 公斤，具有自主导航、感知环境、识别容器、一键归巢等功能，实现了高效率的货到人拣选，不仅大大提高了拣选作业的准确率和效率，还大大降低了员工的劳动强度和成本。而与它类似的"小黄人""小橙人"等搬运机器人已大量地在菜鸟、申通、邮政等企业的仓库、分拣中心被使用，这些机器人的使用使分拣环节减少了 70% 的人力劳动。在"亚洲一号"智能仓库里还有六轴协作机械臂，它利用了 3D 视觉识别技术实现了对货物的自动拣选，解决了人工拣选效率低、强度大、错误多、损耗大等问题。截至目前，京东的"亚洲一号"仓库已有 43 座，除了以上智能化设备，"天狼"机器人、智能叉车、自动分拨墙、自动打包等设备也被大量使用，而仓库的"智能大脑"——智能仓储系统，可以实现每秒数十亿次运算，让这些智能设备协同运作，比起普通的仓储系统，工作效率提升了三倍不止。

图 4-21　"地狼"搬运机器人

3）库存管理。人工智能技术基于海量历史消费数据，通过深度学习、宽度学习等算法建立库存需求量预测模型，对以往的数据进行解释并预测未来的数据，形成一个智能仓储需求预测系统，以实现系统基于事实数据自主生成最优的订货方案，实现对库存水平的动态调整。同时，随着订单数据的不断增多，预测结果的灵敏性与准确性能够得到进一步提高，使企业在保持较高物流服务水平的同时，还能持续降低企业的成本库存。库存需求量预测模型如图 4-22 所示。

（2）基于人工智能技术的智慧运输

高效的运输系统离不开人工智能技术的支持，主要为无人驾驶和智能化管理。

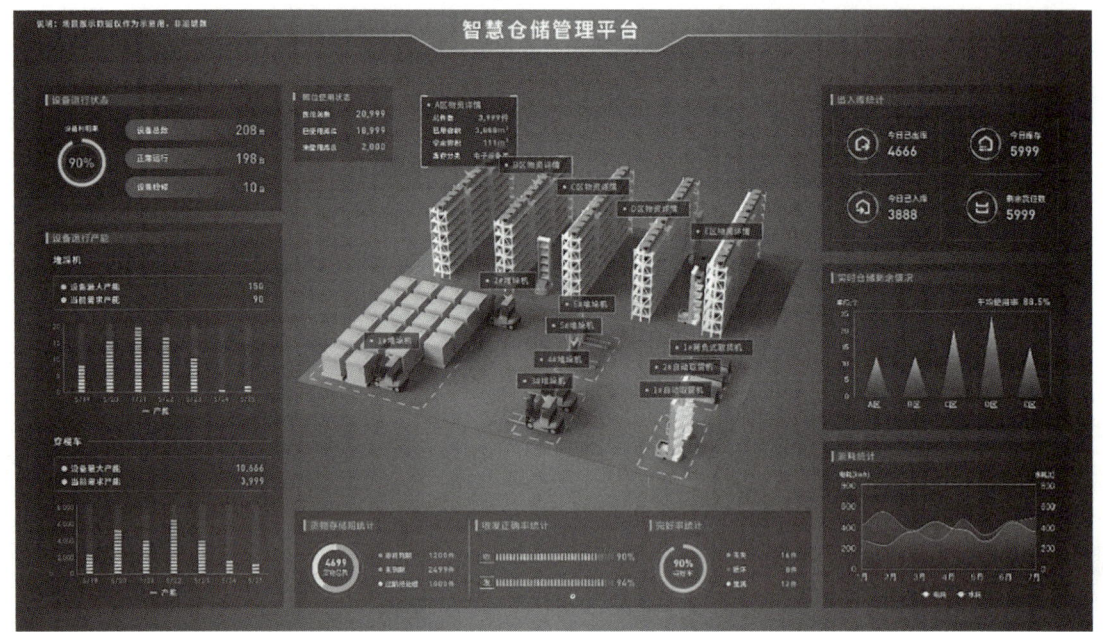

图 4-22　库存需求量预测模型

1）物流运输的全自动化控制依赖于无人驾驶技术，包括物流无人货车、物流车队编队行驶等。无人驾驶货车和配送机器人通过深度学习、计算机视觉和传感器技术，实现了自动化运输。AI 系统能实时感知道路环境、交通状况和障碍物，并做出智能决策，从而确保运输过程的安全与高效。此外，无人驾驶技术在长途运输中的应用，还能有效降低运输成本，并缓解司机短缺问题，推动物流行业的智能化转型。无人驾驶货车如图 4-23 所示。

图 4-23　无人驾驶货车

2）无人驾驶技术所有的数据计算都是通过网络远程操控物流车辆的驾驶行为，利用人工智能算法对临时环境进行分析，完成运输路径的规划和决策，实现智能调度。AI 能够综合考虑交通状况、路况实时信息（如拥堵情况、道路施工等）、天气因素以及不同时段的车流量等众多变量，通过复杂的算法快速精准地规划出最优运输线路。这样可以有效减少运输时间，降低燃油消耗，提高运输效率。例如，在应对城市早晚高峰拥堵路段时，能为物流车辆指引车流量少、通行顺畅的替代路线。

（3）基于人工智能技术的智能配送

随着无人驾驶等技术的成熟，未来的运输将更加快捷和高效。通过实时跟踪交通信息，以及调整运输路径，配送的时间精度将逐步提高。

1）末端新技术主要是智能快递柜及无人配送车。未来的快递末端将是由各种"驿站"与无人车、机器人的结合，货物首先送到各个"驿站"，再由无人配送车来完成"最后一百米"的任务。无人配送车会根据调度平台发出的命令，对路径进行自主规划，寻找最短线路并规避拥堵路段，并在行进途中避让车辆、过减速带、绕开障碍物，到达配送机器人停靠点后，向用户发送短信提醒通知收货，用户可直接通过验证或人脸识别开箱取货，实现无人配送。无人配送车如图 4-24 所示。

2）无人机配送。利用无线电遥控设备和自备的程序控制装置，操纵无人驾驶的低空飞行器运载包裹到达目的地。无人机快递可以解决偏远地区的配送问题，提高配送效率，同时减少人力成本。同时，无人机快递由于受限于恶劣天气、人为破坏等影响，目前尚未大范围使用。无人机配送如图 4-25 所示。

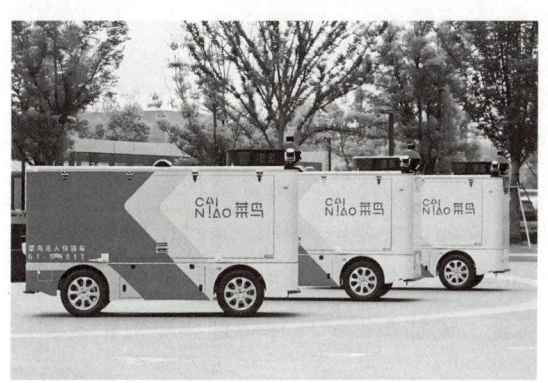

图 4-24　无人配送车

图 4-25　无人机配送

（4）基于人工智能的物流信息可视化

在新一代物流中，计算机视觉可代替人类视觉，从而大幅提高物流自动化。基于计算机视觉实现物流信息可视化的典型应用场景有：

1）仓储监控。通过视频识别技术实现对仓库实时智能管理，能自动化地识别仓库内堆积度与通道情况等，减少仓储不规范存储情况。

2）库存管理。使用图像识别技术分辨货架上的货物情况（品牌、标签、物品等），目标检测技术可以完成对物品的检测和标注，从而实现盘点全自动化，大大减少相关人力投入。

3）形状识别。基于视觉识别的形状识别技术可以快速判断物品形状，使得分拣机器人根据商品的形状能够进行快速、精准地分类，尤其是快递分拣。

4）行为识别。通过视频识别技术自动化监测仓库内员工不规范操作从而避免安全事故。

5）表单识别和电子录入。物流行业有许多表单、文档数据，通过计算机视觉结构化识别表单内容，能够快速便捷地完成纸质报表单据的电子化，大幅避免人工输入。

2. 人工智能推动智慧物流发展的前景

（1）技术进步与创新

随着深度学习技术不断成熟，AI 在智慧物流中的应用将进一步得到深化。深度学习能通过海量数据的训练提升模型的精准度和自适应能力，如基于深度学习的自动驾驶技术能够更准确地判断路况和交通情况，从而提高运输效率和安全性。与物联网（IoT）、区块链等技术的融合，将进一步推动智慧物流的创新和发展，如 IoT 通过传感器设备实时监控货物的状态、位置和运输环境，AI 则通过大数据分析这些信息，优化物流路径和运输安排；区块链则能确保物流信息的安全和透明性，提升供应链管理的信任度和效率，特别是在跨境物流和多方协作的场景中，区块链技术可以有效防止信息篡改和欺诈行为。

（2）市场应用前景

随着电子商务的爆发式增长，全球的物流需求急剧上升，推动了对高效、智能化物流解决方案的需求，人工智能、大数据、云计算等技术的进步，使智慧物流有望在提升物流效率、降低成本、提高客户体验等方面发挥越来越重要的作用。同时，跨境电商的快速发展对国际物流提出了更高的要求，智慧物流技术将成为推动国际物流创新的重要力量，通过 AI 和大数据分析，跨境电商平台实现了更加精准的库存管理、需求预测和运输调度，提高了物流效率并降低了运营成本。

（3）政策支持与行业协同

许多国家和地区已经出台了相关的政策，鼓励企业加大对智慧物流技术的研发投入，并提供资金支持、税收优惠、创新奖补等政策措施。例如我国的"互联网+"行动计划等，均为物流行业的发展提供了政策支持。同时，行业内企业间的合作与共赢将成为推动智慧物流发展的重要模式，如物流公司与技术公司通过战略合作，共同研发智能化物流解决方案；运输企业与零售商通过共享平台实现了资源整合，优化了物流网络，提升了整个供应链的效率和响应能力。

3. 人工智能技术在智慧物流中面临的挑战

（1）技术挑战

在物流领域，复杂多变的环境（如天气、交通状况、供应链波动等）要求 AI 系统具备高效的数据处理和决策能力，且能够应对异常情况。但目前，许多 AI 系统仍无法在实时、大规模数据的环境下实现完全精准的决策。AI 系统对硬件设备的依赖性较强，尤其在自动驾驶与机器人应用中，如何保证传感器、摄像头等设备的稳定性与高效性，仍是技术难题。

（2）经济与市场挑战

智能设备、自动化系统、数据采集与处理平台等硬件和软件设施等建设成本较高，可能使一些中小型物流企业望而却步。此外，AI 技术的持续更新和维护也需要巨大的资金支持，对于资金有限的公司而言，应用 AI 技术的经济压力较大。长远来看，尽管 AI 技术具有显著的效率提升潜力，但短期内可能面临回报周期长的问题。

（3）法规与伦理挑战

AI 系统在数据采集、处理和应用过程中可能涉及个人隐私和企业商业机密泄露问题，而现有的数据保护法律可能无法完全适应快速发展的 AI 技术，需要政府和行业制定更为细致的法规。同时，AI 系统的决策往往缺乏透明度，尤其是在自动驾驶和自动化决策领域，决策过程"黑箱化"可能引发安全和责任认定问题。

4. 典型案例：京东"亚洲一号"仓库

自 2017 年京东物流创立以来，其凭借卓越的物流运营体系逐渐赢得了市场的广泛认可。而"亚洲一号"，作为京东物流的标志性项目，不仅代表了京东在物流自动化、智能化领域的最高成就，更是中国智能供应链和智能物流建设的重要里程碑。

走进京东"亚洲一号"，你会被这里的高效与智能所震撼，如图 4-26 所示。在这里，每一分钟都充满了科技的力量。

图 4-26　京东"亚洲一号"

1分钟，分拣机器人累计可奔跑196200米，它们如同不知疲倦的运动员，在仓库中穿梭自如，将商品准确无误地送到指定的位置。

1分钟，智能设备能为商品拍照320000次，这些照片不仅记录了商品的外观，更通过AI算法对商品进行识别和分类，为后续的分拣和配送提供了有力的支持。

1分钟，智能大脑可为机器人计算千亿条路线，这些路线如同错综复杂的神经网络，将仓库中的每一个角落都紧密相连，确保每一个商品都能在最短的时间内被送到消费者手中。

1分钟，智能拣货系统能帮员工少走67公里"弯路"，通过智能算法的优化，拣货员的工作变得更加轻松高效，大大减少了体力消耗和时间浪费。

到2024年，京东在全国已经建成了43座"亚洲一号"物流园区，而且一座比一座更自动化、先进，比如上海嘉定的无人仓。从现场看，整个无人仓分为三个主要区域：入库＋分拣＋打包区域，仓储区域和出库区域。

进入无人仓的大门，首先是测量商品体积重量的白色机器人，如图4-27所示。商品的分类和打包的完全由传送带和机械手完成，他们会根据商品本身的条码、订单信息条码来判断如何对商品进行排列组合和运输。所有商品的包装，都是机器根据实际大小当场裁剪切割泡沫包装袋或纸板包装箱，有利于科学合理利用包装材料。

在无人分拣区域，共有300个负责分拣的"小红人"——地狼机器人，运行速度为每秒3米。同时，"小红人"所有的路线都由计算机控制，"小红人"会互相避让；会自动挪到墙上的充电桩上充电，充电10分钟，可以工作4小时。"小红人"——地狼机器人如图4-28所示。

图4-27　测量商品体积重量的白色机器人

图4-28　"小红人"——地狼机器人

在出库区域，300多个最小型"小红人"AGV负责将每个小包裹按照订单地址投入不同的转运包裹中，中型AGV完成第二轮分配和打包，大型AGV则直接把最后要送往京东终端配送站点的大包裹送上传送带。而传送带可以直接从库房内延伸至库房外的运输车上。

无人仓中操控全局的智能控制系统，是京东自主研发的"智慧"大脑，仓库管理、控制、分拣和配送信息系统等均由京东开发并拥有自主知识产权，整个系统均由京东总集成。无人仓的智能大脑在 0.2 秒内，可以计算出 300 多个机器人运行的 680 亿条可行路径，并做出最佳选择。

在机器人使用方面，在 40000 平方米的仓库内，机器人总量达上千个，包括传统的 AGV 叉车、六轴机器人、自动供包机器人等十几种不同工种的机器人。京东称，这样的无人仓效率是传统仓库的 10 倍。

综上而言，"亚洲一号"无人仓专注于为各种中小件商品提供全自动化物流配送。其智能自动化仓储设备数量众多，可达几百甚至上千台，涵盖货架穿梭车、装卸机器人及分拣机器人等，共同组成强大的"机器天团"。从原料入库到出货，整个流程均实现了自动化和无人化。大规模采用自动化设备和无人仓技术不仅极大地减轻了员工的劳动强度，还显著提升了分拣和补货的准确性及效率，为京东的物流系统带来了显著的优化。通过这些创新举措，京东不仅显著降低了仓储成本，还优化了跨区物流作业，提高了货物分拣和运输效率，同时为消费者带来了更为极速的购物体验。

4.4　智慧医疗：健康的智慧守护

———— 情境导入 ————

在科技飞速发展的今天，人工智能（AI）正以前所未有的速度渗透到各个领域，医疗行业也不例外。AI 医生的出现，宛如一颗投入平静湖面的石子，激起了层层涟漪，为传统医疗模式带来了全新的变革与挑战。

从最初简单的医疗数据处理，到如今能够辅助医生进行复杂的疾病诊断，AI 医生的进化历程令人惊叹。近年来，多家医院陆续宣布将 AI 医疗落地到实际诊疗场景中，全国首个"AI 儿科医生"在国家儿童医学中心北京儿童医院正式上线应用，在疑难病例多学科会诊中，它与专家协同工作，快速完成病例筛查并给出极具参考价值的诊断建议，其表现令人眼前一亮。这一系列的举措，标志着 AI 医生不再仅仅是停留在实验室里的概念，而是真正走进了人们的医疗生活。那么，这位新兴的"医生"未来究竟会在哪些场景大显身手呢？让我们一起来走近智慧医疗。

4.4.1　认识智慧医疗

医疗承载了保障人类社会行进发展的重任。自人类诞生于世，知识的总结、保存和传承是人类社会不断前进的车轮，而这一切有赖于人类寿命的延续。社会中的年长者将积累的对外部世界的认识，灌输给下一代，并推动他们领会、升华和再造知识，逐步形成了人类社会价值生产、传递和创新的进步机制。近几十年，信息化浪潮推动医疗领域经历了数字医疗、互联网医疗两个阶段，目前正向智慧医疗阶段迈进。数字医疗是医院内部将依赖于纸、胶片等介质的业务和信息管理电子化的过程；互联网医疗是医院通过把部分业务流程以互联网为媒介对外开放，形成医疗资源供给和病患需求的即时对接。

智慧医疗是以人工智能技术为工具，将医疗资源进行整合和优化，提高医疗服务的质量和效率，形成一套新型医疗服务模式。人工智能对医疗领域的影响是开创性的、变革性的、颠覆性的。智慧医疗利用人工智能技术将数字化人体和数字化医疗等高度智慧化，部分代替了以往由人力完成的医疗工作，构建了从底层基因、中层病症数据，到上层诊断和手术的上下一体的，人与机器互联、协作、共进的新医疗体系。智慧医疗相对于传统医疗的优势如下：

1）提高医疗服务的质量。通过智能化的医疗设备和系统，避免了人为因素的干扰，医生可以更准确地进行诊断和治疗。智慧医疗还可以实现医疗数据的共享和交流，医生可以及时获取患者的病历和检查结果，提高了医疗决策的准确性和及时性。此外，智慧医疗还可以通过远程医疗技术，实现远程会诊和远程手术，为患者提供更便捷的医疗服务。

2）助力疾病预测与预防。AI 医疗系统通过对患者的历史数据、生活习惯、基因信息等多维度数据的综合分析，能够预测疾病的发生风险。例如，利用机器学习算法对心血管疾病的相关因素进行分析，可以提前预测个体患心血管疾病的可能性，医生可以据此制定个性化的预防方案，降低疾病的发生率。这种预防性的医疗模式有助于实现从"治已病"到"治未病"的转变，提高整体的医疗健康水平。

3）提高患者的医疗体验。通过智能化的医疗设备和系统，患者可以享受到更加舒适和便捷的医疗服务。智慧医疗还可以通过智能导诊系统和智能化的医疗环境，提供更加人性化的医疗服务，减少患者的焦虑和不适感。此外，智慧医疗还可以通过智能化的健康管理系统，提供个性化的健康指导和监护，帮助患者更好地管理自己的健康。

4.4.2 人工智能在医疗中的应用场景

从医疗服务使用方到提供方，从监管方到药物研发、器械研发，再到医疗数据管理与服务，人工智能的身影无处不在。

1. 患者应用场景

（1）智能导诊

以往患者去医院就诊，常常在众多科室间迷茫徘徊，不知道该挂哪个科室的号。现在，AI 导诊系统正成为患者的贴心助手。通过 AI 导诊平台，患者只需输入自己的症状，系统便能依据大量的医学知识和临床经验，快速给出可能的疾病方向，并推荐合适的科室，大大节省了患者的时间和精力。例如，华中科技大学同济医学院附属同济医院建立智慧医疗系统。患者通过医院微信公众号进入"智能导诊"模块后，系统模拟医生诊疗思维进行多轮对话，根据病人描述快速解析病情特征，精准推荐就诊科室，并同步推送挂号链接，实现"症状分析—科室匹配—快速挂号"一站式服务，有效减少误挂、错挂现象。"智能导诊"的流程如图 4-29 所示。

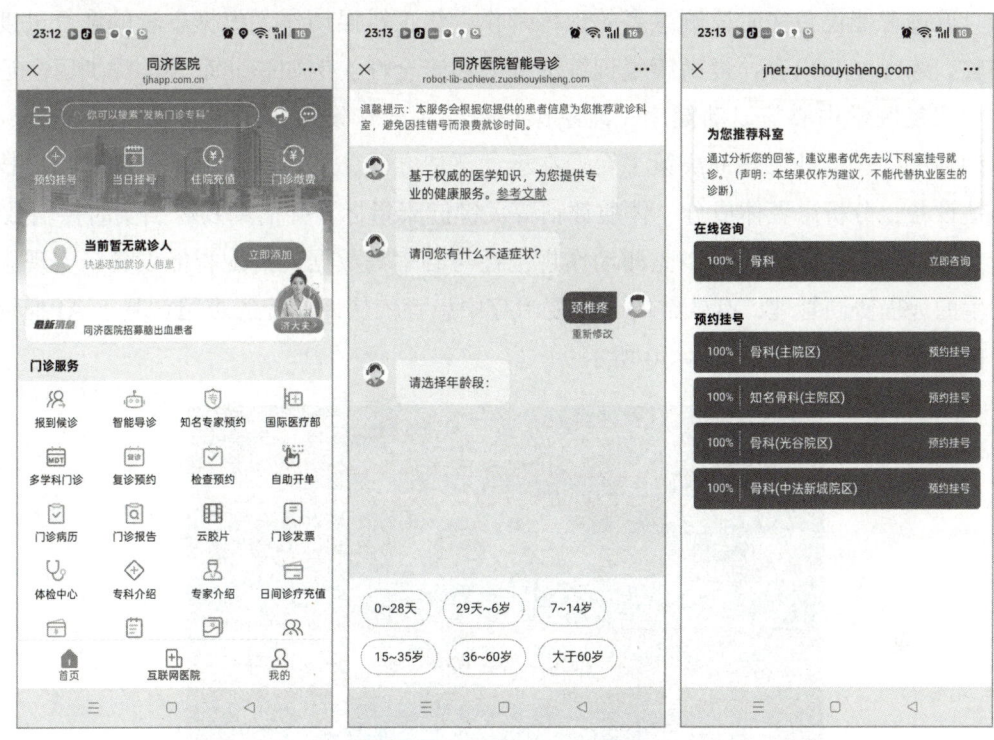

图 4-29　"智能导诊"流程

（2）远程问诊

AI 助力的远程医疗服务让患者受益颇多。偏远地区的患者，无须长途跋涉前往大城市的大医院，通过远程医疗设备，就能与顶级专家进行"面对面"交流。AI 技术负责对患者的生命体征数据进行实时监测和分析，并传输给专家，专家依据这些数据做出诊断和治疗建议，打破了地域限制，让优质医疗资源得以更广泛地覆盖。

（3）慢性病个性化管理

针对慢性疾病患者，AI 通过对患者的生活习惯、病史、日常监测数据等多源信息的深度分析，为患者制定个性化的慢性病管理方案。系统能够实时跟踪患者的病情变化，及时调整管理策略，比如提醒患者按时服药、合理饮食和适度运动，有效帮助患者控制病情进展。

（4）用药管理

AI 可以根据患者的病情、身体状况以及正在服用的其他药物，对用药进行精准管理。它不仅能提醒患者按时服药，还能分析药物之间可能存在的相互作用，避免不良反应的发生，同时依据治疗效果和身体指标变化，为医生提供调整用药的建议。

（5）康复训练指导

在患者康复阶段，AI 利用动作捕捉技术和数据分析，为患者制定个性化的康复训练计划。通过智能设备实时监测患者的训练动作，纠正错误动作，根据患者的恢复进度动态调整训练强度和内容，提高康复训练的效果和安全性。例如，北京大学深圳医院运动医学与康复医学中心与以动健康（北京康糖医疗）合作发布了国内首款基于 DeepSeek 大模型训练的运动处方辅助决策平台。在运动评估方面，平台能结合基于动作捕捉技术的评估设备，分析患者体成分、体质评估等关键健康指标，并借助物联网实时传输数据；患者在家锻炼时，系统能同步监测动作规范性与心率等数据，搭配智能设备，实现患者与医生的远程协同管理，有效解决了康复治疗中患者依从性不佳的难题。基于 AI 捕捉技术动作的评估设备界面如图 4-30 所示。

图 4-30　基于 AI 捕捉技术动作的评估设备界面

2. 健康及亚健康人群应用场景

（1）智能实时健康监测

借助智能可穿戴设备，如智能手环、智能手表等，AI 能够实时监测健康及亚健康人群的心率、血压、睡眠质量、运动步数等生理数据。一旦发现数据异常波动，便及时向用户发出预警，提醒用户关注自身健康状况。例如，华为智能穿戴设备（如 HUAWEI WATCH 4 系列 /HUAWEI WATCH GT 4 等）可收集到用户的众多生理参数（血氧、呼吸率、体温、HRV 等）并进行数据分析，结合对异常咳嗽音的识别与判断，建立呼吸健康筛查模型，高准度地进行肺部感染筛查和肺功能评估。智能手表实时监测健康如图 4-31 所示。

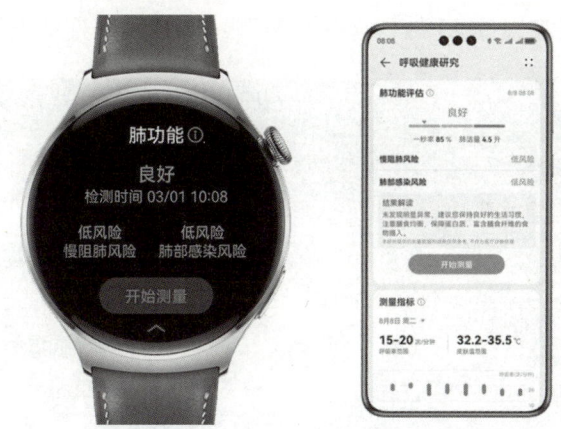

图 4-31　智能手表实时监测健康

（2）健康咨询

健康及亚健康人群可以通过 AI 健康咨询平台，随时咨询关于饮食、运动、作息等方面的健康问题。AI 依据大量的健康知识和案例，为用户提供科学合理的建议，帮助用户改善生活方式，提升健康水平。

（3）疾病预防与健康管理

AI 通过分析个人的基因数据、生活习惯、家族病史等信息，评估用户患各种疾病的风险，并制定个性化的疾病预防方案。比如针对高风险人群，提供定期体检建议、健康生活方式干预等，提前预防疾病的发生。

在诊断过程中，AI 辅助诊断技术显著提升了诊断的准确性。以影像诊断为例，传统的医学影像解读依赖医生的经验和肉眼观察，容易出现漏诊、误诊的情况。而 AI 可以快速分析 X 光、CT、MRI 等影像数据，识别出极其细微的病变特征，帮助医生更精准地发现疾病。例如，在肺癌的早期筛查中，AI 能够检测出那些难以被人眼察觉的微小肺部结节，为患者争取宝贵的治疗时间。

个性化医疗更是 AI 在医疗服务使用方面的一大亮点。通过对患者的基因数据、生活习惯、病史等多源信息的深度分析，AI 可以为每个患者量身定制个性化的治疗方案。比如，在癌症治疗中，AI 能够根据患者的肿瘤基因特征，预测哪种药物或治疗手段对其最为有效，提高治疗效果的同时，减少不必要的医疗副作用。

3. 医生应用场景

（1）影像分析

在日常诊疗中，医生常常需要面对海量的影像数据。AI 技术能对 CT、MRI、B 超等影像进行快速且精准地分析。例如在分析肺部 CT 影像时，AI 可以快速识别出肺部纹理的细微变化，准确标注出可能存在病变的位置，帮助医生更高效地发现潜在疾病，像早期肺癌的微小病灶就很难逃过 AI 的"火眼金睛"。AI 帮助早期肺癌筛查如图 4-32 所示。

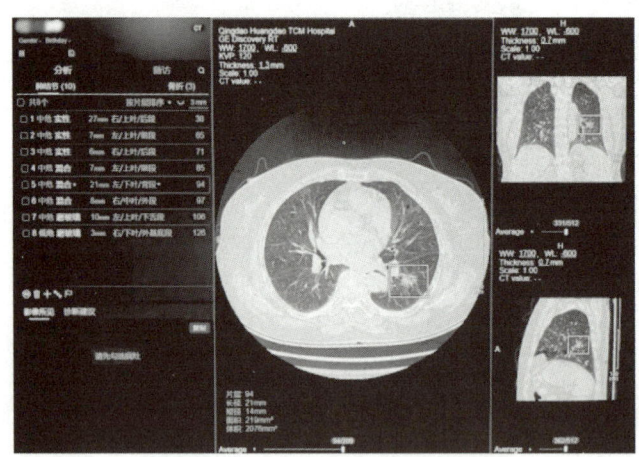

图 4-32　AI 帮助早期肺癌筛查

（2）辅助诊断

AI 辅助诊断系统可以整合患者的症状、病史、检查结果等多维度信息，依据大量医学知识和临床案例，为医生提供诊断建议。在面对复杂病例时，医生可以参考 AI 的诊断思路，避免因思维局限而出现误诊、漏诊，让诊断过程更加全面、准确。

（3）精准医疗决策支持

通过对患者基因数据、疾病特征、过往治疗反应等数据的深度分析，AI 能够为医生提供个性化的精准医疗决策支持。比如针对癌症患者，AI 可以结合患者的肿瘤基因图谱，分析出哪种治疗方案或药物对其最为有效，帮助医生制定最适合患者的治疗策略。

（4）心电图智能分析

医生在解读心电图时，AI 心电图智能分析系统能够快速识别心电图中的异常波形，准确判断出心律失常、心肌缺血等心脏疾病，还能对疾病的严重程度进行初步评估，为医生提供重要的诊断线索，提高心脏疾病的诊断效率。

（5）智能病历

电子病历系统在 AI 的加持下，功能愈发强大。在医生诊疗过程中，系统能实时记录患者信息，自动生成病历摘要，还能依据医学规范和临床经验进行智能编码。医生只需专注于与患者沟通病情和诊断治疗，病历书写的烦琐工作由 AI 智能完成，不仅减轻了医生的工作负担，还能生成规范、准确的病历。

4. 护士应用场景

（1）患者随访管理

护士借助 AI 技术，可以对患者进行更高效的随访管理。AI 系统能够根据患者的病情和治疗阶段，自动制定随访计划，自动随访患者或提醒护士按时对患者进行随访。在随访过程中，AI 还能辅助护士分析患者反馈的康复情况，为患者提供个性化的康复建议，提高患者的康复效果。

（2）患者病情监测

在病房中，护士通过 AI 赋能的监测设备，能够实时监测患者的生命体征数据，如体温、心率、血压等。一旦数据出现异常，AI 系统会立即发出预警，护士可以及时采取相应措施，保障患者的生命安全。AI 还能对患者的病情变化趋势进行分析，帮助护士提前做好护理准备。

（3）患者咨询

面对患者的各种咨询，护士可以利用 AI 智能助手快速获取准确的答案。AI 系统整合了丰富的医学知识和常见问题解答，能够为护士提供专业的参考，使护士能够更及时、准确地回答患者的疑问，提升患者的就医体验。

5. 安全用药场景

（1）智能处方审核

药房工作人员在审核医生开具的处方时，AI 智能处方审核系统能够对处方中的药物进行全面审核。它可以检查药物的剂量是否合理、药物之间是否存在相互作用、是否存在重复用药等问题，有效避免因处方错误导致的用药安全风险，保障患者的用药安全。

（2）用药咨询

当患者或医护人员就用药问题向药房咨询时，AI 可以提供详细的用药指导，包括药物的用法用量、注意事项、不良反应等信息，帮助患者正确用药，同时也为药房工作人员减轻了咨询压力。

6. 药物研发

传统药物研发从靶点发现到新药上市，平均需要 10~15 年时间，耗费数十亿美元。AI 的介入为药物研发带来了新的曙光，极大地加速了研发进程，降低了研发成本。

（1）药物靶点发现

在药物靶点发现阶段，AI 可以通过分析大量的生物数据，包括基因数据、蛋白质结构数据等，挖掘潜在的药物作用靶点。AI 算法能够快速识别出与疾病相关的生物分子，并预测它们作为药物靶点的可能性，大大缩短了靶点筛选的时间。例如，利用深度学习技术对海量的蛋白质三维结构数据进行分析，能够发现那些以往难以察觉的潜在药物结合位点，为新药研发开辟新的方向。

（2）药物活性预测

AI 能够基于其强大的数据分析能力，对药物活性展开预测。通过对已知药物分子的结构、理化性质以及它们与靶点相互作用的海量数据进行学习，AI 模型可以建立起结构－活性关系模型。当面对新的药物分子时，模型能够快速预测其可能的活性强度，帮助研发人员在早期阶段判断药物分子的潜力，节省后续不必要的实验成本和时间。

（3）化合物筛选与设计

在药物设计环节，AI 能够根据靶点的结构特征，设计出具有特定活性的药物分子。通过虚拟筛选技术，AI 可以在短时间内对数十亿个化合物进行模拟筛选，找出最有可能与靶点结合并产生预期药效的化合物，降低了传统实验筛选的盲目性并减少了工作量。此外，AI 还可以对药物分子的结构进行优化，提高药物的成药性，如改善药物的溶解性、稳定性和生物利用度等。研发人员借助 AI，能够从庞大的化合物库中精准定位到具有潜力的分子，然后对这些分子进行针对性设计，使其更符合药物开发的要求。

（4）临床试验设计

在临床试验阶段，AI 可以帮助优化试验设计，选择合适的患者群体，提高试验的成功率。通过对患者数据的分析，AI 能够预测患者对药物的反应，筛选出最有可能从试验药物中获益的患者，避免在无效患者身上浪费资源。同时，AI 还可以实时监测临床试验中的数据，及时发现试验过程中的问题和风险，保障临床试验的顺利进行。AI 可以综合考虑患者的年龄、性别、病史、基因特征等多维度信息，为临床试验挑选最具代表性的患者样本，确保试验结果的准确性和可靠性。

（5）药物代谢研究

AI 在药物代谢研究中也发挥着重要作用。它可以模拟药物在体内的代谢过程，预测药物代谢产物的结构和性质。通过分析药物分子的化学结构以及相关的代谢酶信息，AI 能够推断出药物可能的代谢途径。这有助于研发人员提前了解药物在体内的代谢情况，评估药物的安全性和有效性，进而优化药物的设计，降低因代谢问题导致的药物研发失败风险。

（6）不良反应监测

借助 AI 技术，可以对药物的不良反应进行更高效地监测。AI 能够收集和分析来自电子病历、临床试验报告、患者反馈等多渠道的数据，通过自然语言处理和机器学习算法，及时发现药物的不良反应信号。例如，当大量患者的病历中出现相似的异常症状描述时，AI 系统可以快速识别并发出预警，帮助监管部门和药企及时采取措施，保障患者的用药安全。

7. 器械研发：创新驱动与智能化升级

在医疗器械研发领域，AI 正推动着产品的创新和智能化升级。

（1）手术机器人

以手术机器人为例，AI 技术赋予了手术机器人更高的精准度和智能决策能力。在手术过程中，机器人可以根据术前获取的患者医学影像数据，构建三维模型，辅助医生进行手术规划。在手术操作时，机器人能够实时感知手术器械与组织的接触力，通过 AI 算法自动调整操作力度和位置，确保手术的精准性和安全性，减少手术创伤和并发症的发生。例如在神经外科手术中，手术机器人能借助 AI 更精准地定位病变位置，避免损伤周围重要神经组织，为患者提供更安全可靠的手术方案。例如，我国投入使用的某手术机器人覆盖了全髋关节置换、全膝关节表面置换、膝关节单髁置换三种关节外科常用术式，可以将手术精度控制在毫米级。机器人辅助关节置换手术基于患者术前 CT 扫描数据重建三维模型，可将人工关节假体的三维定位、角度、大小、骨质覆盖等重要信息立体呈现，帮助医生更直观地进行术前规划、术中精确执行，大幅提升了髋 / 膝关节置换手术精准度、降低手术风险及围术期并发症的发生率、延长假体使用寿命。手术机器人如图 4–33 所示。

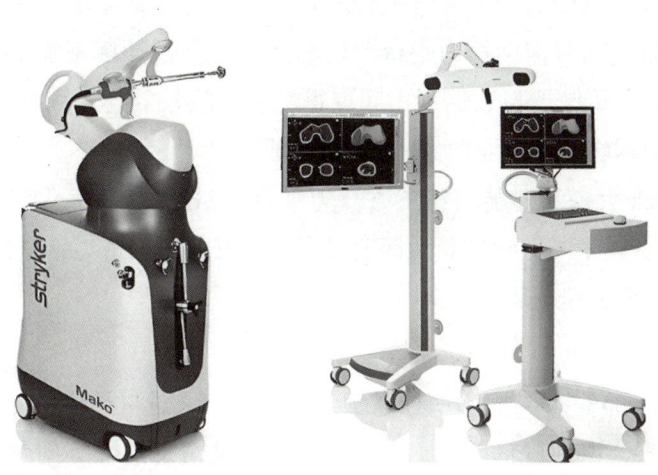

图 4-33　手术机器人

（2）康复机器人

康复机器人也是 AI 技术的重要应用场景。通过 AI 赋能，康复机器人能够精准分析患者的康复需求，制定个性化的康复训练计划。机器人可以实时监测患者在训练过程中的动作完成情况、肌肉力量变化等数据，并依据 AI 算法动态调整训练强度和方式。比如针对中风患者，康复机器人可以模拟各种日常生活动作，引导患者进行康复训练，同时利用 AI 不断优化训练策略，助力患者更好地恢复肢体功能。

（3）仿真测试

AI 在医疗器械的仿真测试环节同样发挥着关键作用。在研发新型医疗器械时，借助

AI 技术可以构建高度逼真的虚拟仿真环境，模拟医疗器械在各种实际使用场景下的性能表现。例如在研发新型心脏起搏器时，通过 AI 仿真测试能够模拟不同心脏状况下起搏器的工作状态，提前发现潜在问题，优化产品设计，大大缩短研发周期，降低研发成本，同时也提高了医疗器械上市后的安全性和可靠性。

8. 典型案例：DeepSeek多场景诊疗业务深度融合

人工智能技术正加速渗透医疗领域，成为推动精准诊疗与高效管理的核心引擎。作为全国三级公立医院"排头兵"，中国科学技术大学附属第一医院（又称安徽省立医院，以下简称"中国科大附一院"）于 2025 年 2 月 21 日率先完成 AI 大模型 DeepSeek 的本地化部署并与院内业务系统深度融合，以"AI+ 医疗"技术创新破解医疗数据应用难题，为智慧医院建设注入新动能，成为安徽省首家实现 AI 算力平台与模型深度集成的医疗机构。医院建设的 AI 算力平台已具备模型推理、微调、训练、动态加密、多模型服务统一管理、多类型显卡兼容的能力。通过诊疗业务系统开发，将 DeepSeek 能力深度融入多场景诊疗全过程，可实时关联电子病历、影像报告及检验结果等，辅助医生快速定位诊疗关键路径，提升诊疗质量。同时借助算力平台严格的数据安全设计模型加密技术，确保患者信息"不出院"，在隐私保护与数据利用间取得平衡。院长刘连新强调："此举不仅为了提升诊疗效率，更为构建医疗专业型 AI 生态奠定基础。"

依托 DeepSeek 大模型赋能与第三方算力平台的 GPU 资源优化支撑，中国科大附一院实现了高效的 AI 技术与医疗场景的深度融合，从五大场景落地，全链条赋能医疗提效，覆盖诊断、管理、服务全流程。

（1）智能病历质控

本地化部署 DeepSeek 与病历质控系统充分融合，通过自然语言处理技术，对病历内容进行全自动审查，识别逻辑矛盾、术语错误、关键信息遗漏等问题，并实时反馈修改建议。例如，系统可自动检测"既往病史"与"当前用药"的冲突，或标记未按规范填写的诊断描述。上线后，病历质控耗时降低，格式准确率得到有效提升，显著提升病历书写规范性与医疗质量安全。智能病历分析如图 4-34 所示。

（2）临床辅助诊疗

DeepSeek 深度融入临床决策支持系统（CDSS），可实时抓取患者当前诊疗信息（如主诉、体征、检验指标）及历史病历数据（既往诊断、用药记录、影像结论），通过多维度数据分析自动生成结构化诊断结论与依据，临床辅助诊断如图 4-35 所示。例如，针对一名反复腹痛患者，系统自动关联其胃镜检查历史、过敏药物记录及当前血常规异常指标，综合分析后提示"慢性胃炎急性发作可能性较高"，并列出鉴别诊断要点（如排除胆囊炎、胰腺炎），同时推荐针对性检查与治疗方案，诊断依据的完整性与逻辑性显著提升，为高效精准诊疗提供可靠支持。

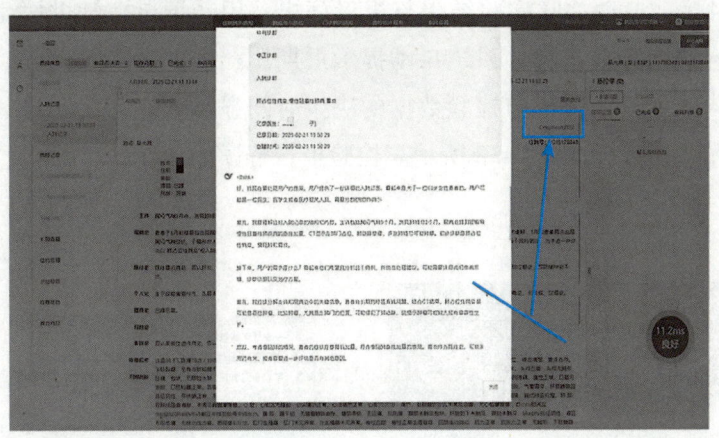

图 4-34　智能病历分析

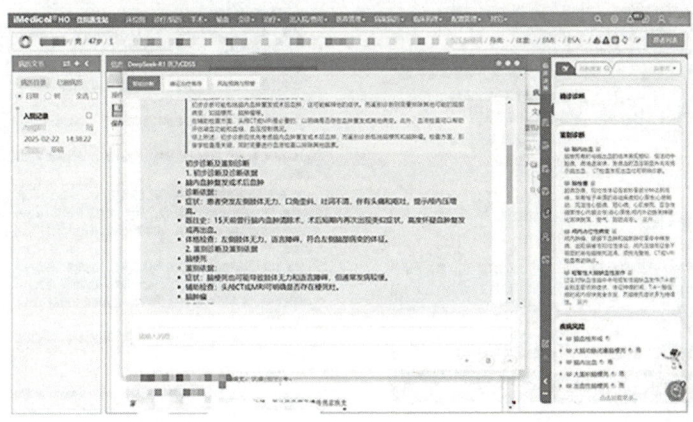

图 4-35　临床辅助诊断

（3）健康管理数智革新

DeepSeek 整合多源体检数据，提供智能交互与分析界面，帮助医生和患者分析体检数据、提供健康指导意见，打造覆盖"数据采集 – 智能分析 – 辅助决策"的全周期智慧健康平台，显著提升诊疗效率与服务体验。目前，大模型已应用到健康中心体检报告智能解读、总检报告辅助生成以及健康体检质控等多个场景，不仅让用户在体检后能迅速读懂报告，也为每位医护人员提供全天候的智能辅助支持。体检结果和综述如图 4-36 所示。DeepSeek 报告智能解读如图 4-37 所示。

（4）放射、检验辅助诊断

大模型实时调取放射信息系统提供的检测数据（如 CT、MRI 影像及实验室指标），通过 AI 深度解析检查所见内容，自动生成结构化诊断建议。例如，针对肺部 CT 检测中发现的结节，系统自动测算结节大小、密度及边缘特征，结合患者病史与肿瘤标志物水平，提示"早期肺癌高风险，建议穿刺活检或 3 个月随访"。DeepSeek 与 LIS(实验室信息系统) 深度对接，自动关联检验结果与患者病史、用药记录，辅助医生快速定位异常值。例如，对肾功能异常患者，系统自动提示近期用药中的肾毒性药物，并推荐复查指标。测试显示，医生综合影像与检验数据的决策时间显著缩短，为精准诊疗提供高效支持。放射报告解读、诊断如图 4-38 所示。检验报告解读如图 4-39 所示。

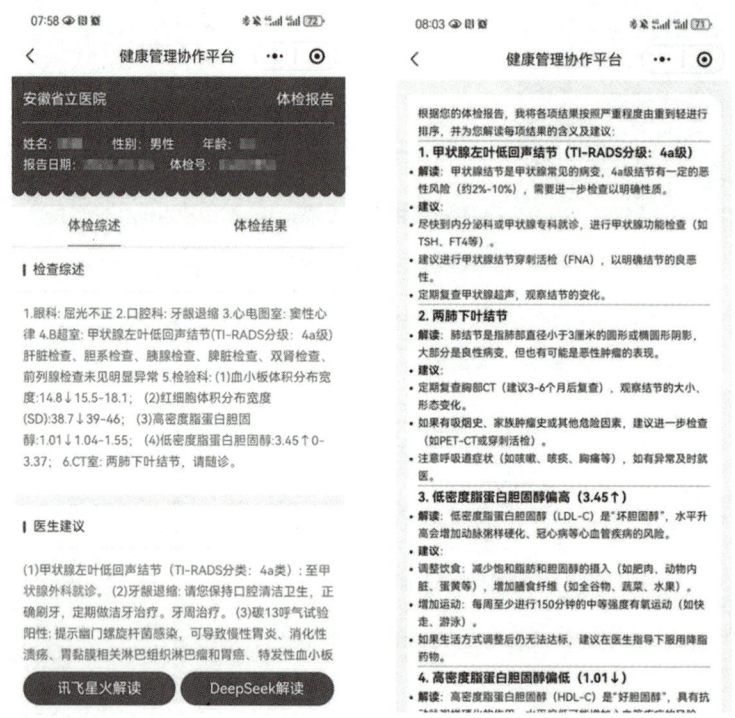

图 4-36　体检结果和综述　　　　　图 4-37　DeepSeek 报告智能解读

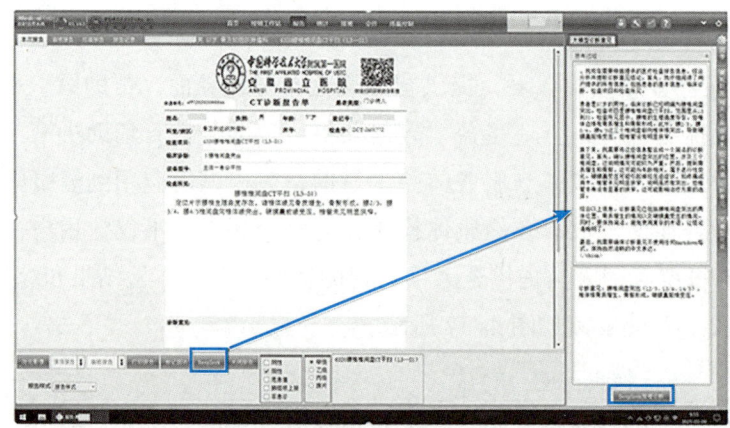

图 4-38　放射报告解读、诊断

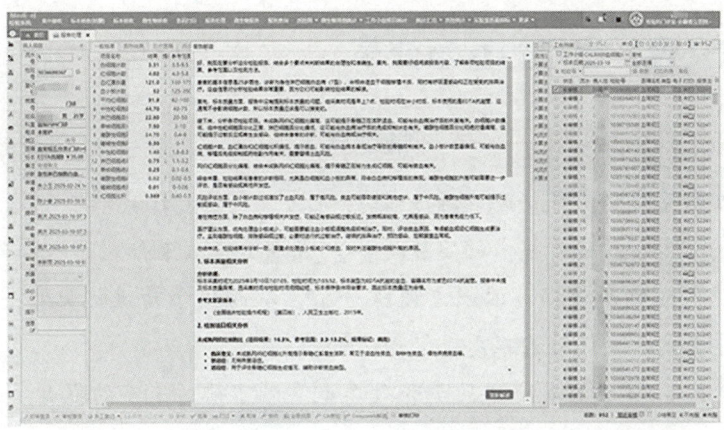

图 4-39 检验报告解读

（5）手术智能护理

DeepSeek 与手术护理系统深度融合，可实时整合患者电子病历、术前评估数据及术中生命体征监测的信息，动态分析风险点，生成个性化护理建议。例如，在髋关节置换手术中，系统自动关联患者年龄、骨质疏松病史及术中出血量，提示"术后 24 小时内重点监测深静脉血栓风险，建议间歇充气加压装置干预"；同时结合术后疼痛评分与炎症指标，推荐阶梯镇痛方案与感染预防措施。DeepSeek 与手术护理深度融合，护理操作规范性提升了 30%，为患者围术期安全提供智能化保障。手术智能护理如图 4-40 所示。

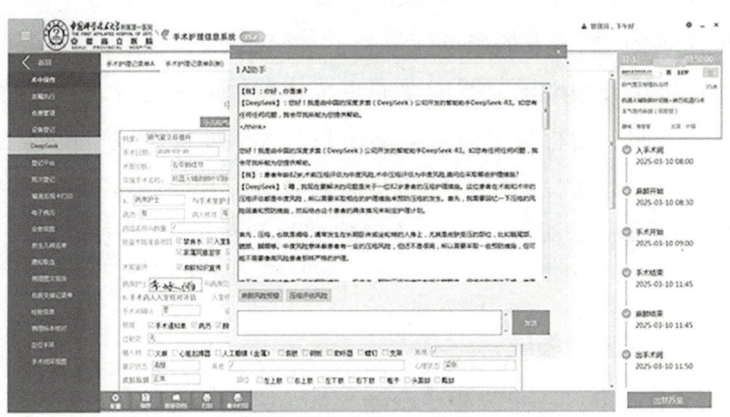

图 4-40 手术智能护理

从本地化部署到场景化深耕，中国科大附一院以 AI 大模型为支点，撬动医疗质量与效率的全面跃升。这一实践不仅为三甲医院智慧化转型提供范本，更彰显中国医疗 AI "自主可控、专业深耕"的创新决心。未来，随着更多垂直模型落地，医疗人工智能的"中国方案"或将重新定义全球健康产业格局。

4.5 智慧交通：出行的智慧变革

—————————— 情境导入 ——————————

　　在这个万物互联的时代，AI 正如一位神奇的调度员，让我们在智慧交通的舞台上潇洒自如。可以想象，随着技术的飞速进步，城市出行从未如此迷人。借助强大的 AI 算法，实时获取的交通数据可以以光速被分析，从而用于精确优化每一条出行路线。拥堵早已是过去式，我们的旅程更是轻松愉快。

　　但不止于此，AI 让公共交通的运营效率也得到了前所未有的提升。这些技术将不同的智能设备无缝连接，有效管理人流与车流，让每一次出行体验都变得安全而便利。搭乘公交不再是无聊等待，而是一场"科技之旅"。

4.5.1 认识智慧交通

　　智慧交通是在智能交通的基础上，在交通领域中充分运用物联网、云计算、互联网、人工智能、自动控制、移动互联网等技术，通过高新技术汇集交通信息，对交通管理、交通运输、公众出行等交通领域全方面以及交通建设管理全过程进行管控支撑，使交通系统在区域、城市甚至更大的时空范围具备感知、互联、分析、预测、控制等能力，以充分保障交通安全、发挥交通基础设施效能、提升交通系统运行效率和管理水平，为通畅的公众出行和可持续的经济发展服务。

　　智慧交通整体解决方案以国家智能交通系统体系框架为指导，旨在建成"高效、安全、环保、舒适、文明"的智慧交通与运输体系；大幅度提高城市交通运输系统的管理水平和运行效率，为出行者提供全方位的交通信息服务和便利、高效、快捷、经济、安全、人性、智能的交通运输服务；为交通管理部门和相关企业的决策提供及时、准确、全面的信息支持。

1. 智慧交通的主要应用领域

　　1）交通实时监控。获知哪里发生了交通事故、哪里交通拥挤、哪条路最为畅通，并以最快的速度提供给驾驶员和交通管理人员；

　　2）公共车辆管理。实现驾驶员与调度管理中心之间的双向通信，来提升商业车辆、公共汽车和出租车的运营效率；

　　3）旅行信息服务。通过多媒介多终端向外出旅行者及时提供各种交通综合信息；

　　4）车辆辅助控制。利用实时数据辅助驾驶员驾驶汽车，或替代驾驶员自动驾驶汽车。

2. 智慧交通对社会的影响

（1）提高交通效率

智慧交通通过实时监控和优化交通流量，减少拥堵现象。例如，智能信号控制系统可以根据实时交通数据动态调整信号灯配时，提升道路通行能力。

（2）增强交通安全

通过视频监控、事故预警等技术，智慧交通能够及时发现和处理安全隐患，降低交通事故发生率。同时，智能车辆和交通设施的应用也提升了交通参与者的安全意识。

（3）促进绿色出行

智慧交通推动公共交通和共享出行方式的发展，减少私家车使用，从而降低碳排放。此外，智能停车管理等措施也减少了因寻找停车位而产生的无效行驶和尾气排放。

（4）优化资源配置

智慧交通通过大数据分析和预测，实现交通资源的合理配置，提升交通系统的整体运行效率。例如，智能导航系统可以为用户提供最优出行路线，减少时间和能源消耗。

（5）支持科学决策

智慧交通系统为政府和企业提供精准的交通数据和分析模型，为交通规划、政策制定和应急管理提供科学依据，推动交通行业的可持续发展。

4.5.2　人工智能在智慧交通中的应用

1. 人工智能与交通管理

在交通管理工作中，人工智能主要用于运动目标检测和识别，常用的应用场景包括动态违法取证、交通信号控制、路网流量调控、人车特征关联、交通行为研判、车辆识别等。

（1）动态违法取证

一些智能交通系统可利用视频检测、跟踪、识别等技术，根据车辆特征、驾乘人员姿态等图像数据，有效识别违法行为，特别是针对"假牌""套牌""车内不系安全带""开车打电话"等需要人工甄别的违法行为，利用这些智能交通系统不仅事半功倍，而且有效减少人工投入，大幅提升工作效率。

依据人工智能技术，可以建立智能动态交通违法审核机器人或系统，通过对视频图像进行智能分析，实现对违反禁止标线随意变道、加塞、逆行、占用公交车道、非机动车道行驶等交通违法行为的智能审核识别，并可自动提取违法车辆的车牌号、地点、类型、时间等信息，大量节省了人力，缩短了审核时间，提高了视频违法举报系统的效率。

动态违法取证系统能够自动识别画面中发生的交通违法，实现自动抓拍、自动上传，积极推动形成社会协调、公众参与、全民共治的社会治理新格局。

（2）交通信号控制

传统交通信号控制系统多以固定的时间周期进行切换，难以适应复杂的实时路况变化。而基于人工智能技术的智能交通信号控制系统则能够根据实际车流量动态调整红绿灯时长，确保道路资源得到最大化利用。这种自适应机制不仅提高了路口通行能力，还有效减少了车辆等待时间，缓解了局部区域内的交通压力。

例如，在贵阳市公安交通管理局交通态势研判中心的智能信号控制平台上，实时体现了各路口交通运行状况与信号优化情况，如图4-41所示。这一平台的核心是由31个关键路口组成的联网区域协调控制系统，这些路口配备了先进的雷视一体检测设备，能够精确采集包括车辆排队和行人等待在内的交通流量数据。通过这些数据，系统能够对路口信号灯进行实时优化控制，确保车流、人流顺畅。在平峰时段，实施了"五横三纵"的八条绿波动态协调控制策略，这意味着车辆在通过这些路口时，能够享受到更加连续和流畅的通行体验，减少了停车等待的时间，从而提升了整个区域的通行效率，降低了通行延误。

图4-41　智能信号控制平台

（3）路网流量调控

城市级的人工智能大脑，实时掌握着城市道路上通行车辆的轨迹信息、停车场的车辆信息以及小区的停车信息，能提前半个小时预测交通流量变化和停车位数量变化，合理调配资源、疏导交通，实现机场、火车站、汽车站、商圈的大规模交通联动调度，提升整个城市的运行效率，为居民的出行畅通提供保障。

（4）人车特征关联

人车关联系统包括摄像头、手机信号探针及处理器。摄像头用于获取高速公路上的车辆图像信息；手机信号探针用于获取高速公路上的乘客的手机IMEI/IMSI信息；处理器用于根据车辆行驶轨迹与乘客移动轨迹判断车辆与乘客在相同时刻是否处于相同位置，并且在相同位置的速度是否相同；若车辆与乘客在相同时刻处于相同位置且速度相同，则判断乘客在车辆上，将一个或多个同速度、同位置的乘客与车辆进行关联，可实现车辆的乘员判定。

人车关联系统用于实现车辆与乘客的同时监管，将车辆与乘客关联起来，使得高速公路管理人员不仅对车辆的运行情况一目了然，还可以了解车辆的承载情况及乘客移动情况，提高了高速公路管理人员的工作效率，可广泛地应用在人流车流管控、交通事故的监控等领域。

（5）交通行为研判

人工智能应用于交通研判可以实现高危路段预警；可以掌握主城区道路交通运行指标情况、早晚高峰等交通运行总体情况，拥堵路段情况及车流量等情况。

常见的交通疏导系统，就是利用获取的路口路段车流量、饱和度、占有率等交通数据，通过优化灯控路口信号灯时长，以达到缓解交通拥堵的目的。

（6）车辆识别

基于深度学习的车辆识别技术将特征范围由单纯的车牌或车标扩展到整个车身。车辆的车灯、格栅、车窗等均是车辆的重要特征，对车辆这些特征的引入，不仅大大提升了车辆识别的准确率，对干扰、遮挡等问题的适应性也更强，识别的类别也更加细化，不仅能识别车辆的品牌，而且能识别车辆的子品牌、型号、年款等详细类别。指定车辆在视频图像数据中的检索除了可以通过车牌、品牌、型号、颜色等描述信息进行外，还可以通过车辆图片或年检标、挂饰等局部特征进行。

目前，国内很多城市的车辆卡口系统在原有系统的基础上扩展了车辆识别功能，也称为车辆二次分析系统，基本可以识别 2000 余种细化到年款的车辆类型，并在此基础上扩展出很多如"假 / 套牌分析"等实战业务应用。

2. 人工智能与出行服务

（1）实时交通数据分析与路线优化

在快节奏的城市生活中，出行不仅仅是简单的"从 A 点到 B 点"，而是一个需要精细考量的复杂过程。AI 的介入让这一切变得更加高效与聪明。借助先进的算法，实时交通数据能被精准分析，从而帮助我们找到最佳的出行路线。想象一下，每当你打开导航应用时，瞬间生成的不仅是一条路线，而是结合了历史数据、实时流量、天气状况和道路施工的信息，这就像是在你耳边低语的"出行大师"。

2025 年 4 月 14 日，高德地图宣布推出全球首个基于地图的 AI 导航智能体（NaviAgent），导航软件正从传统出行工具向"会思考、能预判、有温度"的智能出行伙伴转变，能实时感知路况、预判风险并主动调整策略。AI 导航智能体如图 4-42 所示。

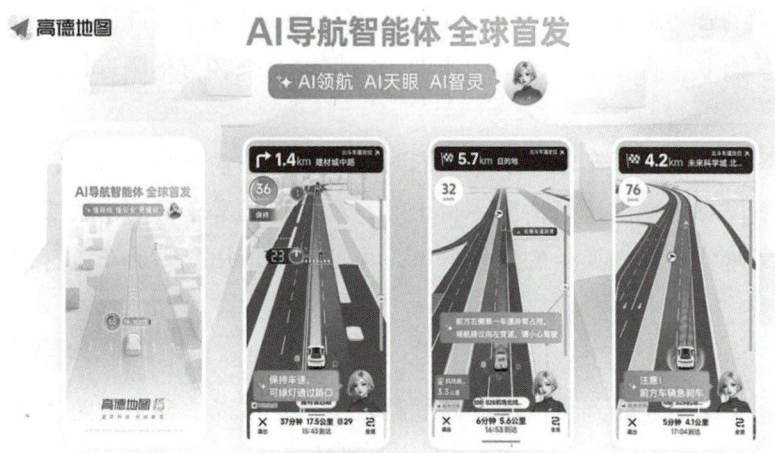

图 4-42　AI 导航智能体

以高速驾车场景为例，通过感知车道级交通流变化、动态事件、事故占道等信息，结合用户路线，AI 导航智能体会自动开启领航功能，推荐全局最优车道，让变道决策更从容高效。"货车前方有来车，请不要超车。"用户行驶过程中，AI 导航智能体将实时感知周边车辆动态，发出车道级安全预警提醒。在人眼不能及的远方，超视距感知能打破视野局限，遇夜间能见度低、弯道来车、前方有车辆急刹等场景，系统可提前预判行车风险，并通过语音播报、导航画面显示等方式实时预警。

在停车场景中，超视距感知能力可以覆盖至"最后 100 米"：当用户输入目的地后，系统会在距离终点 5 公里时启动智能分析，主动推荐目的地周边的空闲停车位；基于时空感知和推理能力，补全停车后的步行导航指引，直达目的地入口，实现无缝衔接。

（2）提升公共交通体验

在智慧交通的新时代，一些创意十足的策略正悄然改变着公共交通的面貌。我们可以利用 AI 技术对交通流量进行深度剖析，这不仅能帮助管理者实时监控交通状况，还能优化整个系统的调度效率。如果轻轨、公交车，甚至共享单车都可以通过 AI 算法进行精准调度，乘客在等待时就能享受更清晰的出行信息，每一个出行决策都能变得更加智能。

此外，借助实时的交通数据分析，管理者可预测潜在的乘客需求，比如高峰时段或特殊活动日，可以智能调节车次、增加运力，可以有效减少人们的等待时间。甚至可以使用相应的 App 推送个性化乘车建议，让每位乘客都能享受到量身定制的出行体验。

3. 人工智能与人车交互

简单来说，汽车里的人机交互就是人与汽车的"沟通交流"方式。伴随汽车电动化、智能化、网联化变革，传统驾驶舱迅速同步演变，融合了人工智能、自动驾驶、AR 等新技术的"智能驾驶舱"兴起。未来的人车交互方式将不再局限于通过传统的按钮和触摸屏，而是向多模态交互发展。语音交互、手势识别、面部识别、眼球追踪等多种交互方式将更加成熟和普及。这些技术将提供更加自然、便捷的操作体验，使驾驶员和乘客能够轻松地与车辆进行互动，享受更加智能化的出行服务。

AI 技术还能够根据驾乘人员的个人喜好、习惯、健康状况等信息，提供个性化的服务和设置。例如，自动调整座椅位置、温度、音响等设置，推送符合用户兴趣的音乐、新闻、娱乐内容等。此外，汽车还将具备更强的情感感知和理解能力，能够与驾乘人员进行情感上的互动和交流，营造更加舒适的驾乘氛围。

4. 人工智能与车路协同

车路协同是让汽车与以道路为主体的外界交通环境——包括车、人、路进行通信。与此同时，基于车路协同，汽车与汽车之间、不同道路设施间、行人与汽车间都会建立连接，互联互通。随着技术创新的快速普及应用，智慧交通与汽车智能化成为未来发展的必然趋势，车路协同则成为智慧交通的核心，也是解决交通出行安全畅通的有效切入点。业界一直在探索车路协同的解决方案，未来的车和路会具备更好、更高的智能，能够更实时、更细地感知环境，并且这些环境的数据以及车流、人流的数据能够为未来的城市规划、道路规划、交通管理和疏导提供更好的帮助。

"车路云一体化"是"单车智能 + 车路协同 +AI 云平台全局协同"有机融合的系统级方案，可以理解为通过融合人、车、路、云的物理空间和信息空间，从而真正实现安全、高效、节能及舒适的智能驾驶。简单来说就是"聪明的车 + 智慧的路"，就是让"聪明的车"和路、人、环境之间，能够做到实时动态的交互联动。"车路云一体化"试点是以城市为主体的。

5. 人工智能与自动驾驶

人工智能技术在新能源汽车的自动驾驶领域发挥着至关重要的作用，推动自动驾驶技术从基础感知向高级决策演进，使车辆在感知、分析和执行驾驶任务方面实现高度自动化。

（1）感知与环境理解

AI 通过深度学习算法和传感器数据融合，帮助自动驾驶车辆精准感知和理解周围环境。这一功能依赖以下几种技术。

1）传感器数据融合：自动驾驶车辆配备多种传感器，如摄像头、激光雷达、毫米波雷达和超声波传感器，AI 通过融合这些传感器的输入，构建三维环境模型，帮助车辆识别车道、障碍物、行人和其他交通参与者。传感器数据融合如图 4-43 所示。

2）图像识别：通过深度学习，AI 能够高效识别图像，解析交通标志、信号灯等信息。图像识别技术提高了自动驾驶系统对复杂道路场景的理解，使其能在不同天气和光照条件下正确决策。解析交通标志、信号灯等信息如图 4-44 所示。

图 4-43　传感器数据融合

图 4-44　解析交通标志、信号灯等信息

（2）驾驶决策与路径规划

AI 在自动驾驶中的核心作用体现在驾驶决策和路径规划上，它能够通过对海量数据的学习和实时计算，为车辆规划最优行驶路线，并做出驾驶决策。

1）基于 AI 的决策系统：自动驾驶系统需要实时分析车辆的当前位置、行驶速度、周边车辆状态等因素，AI 算法（如强化学习和决策树）帮助系统在复杂交通环境中做出最优决策，比如何时变道、超车或停车等。智能变道、超车或停车如图 4-45 所示。

2）路径规划：AI 通过算法规划出最安全、高效的行驶路线，并考虑实时交通状况、道路限制和新能源车的续航能力。未来，AI 系统将结合 V2X 技术，实时调整路径以避开交通堵塞或危险区域。

（3）行为预测

AI 不仅帮助车辆做出决策，还能预测其他车辆或行人的行为。通过历史数据分析和深度学习，AI 可以预测其他驾驶员的意图，如是否会突然变道或刹车，从而采取相应的防御驾驶策略。

1）行人和车辆意图识别：AI 模型通过对大量场景数据的学习，能够预测行人的走向、车辆的加速或转向意图，这有助于系统在潜在危险出现前采取预防性措施，如提前减速或改变行驶轨迹。行人和车辆意图识别如图 4-46 所示。

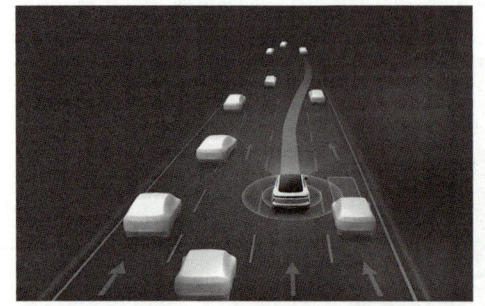

图 4-45　智能变道、超车或停车

图 4-46　行人和车辆意图识别

2）基于场景的预测模型：AI 还能通过环境建模和交通场景模拟，基于不同场景（如交叉路口或高速路况）做出不同的驾驶策略。

6. 典型案例：无人驾驶-萝卜快跑

（1）诞生背景

作为百度旗下的无人驾驶出租车品牌，"萝卜快跑"的名称源自 Robotaxi 的谐音，既亲切又易记。2020 年 10 月 10 日，萝卜快跑成为首都首个对外开放无人车出行服务的品牌，标志着无人驾驶技术迈入商业化运营的新阶段。萝卜快跑汽车如图 4-47 所示。

图 4-47　萝卜快跑汽车

（2）快速发展与市场布局

自诞生以来，萝卜快跑以惊人速度发展。2021 年 5 月 2 日，萝卜快跑开始常态化商业化运营，并在北京冬奥会期间承担运动员和组委会工作人员的接驳任务，展示其技术的可靠性和实用性。已于全国 11 个城市开放载人测试运营服务，实现超一线城市全覆盖。此外，萝卜快跑已经开始在北京、武汉、重庆、深圳、上海开展全无人自动驾驶出行服务与测试。目前，萝卜快跑已经在武汉实现 7×24 小时全无人运营。2024 年 11 月底，萝卜快跑获批香港首个自动驾驶车辆先导牌照，以香港为起点开启面向全球的业务拓展。截至 2025 年 1 月，萝卜快跑已累计提供超过 1000 万次出行服务，安全行驶里程超过 1.5 亿公里，稳居全球最大的自动驾驶出行服务商。

（3）萝卜快跑的使用体验与优势

1）便捷的下单方式。乘客可通过萝卜快跑的微信小程序、App 或百度地图直接下单。

2）独特的优势。萝卜快跑之所以能够在市场上脱颖而出，离不开其独特的优势。萝卜快跑的价格优势明显，其费用仅为网约车的 6~8 折，还有各种优惠活动，提供经济实惠的出行体验。车内配有舒适的空调系统和车内大屏，乘客可根据个人喜好选择音乐和调节音量。

4.6 智慧农业：农业的智慧转型

———— 情境导入 ————

2025 年春天，当江南的油菜花海与塞北的黑土地同时苏醒，一场"无声的农业革命"正在中国乡村的各个角落上演——浙江嘉兴的稻田里，农民老张蹲在田埂上刷着手机，屏幕上跳动着土壤湿度、氮磷钾含量的实时数据，AI 系统根据作物长势自动生成施肥方案，地头的无人机群接到指令后腾空而起，精准喷洒定制营养液，原本需要五人三天完成的农活，如今两小时收工；山东德州的麦田上空，30 架农业无人机组成"蜂群"，以厘米级精度向蚜虫聚集区发起"定点清除"，农药用量减少六成，小麦亩产却涨了两成；广西隆安的千亩芒果园中，智能水肥系统依据果树需求分区分时滴灌，屏幕前的"95 后"新农人小陈轻点鼠标，水管便如毛细血管般将水分和养分输送到每一株树根，曾经"看天浇水"的焦虑化作数据流的从容。这些场景不再是科幻片的想象，而是"人工智能＋农业"交出的春耕答卷——当算法模型遇上千年农耕智慧，土地里"长"出的不仅是庄稼，更是一个个乡村振兴的科技样本。

4.6.1 认识智慧农业

智慧农业是指现代科学技术与农业种植相结合，从而实现无人化、自动化、智能化管理。智慧农业是农业生产的高级阶段，集新兴的互联网、移动互联网、云计算和物联网技术为一体，依托部署在农业生产现场的各种传感节点（环境温湿度、土壤水分、二氧化碳、图像等）和无线通信网络实现农业生产环境的智能感知、智能预警、智能决策、智能分析、专家在线指导，为农业生产提供精准化种植、可视化管理、智能化决策。

智慧农业通过生产领域的智能化、经营领域的差异性以及服务领域的全方位，推动农业产业链改造升级；实现农业精细化、高效化与绿色化，保障农产品安全、农业竞争力提升和农业可持续发展。因此，智慧农业是我国农业现代化发展的必然趋势，需要从培育社会共识、突破关键技术和做好规划等方面入手，促进智慧农业发展。

1. 人工智能推动农业产业链改造升级

1）升级生产领域，由人工走向智能。在种植、养殖等生产作业环节，摆脱人力依赖，构建集环境生理监控、作物模型分析和精准调节为一体的农业生产自动化系统和平台，根据自然生态条件改进农业生产工艺，进行农产品差异化生产；在食品安全环节，构建农产品溯源系统，将农产品生产、加工等过程的各种相关信息进行记录并存储，并能通过食品识别号在网络上对农产品进行查询认证，追溯全程信息；在生产管理环节，特别是一些农垦垦区、现代农业产业园、大型农场等单位，智能设施与互联网广泛应用于农业测土配方、茬口作业计划以及农场生产资料管理等生产计划系统，提高效能。

2）升级经营领域，突出个性化与差异性营销方式。物联网、云计算等技术的应用，打破农业市场的时空地理限制，农资采购和农产品流通等数据将会得到实时监测和传递，有效解决信息不对称问题。一些地区特色品牌农产品开始在主流电商平台开辟专区，拓展农产品销售渠道，有实力的优秀企业通过自营基地、自建网站、自主配送的方式打造一体化农产品经营体系，促进农产品市场化营销和品牌化运营，预示农业经营将向订单化、流程化、网络化转变，个性化与差异性的定制农业营销方式将广泛兴起。所谓定制农业，就是根据市场和消费者特定需求而专门生产农产品，满足有特别偏好的消费者需求。此外，近年来各地兴起农业休闲旅游、农家乐热潮，旨在通过线上渠道推广、销售休闲旅游产品，并为旅客提供个性化旅游服务，成为农民增收新途径和农村经济新业态。

3）升级服务领域，提供精确、动态、科学的全方位信息服务。在黑龙江等地区，已经试点应用基于北斗的农机调度服务系统；一些地区通过室外大屏幕、手机终端等这些灵活便捷的信息传播形式向农户提供气象、灾害预警和公共社会信息服务，有效地解决"信息服务'最后一公里'"问题。面向"三农"的信息服务为农业经营者传播先进的农业科学技术知识、生产管理信息以及农业科技咨询服务，引导优秀企业、农业专业合作社和农户经营好自己的农业生产系统与营销活动，提高农业生产管理决策水平，增强市场抗风险能力，做好节本增效、提高收益。同时，云计算、大数据等技术也推进农业管理数字化和现代化，促进农业管理高效和透明，提高农业部门的行政效能。

2. 人工智能实现农业精细化、高效化、绿色化发展

1）实现精细化，保障资源节约、产品安全。一方面，借助科技手段对不同的农业生产对象实施精确化操作，在满足作物生长需要的同时，保障资源节约又避免环境污染。另一方面，实施农业生产环境、生产过程及生产产品的标准化，保障产品安全。生产环境标准化是指通过智能化设备对土壤、大气环境、水环境状况实时动态监控，使之符合农业生产环境标准；生产过程标准化是指生产的各个环节按照一定技术经济标准和规范要求通过智能化设备进行生产，保障农产品品质统一；生产产品标准化是指通过智能化设备实时精准地检测农产品品质，保障最终农产品符合相应的质量标准。

2）实现高效化，提高农业效率，提升农业竞争力。结合云计算、农业大数据让农业经营者便捷灵活地掌握天气变化数据、市场供需数据、农作物生长数据等，准确判断农作物是否该施肥、浇水或打药，避免了因自然因素造成的产量下降，提高了农业生产对自然环境风险的应对能力；通过智能设施合理安排用工用时用地，减少劳动和土地使用成本，促进农业生产组织化，提高劳动生产效率。互联网与农业的深度融合，使得诸如农产品电商、土地流转平台、农业大数据、农业物联网等农业市场创新商业模式持续涌

现，大大降低信息搜索、经营管理的成本。引导和支持专业大户、家庭农场、农民专业合作社、优秀企业等新型农业经营主体发展壮大和联合，促进农产品生产、流通、加工、储运、销售、服务等农业相关产业紧密连接，农业土地、劳动、资本、技术等要素资源得到有效组织和配置，使产业、要素集聚从量的集合到质的激变，从而再造整个农业产业链，实现农业与二、三产业交叉渗透、融合发展，提升农业竞争力。

3）实现绿色化，推动资源永续利用和农业可持续发展。必须确立发展绿色农业就是保护生态的观念。智慧农业作为集保护生态、发展生产为一体的农业生产模式，通过对农业精细化生产，实施测土配方施肥、农药精准科学施用、农业节水灌溉，推动农业废弃物资源化利用，达到合理利用农业资源、减少污染、改善生态环境，既保护好青山绿水，又实现产品绿色安全优质。借助互联网及二维码等技术，建立全程可追溯、互联共享的农产品质量和食品安全信息平台，健全从农田到餐桌的农产品质量安全过程监管体系，保障人民群众"舌尖上的绿色与安全"。利用卫星搭载高精度感知设备，构建农业生态环境监测网络，精细获取土壤、墒情、水文等农业资源信息，匹配农业资源调度专家系统，实现农业环境综合治理、全国水土保持规划、农业生态保护和修复的科学决策，加快形成资源利用高效、生态系统稳定、产地环境良好、产品质量安全的农业发展新格局。

4.6.2　人工智能在农业领域的多元应用

在当今科技飞速发展的时代，人工智能已不再是遥不可及的高科技概念，已经实实在在地渗透到农业的各个环节，为传统农业带来了翻天覆地的变革。

1. 精准农业：数据驱动的智慧种植

精准农业是 AI 在农业应用中的核心领域之一。AI 技术通过深度分析土壤成分、气候条件以及作物生长状况等多维度数据，为农民提供高度精准的农田管理方案。在灌溉和施肥计划制定方面，AI 可以根据土壤湿度、养分含量以及作物不同生长阶段的需求，精确计算出所需的水分和肥料量。

例如，在江西瑞昌市高标准设施蔬菜示范中心，AI 技术被用于实时监测土壤湿度、养分含量以及气象条件，并根据这些数据为农户制定个性化的灌溉和施肥计划。据统计，该中心采用 AI 精准农业技术后，蔬菜产量提高了 20%，同时减少了 15% 的肥料和灌溉水浪费。江西瑞昌市高标准设施蔬菜示范中心如图 4-48 所示。

图 4-48　江西瑞昌市高标准设施蔬菜示范中心

2. 作物病虫害识别和预测：早发现，早防治

作物病虫害是农业生产中的重大威胁，若不能及时发现和有效防治，可能导致作物大幅减产甚至绝收。AI 利用机器学习和图像识别技术，能够对作物叶片、果实等部位进行快速扫描和分析，准确识别病虫害类型。并且，通过对大量历史病虫害数据的学习，AI 还能预测病虫害的发生趋势，让农民提前做好防治准备。

以大疆农业智能植保无人机在江苏南通水稻种植基地的应用为例，该无人机搭载高精度传感器和 AI 处理器，能够实时收集作物数据并分析病虫害情况。通过 AI 算法，无人机可以精准识别病虫害类型，并自动生成防治方案。在该基地，AI 技术帮助农户减少了 30% 的农药使用量，同时提高了病虫害防治效率，有效保障了水稻的产量和品质。大疆农业智能植保无人机作业如图 4-49 所示。

3. 智能农机：自动化作业的高效利器

AI 驱动的农业机械和无人机为农业生产带来了前所未有的高效与精准。这些智能农机能够自动化执行播种、施肥、灌溉和收割等一系列农业作业，大大减轻了农民的劳动强度，提高了作业效率和质量。

例如，中科原动力无人作业智能农机，配置了 360° 融合感知系统和北斗全无人驾驶系统，同时支持 5G 通信技术。这使得它可实现全自主无人驾驶、近场遥控驾驶和远程遥控驾驶等多种驾驶模式。它加载了精准可靠的农田环境感知算法引擎，从而具备精准苗垄识别、作物杂草区分、障碍物检测与识别等能力，可自动生成全地形最优作业轨迹。搭载的智能决策控制算法，让农机能够自主实现作业轨迹跟踪、自主调头、安全避障和农机具协同操控等功能。中科原动力无人作业智能农机作业如图 4-50 所示。

图 4-49　大疆农业智能植保无人机作业

图 4-50　中科原动力无人作业智能农机作业

4. 农产品质量检测和分类：品质保障的关键环节

农产品质量直接关系到消费者的健康和市场竞争力。AI 技术通过对农产品的外观特

征（如颜色、形状、大小）和内在质量参数（如糖分含量、营养成分）进行分析，能够实现快速、精确地检测和分类。

例如，海升集团在洛川苹果产业中引入了 AI 智能分选线。通过 AI 摄像头 360° 扫描苹果表面，结合近红外光谱检测内部糖度和水分，系统能够自动将苹果分为不同等级。该技术使分拣效率从每天 10 吨提升至 50 吨，优质果溢价提高了 30%，显著提升了苹果的市场竞争力。农产品质量检测和分类如图 4-51 所示。

图 4-51　农产品质量检测和分类

5. 农业供应链优化：精准对接市场需求

AI 可以对历史销售数据、市场需求趋势以及农产品价格波动等因素进行深入分析，预测农产品的需求量和价格变动，帮助农民和企业优化生产计划和供应链管理，降低库存风险，提高经济效益。

腾讯网报道，某农产品供应链企业利用 AI 算法预测小麦、玉米等农产品的价格波动，帮助农户合理安排库存和销售时间。该系统通过分析天气变化、区域需求等因素，预测准确率达到了 89%，使农户能够选择最佳销售时机，有效规避市场风险。

6. 智能灌溉系统：节水增效的绿色方案

水资源短缺是全球农业面临的共同挑战。AI 智能灌溉系统根据土壤湿度传感器、气象站等设备采集的数据，自动调整灌溉时间和水量，实现精准灌溉，提高水资源利用效率。

例如，在江苏方强农场的 4.6 万亩耕地上，智慧灌溉系统正重塑传统农业图景：轻点手机 App，135 座市电斗渠进水闸门自动启闭；直流铝合金一体闸根据渠道水位智能调节水量；物联网传感器每 10 秒采集一次土壤墒情数据，AI 算法实时生成灌溉方案。这套由江苏方强农场集团打造的智能灌溉系统，使排灌效率提升 30%，每亩节省管水成本近 20 元，成为现代农业数字化转型的生动注脚。智慧灌溉系统如图 4-52 所示。

图 4-52　智慧灌溉系统

7. 智能病虫害监测：绿色防控的有效手段

AI 技术结合物联网设备，能够实时监测作物生长环境，自动识别作物叶片上的病虫害，并及时发出预警。农民可以根据预警信息，采取针对性的防治措施，减少农药的使用量，降低农业生产成本，实现绿色防控。

例如：我国的丰疆智能公司开发了智能病虫害监测系统。该系统通过在农田中部署传感器和摄像头，利用 AI 算法对采集到的图像和数据进行分析。在江苏的一个水稻种植基地，该系统成功监测到稻飞虱的早期发生，并及时向农民发出预警。农民按照系统建议采取生物防治措施，有效控制了稻飞虱的危害，减少了化学农药的使用量，保护了生态环境。

8. 农业机器人：自主感知的精准作业

AI 技术赋予农业机器人自主感知、判断和决策的能力，使其能够完成精确施肥、作物保护等复杂任务。农业机器人可以根据作物的生长状况和土壤条件，自动调整作业参数，实现精准作业。

如图 4-53 所示，采摘机器人能够在高度复杂的环境中运行，通过视觉算法准确分辨

图 4-53　采摘机器人

成熟果实，并使用专利技术夹持器轻柔采摘。该机器人在草莓采摘中的应用，使采摘速度达到每秒 1 颗，损伤率低于 1%，显著提高了采摘效率。

9. 农业数据联盟：知识共享的智慧平台

通过建立农业知识数据库，AI 可以帮助农业工作者掌握信息和数据处理技术，提高农业生产决策的科学性。农业数据联盟汇聚了大量的农业数据资源，包括气象数据、土壤数据、市场数据等，农业工作者可以通过该平台获取所需信息，优化生产管理。

例如，我国的"云上农校"平台是一个典型的农业数据联盟应用。该平台整合了全国各地的农业专家资源、科研成果和农业生产数据，为农业工作者提供在线培训、技术咨询和决策支持服务。一位蔬菜种植户通过"云上农校"平台学习了先进的种植技术和管理经验，并获取了当地的气象和土壤数据，据此调整了种植方案，使得蔬菜产量提高了 30%。

10. 典型案例：中国科学院"伏羲农场"

为贯彻落实党中央、国务院决策部署，2024 年 10 月，农业农村部印发《农业农村部关于大力发展智慧农业的指导意见》，明确到 2030 年智慧农业发展取得重要进展，农业生产信息化率达到 35% 左右。随后，农业农村部印发《全国智慧农业行动计划（2024—2028 年）》，明确了公共服务能力提升、重点领域应用拓展、示范带动等智慧农业的三大行动共 8 项重点任务。其中，在实施智慧农业示范带动行动中，提出了探索智慧农业未来方向，并支持中国科学院持续探索总结"伏羲农场"模式。

（1）"伏羲农场"技术集成创新体系的构建

"伏羲农场"的探索，旨在解决我国农业现代化发展中的"四多四少"问题，构建自主可控的技术和产业体系，有机融合农业种植"水肥土种密保管工"全链条数据要素，建立可推广、可复制的标准化场景，为"智能时代"的农业现代化提供系统性解决方案，稳定保障我国粮食安全。

1）"伏羲农场"的命名源起。伏羲是华夏民族人文先始、三皇之一，是中国最早有文献记载的创世神。伏羲根据天地万物的变化，发明创造了占卜八卦。

农作物生长发育受昼夜更替、四季变化的调节，古人正是通过八卦中蕴含的"阴阳协调""春种夏忙、秋收冬藏""天人合一"等哲学思想和占卜预测气候的变化，来指导人们进行农业劳作的过程。用"伏羲"命名，传达了传统文化与现代科学融合的理念。对于农业来说，即传统农业与现代信息、人工智能的融合。这种理念倡导人与自然和谐相处，通过预测、顺应并利用自然规律，实现农业可持续高效发展。

2）"伏羲农场"的建设目标。"伏羲农场"技术集成创新体系将探索我国传统的农业生产智慧与现代科技创新深度融合的模式。"伏羲农场"以智能技术为主要手段，通过对农业生产全过程的数据采集，并利用人工智能算法和模型在信息空间建立农业生产的"孪生系统"，将农业生产全过程搬到信息空间进行自主学习和训练，以数据分析为依托，实现农业生产全过程的智能化决策。再结合第 3 代智能农机装备实现精准变量的作业执行，最终实现智能、绿色、节本、增产、提质、增效的六大目标（见表 4-1），从而解决未来"谁来种地、怎么种好地"的问题。

表 4-1　"伏羲农场"六大目标

实现目标	智能	绿色	节本	增产	提质	增效
预期效果	采用"数字决策＋智能农机"	农机碳排放减少 70%	亩均成本节约 15% 以上	产量亩均增长 15% 以上	综合品质提升 3%	人均管理效率提升 5 倍以上

（2）"伏羲农场"构建的主要内容

通过"伏羲农场"构建（见图 4-54），突破我国智慧农业自主可控全链条技术、数据、算法模型的核心壁垒。农业管理的低效性体现在时间的滞后性和空间的不均一性，从而导致水肥药管理的效果差、农资劳工消耗大。以"OODA"为指导原则的闭环管理策略，可以在农作物生长过程中及时发现农田管理的需求，并在空间上精准控制作业范围，从而提高农作物动态管理的效率和智能化水平。为此，"伏羲农场"首先要通过农业传感技术，实时动态、高通量、多维度、精准采集涉及农业生产全过程的"水、土、气、生"信息，建立数据底座；然后，构建支撑"伏羲农场"运行的算力中心，实现对农业生产数据的实时快速处理；依托"伏羲农场"数据底座，构建并集成多种农业算法模型，自主生成包含种植前、种植中、种植后全过程的作业决策处方图，并通过通信网络将决策

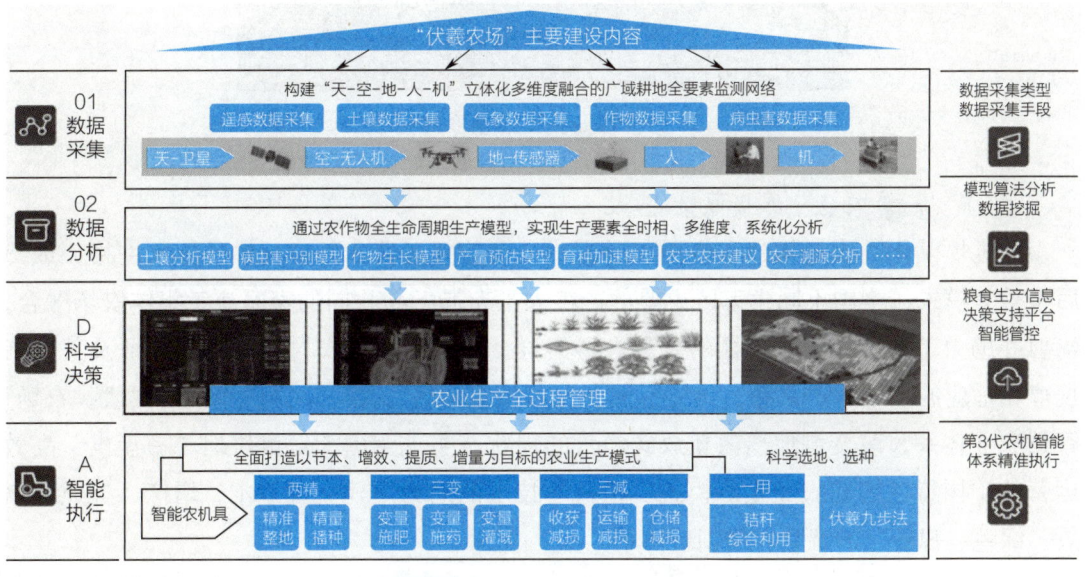

图 4-54　"伏羲农场"构建

指令下发到"伏羲农场"生产现场；随后，依托第3代智能农机技术体系，应用无人化新能源智能农机装备，集成无人驾驶、路径规划、自动避障、作业质量监控等功能，完成精准变量作业。最终实现"伏羲九步法"的智能化落地，全面打造高质量的农业现代化生产模式。

（3）"伏羲农场"的应用实践

近几年，中国科学院研究团队与呼伦贝尔农垦集团以"伏羲农场"的思路和理念，开展了一系列农业科技创新与实践验证合作。目前，利用第3代智能农业机械，在黑土地农业生产中开展无人化作业的面积累计达到1.82万亩，实现了少人化作业和降本节能。并针对玉米、大豆主产区，研发了基于人工智能大模型的"伏羲大脑"农业智能决策系统，实现了22个环节的种植辅助决策的生成，初步形成"数字决策＋智能农机"场景的构建。根据智能模型决策方案，在200亩示范田中，利用基于AI的水肥一体滴灌技术，比农场原有雨养管理模式下增产24%左右，相比于农场的喷灌管理模式，在节水36.7%的情况下增产2.2%。湖北十堰安阳镇"伏羲农场"效果图如图4-55所示。

图4-55　湖北十堰安阳镇"伏羲农场"效果图

（4）"伏羲农场"终极愿景

通过规模化的农场构建和应用，形成一个覆盖并运营5万亩规模的标准网格，成熟后将整套模式在全国不同生态区主要的产粮大县布局，与我国的家庭或者集体农场融合，辐射并助力1万个多样化特征的智慧农场集群。建立与我国农村人口结构特征及其发展规律相适应的新型生产关系；最终形成"分可独立运转，聚可集群协作"的"伏羲农场"智慧农业体系，改变耕地离散粗放式经营的现状，实现全国5亿亩耕地"一盘棋"高效运营的中国特色智慧农业生产模式。在科学技术的助力下建立"节本、增产、提质、增效、绿色、智能"的智慧农场创新体系。

通过"以空间换时间"的策略，快速积累与国际智能农业大平台媲美的海量高质量数据，以加快构筑智慧农业大数据壁垒的步伐；迭代原有固定规则的农业模型，建立具有开放式迭代功能的农业人工智能算法模型平台；集成自主的智能农业装备，实现 5 亿亩耕地的率先智能化，在信息空间打造我国粮食安全的稳定器。

课后练习

一、选择题

1. 智能制造中，AI 预测性维护主要依赖哪种数据？（　　）

　　A. 用户评论　　　　　　　　　　　　B. 生产线传感器实时数据

　　C. 社交媒体趋势　　　　　　　　　　D. 历史销售记录

2. 智慧交通中，L4 级自动驾驶的核心特征是？（　　）

　　A. 完全依赖驾驶员　　　　　　　　　B. 特定区域内无须人类干预

　　C. 仅支持高速公路行驶　　　　　　　D. 需全程手动接管

3. 智慧医疗中，AI 辅助诊断结直肠癌的常用技术是？（　　）

　　A. 卷积神经网络（CNN）分析病理切片　　B. 语音识别记录病历

　　C. 区块链存储数据　　　　　　　　　D. 无人机配送药品

4. 智慧农业中，精准施肥依赖的核心技术是？（　　）

　　A. 卫星遥感与土壤传感器数据分析　　B. 社交媒体舆情监控

　　C. 用户购物习惯分析　　　　　　　　D. 虚拟现实游戏

5. 智慧金融中，AI 检测信用卡欺诈的关键依据是？（　　）

　　A. 用户年龄　　　　　　　　　　　　B. 交易时间、地点和金额的异常模式

　　C. 客户职业类型　　　　　　　　　　D. 银行网点分布

6. 智慧物流中，路径优化算法主要目标是（　　）。

　　A. 增加运输成本　　　　　　　　　　B. 缩短配送时间并降低油耗

　　C. 提高包装复杂度　　　　　　　　　D. 减少仓库数量

7. 智能制造中，AI 实现"零缺陷生产"主要通过哪项技术？（　　）

　　A. 用户满意度调查　　　　　　　　　B. 实时视觉检测与质量预测

　　C. 社交媒体广告投放　　　　　　　　D. 线下门店促销

8. 智慧交通中，AI 优化城市红绿灯配时的核心依据是（　　）。

　　A. 历史节日车流量统计　　　　　　　B. 实时车流密度与拥堵预测

　　C. 司机驾驶偏好分析　　　　　　　　D. 天气预报数据

9. 智慧医疗中，AI 辅助诊断肺炎的主要数据来源是（　　）。

　　A. 患者社交媒体动态　　　　　　　　B. X 光或 CT 影像特征分析

C. 药店销售记录　　　　　　　　　　D. 医院走廊监控视频

10. 智慧农业中，AI精准灌溉系统的决策依赖（　　）。

A. 土壤湿度传感器与气象预测数据　　B. 农民每日步数统计

C. 农产品电商平台评论　　　　　　　D. 农村人口迁移趋势

11. 智慧金融中，AI客户服务机器人（Chatbot）的核心技术是（　　）。

A. 区块链加密　　　　　　　　　　　B. 自然语言处理（NLP）

C. 3D建模渲染　　　　　　　　　　　D. 无人机导航

12. 智慧物流中，AI分拣机器人主要依靠哪种技术识别包裹？（　　）

A. 用户购物车历史　　　　　　　　　B. 计算机视觉与二维码扫描

C. 银行信用评分　　　　　　　　　　D. 社交媒体热门话题

二、填空题

1. 自动驾驶汽车依赖_____传感器实时识别行人。

2. 智慧农业中，AI驱动的自动环境控制系统可动态调节_____。

3. 物流仓储管理中，AI通过_____自动清点库存。

4. 农业病虫害监测中，无人机拍照结合_____可定位感染植株。

5. 智能交通信号灯优化依赖_____实时分析车流量。

三、思考题

1. 某工厂引入AI质检系统后，误检率仍较高。请分析可能原因，并提出改进方案（可从数据质量、算法选择等角度展开）。

2. 对比AI在医疗影像诊断和农作物病害识别中的技术异同，说明模型训练的关键差异。

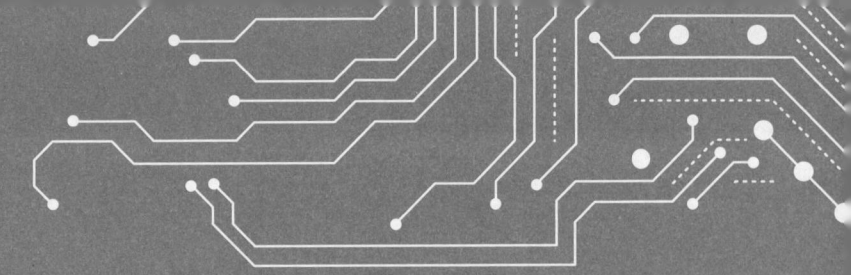

第5章
人工智能伦理与法律

本章导读

随着人工智能技术的飞速发展，随之而来的伦理问题也日益凸显。例如，在交通大数据决策云服务平台中，虽然数据挖掘分析能够解决智能调度、数据运营等问题，但个人隐私不被泄露、数据安全的保障，成为亟待解决的伦理难题。

学习目标

■ **知识目标：**

理解人工智能伦理的基本概念及核心原则，了解人工智能的法律责任与监管机制。

■ **能力目标：**

能够分析人工智能应用中的伦理问题，能遵循伦理原则、保障数据安全和隐私。

■ **素质目标：**

增强对人工智能伦理问题的关注，培养正确的伦理观和法律意识，尊重隐私与公平。

5.1 人工智能伦理的基本概念

人工智能伦理是指探讨人工智能在应用过程中涉及的道德、法律、社会等方面的问题。它旨在规范和引导人工智能的发展和应用，关注如何确保人工智能系统的行为符合人类的价值观和道德标准，以及如何在技术快速发展的同时，保护个人隐私、维护社会公正和公平。

5.1.1 伦理的定义及其在人工智能中的应用

伦理的核心定义是处理人与人、人与社会及人与自然关系的道德准则与规范。在人工智能领域，这些准则和规范变得尤为复杂，因为涉及了人与机器的关系。人工智能系统的行为是否符合伦理标准，往往取决于其设计者的价值观、系统的应用场景以及可能产生的社会影响。

例如，在自动驾驶汽车的设计中，如果汽车在紧急情况下必须在撞击行人和撞击障碍物之间做出选择，那么这种决策就涉及了深刻的伦理问题。如何确保这种决策既符合人类的道德直觉，又能在各种可能的场景中保持一致性和公正性，是人工智能伦理研究的重要课题。

5.1.2 人工智能伦理的基本原则

2017 年 7 月，国务院发布了《新一代人工智能发展规划》，明确提出了对人工智能伦理问题研究的要求。该规划将制定促进人工智能发展的法律法规和伦理规范确定为一项重要保障，并强调了开展跨学科探索性研究，重视人工智能法律伦理的基础理论问题研究。《新一代人工智能发展规划》针对人工智能伦理和法律问题设定了一个三阶段的战略目标：到 2020 年，在部分领域初步建立人工智能伦理规范和政策法规；到 2025 年，初步建立人工智能法律法规、伦理规范和政策体系；而到 2030 年，建成更加完善的人工智能法律法规、伦理规范和政策体系。

人工智能的发展和应用应在尊重人类价值观、保护个人隐私、维护社会公正和公平的前提下进行。具体来说，人工智能伦理的基本原则包括但不限于以下几点：

1）尊重人类尊严和权利。人工智能系统应尊重和保护人类的基本权利，如隐私权、自主权、平等权等，不得侵犯或剥夺人类的尊严和自由。

2）透明度和可解释性。人工智能系统的决策过程和输出结果应当是可解释和透明的，以便用户和社会公众能够理解其工作原理和决策依据，从而增强对人工智能的信任和接受度。

3）公平性和无歧视。人工智能系统应公平对待所有用户，不得因种族、性别、年龄、宗教等因素而产生歧视或偏见。这要求在设计算法和训练模型时，充分考虑数据的多样性和代表性，避免算法偏见和歧视现象的发生。

4）责任和可追溯性。人工智能系统的开发者、使用者和监管者应承担相应的责任，确保系统的安全性和可靠性。在发生错误或事故时，能够迅速追溯问题的根源，并采取相应的措施进行纠正和改进。

5）可持续发展和环境保护。人工智能的发展和应用应符合可持续发展的原则，减少对环境的负面影响。

在实际应用中，公平性体现在人工智能系统应能公正地处理不同用户的数据和需求，不因个人特征而有所偏颇。例如，在招聘平台的算法设计中，应确保对所有候选人进行无偏见地评估，避免性别、年龄等敏感因素对招聘结果的影响。透明性则要求人工智能系统的决策过程和输出结果对用户可见，使用户能够理解系统的决策逻辑和依据。例如，在自动驾驶汽车中，系统应能实时向驾驶者反馈其决策过程和依据，以增强驾驶者对自动驾驶技术的信任和接受度。责任性则强调在人工智能系统发生错误或事故时，能够迅速追溯到问题的根源，并明确开发者、使用者和监管者的责任。例如，在医疗诊断系统中，若系统出现误诊，应能迅速确定问题所在，并采取相应的措施进行纠正和改进，同时明确各方责任，确保患者的权益得到保障。

5.2　人工智能法律框架与监管

在 1942 年发表的短篇小说《转圈圈》中，科幻作家艾萨克·阿西莫夫（Isaac Asimov）首次明确提出了著名的机器人三大定律，这些定律后来成为机器人伦理学的基石。随着人工智能技术的飞速发展，人类社会正不断探索如何为智能机器制定恰当的规则与界限。目前，各国政府和国际组织正逐步建立和完善人工智能相关的法律体系，旨在确保人工智能技术的安全性、可控性，并符合伦理道德标准。

5.2.1　国内外人工智能法律现状

1. 欧盟

2024 年 8 月 1 日，欧盟的《人工智能法案》（下称"欧盟 AI 法案"）正式生效，作为全球首部全面监管人工智能的法规，引起了全球范围内的广泛关注。这部法规被视为全球首部全面监管人工智能的里程碑式立法，彰显了欧盟在规范人工智能应用领域的坚定决心。这一重大事件不仅意味着欧盟在人工智能治理方面迈出了实质性的一步，更预示着全球范围内人工智能治理的步伐正在加速。

为确保相关各方有足够的时间来适应新的法规要求，欧盟 AI 法案的各项规定分阶段实施：部分 AI 应用程序的禁令在法案生效 6 个月后开始适用，AI 开发者的行为准则在法案生效 9 个月后实施，对于通用 AI 的限制会在法案生效 12 个月后开始。整个法案的条款将在 24 个月后的 2026 年中期全面适用。

欧盟 AI 法案采用跨境监管的原则，不仅适用于欧盟内部的实体，还包括在欧盟外开发、但成果在欧盟内使用的 AI 系统。因此，在全世界范围内，特别是中美两国的 AI 产业链企业都不可避免会受到法案的影响。通过该法案的实施，欧盟再次试图向全球市场展示"布鲁塞尔效应"：利用其统一市场的规模优势，将单方面的严格标准和监管推向全球并显著影响全球政策，进一步提高自身竞争力。欧盟 AI 法案的出现，一方面可能会产生合规成本的增加和技术限制创新。严格的法案规定导致中美两国的 AI 企业在进入欧盟市场时将面临高昂的合规成本，包括技术改造、流程调整以及可能需要的第三方审计费用等。法案对 AI 技术的研发和部署施加严格的限制，可能会阻碍 AI 技术的发展和创新速度。另一方面对于数据隐私和保护也有要求。法案延续了欧盟对于个人数据保护的严格要求，企业在处理用户数据时需要采取更加谨慎的态度。市场准入门槛提高。更高的监管标准不仅适用于希望进入欧盟市场的 AI 开发企业，还包括使用 AI 技术的产品和服务提供商。

2. 中国

从 Web 1.0 时代到人工智能时代，中国互联网行业的发展历程，受到了技术进步、市场环境变化以及政策导向等多重因素的影响。在这一过程中，中国还经历了从模仿到创新、从跟随到引领的角色转变，最终塑造了一个独特的互联网生态和监管环境。中国的政治体制有利于政策制定的集中化，政府能够快速主导制定和实施全国性的 AI 战略和监管政策。一方面，政府认识到 AI 技术对于提升国家竞争力的重要性，通过设立专项基金、制定产业发展规划等方式，积极促进 AI 技术的研发和应用。另一方面，考虑到 AI 技术可能带来的隐私泄露、就业冲击等问题，政府也在逐步建立健全相应的法律法规。

目前，中国已建立了由《中华人民共和国网络安全法》《中华人民共和国数据安全法》《中华人民共和国个人信息保护法》《生成式人工智能服务管理暂行办法》等组成的人工智能监管基本框架。2023 年，《人工智能法》也被列入了立法计划。从立法过程中条文的简化可以看出，中国采取了一种平衡的监管策略，给 AI 技术和 AI 企业提供了更大的发展空间，既注重产业发展又强调风险管理，在保障社会稳定和促进经济发展之间寻求平衡，注重监管的科学性和有效性。总体来说，注重事前监管、兼顾事中和事后监管的全生命周期监管，重视个人信息保护和防止技术滥用，对 AI 的监管呈现出包容审慎的态度。特别是在生成式人工智能服务管理方面，采取了先行先试的方式，在实践中摸索有效的监管路径。

亨利·基辛格等很多学者总结过，人工智能具有天然的全球性，因此进行 AI 全球治理势在必行，这需要建立一个类似于国际原子能机构的组织。但该构想也面临严重挑战，需要克服地缘政治的不信任以及经济竞争等各种因素。

5.2.2　人工智能的法律责任与监管机制

欧盟 AI 法案采用基于风险的监管方法，对 AI 系统进行分类，将 AI 系统划分为"不可接受风险""高风险""透明度风险"和"最小至无风险"四类，并分阶段实施监管要求。其中，针对"不可接受风险"的禁止性实践条款于 2025 年 2 月 2 日正式生效，标志着欧盟在平衡技术创新与公民权利保护上迈出关键一步。针对高风险应用实施严格的规定，同时设立了禁止事项清单。欧盟 AI 法案覆盖了从市场准入、运营责任到透明度要求的全链条规则，对在欧盟境内或影响欧盟市场的 AI 系统和活动产生约束力。

何为"高风险人工智能"。欧盟 AI 法案第 6 条对高风险人工智能系统做出了分类。具体包括两类：一是作为产品安全组成部分或属于欧盟卫生与安全协调立法（如玩具、航空、汽车、医疗器械、升降机等）的系统；二是在附件三确定的 8 个特定领域部署的系统，委员会可以通过授权法案进行必要的更新。

如何规范"高风险人工智能"？欧盟 AI 法案针对高风险行为，在风险管理系统、数据治理、技术文件、记录留存、透明度、人类监督、准确稳定和网络安全等方面做了详细阐述。同时，明确了高风险人工智能提供者的义务，对质量管理体系提出了具体要求。值得注意的是，欧盟将"对自然人进行人工画像"的人工智能系统始终列为高风险，原因是生物识别数据（如人脸和指纹）属于特殊的敏感个人数据。市面上采集人脸信息利用 AI 技术合成"最美证件照"的类似应用，虽然看似是娱乐软件，却实则获取了用户的重要敏感信息。而在标识方面，欧盟 AI 法案规定高风险人工智能系统应带有 CE 标志。我国法律对于"标识"也有相应规定，要求 AIGC 提供者按照《互联网信息服务深度合成管理规定》对图片、视频等生成内容进行标识。但我国的标识主要是为了方便公众区分人工智能生成物和真实事物，而欧盟的做法则更关乎于源头监管及事后追责。考虑到人工智能产品的背后是应用，应用的背后是通用大模型，如发生侵权，标识则能帮助更好划定责任方。

5.2.3　人工智能的法律挑战与未来趋势

人工智能的迅猛发展正在重塑社会、经济和法律体系，同时也带来了前所未有的挑战。从责任归属到数据隐私，从版权争议到伦理监管，AI 涉及的法律问题日益复杂。下面以 AI 生成内容的版权问题为例阐述。

知识产权保护复杂，从 AI 生成内容看，其版权归属难以确定，涉及用户、开发者、原始数据提供方等多方主体。从 AI 训练数据看，摄取海量数据时可能触及著作权问题，爬虫技术难以做到逐一授权。另外，创作主体认定模糊，现行法律强调创作者为自然人，AI 无创作意识和意图，不能成为作者。但 AI 在生成内容过程中，开发者的算法模型、用户的指令输入都有作用，导致版权归属难以明确。传统版权法基于人类创作模式，以"独创性"和"稀缺性"为基础。AI 生成内容的独特性难以判断，其低门槛、高效率的无限生成能力挑战了传统"独创性"认定。批量生成 AI 作品可能引发"版权围猎陷阱"，冲击法律对独创性的定义。AI 创作涉及训练数据版权方、平台开发者、终端用户等多方，各方权益关系复杂。目前相关标识办法未解决权利分配问题，不同国家对于人类参与程度与版权保护的关系认定也存在差异。

未来，对于 AI 生成内容的版权问题，会有更清晰的法律指引，如建立"共创"模式，考虑将 AI 生成作品归类为"自动生成作品"并给予一定保护，构建根据人类参与程度划分版权等级的梯度版权体系等。通过技术手段提高 AI 系统的透明度与可解释性，如建立 AI 算法的可解释性机制、利用区块链技术记录创作过程和版权信息等，为法律责任认定和版权确权提供支持。法律将在促进 AI 技术创新发展与保护各方合法权益之间寻求平衡，既鼓励 AI 技术的应用和创新，又确保创作者、数据主体等的权利得到保障。集体管理制度也会更加完备，以降低作品使用门槛，激励原创与创新。

───────── 实践案例：模拟一个 AI 法律纠纷案例，讨论责任归属 ─────────

某科技公司推出了一款 L4 级自动驾驶汽车，并投入商业运营。一名用户购买了该车，并在某日使用自动驾驶模式时，车辆因系统误判交通信号灯（将红灯识别为绿灯），导致与横向行驶的货车相撞，造成用户重伤、货车司机轻伤，双方车辆严重损毁。

（1）事后调查发现

事故发生时，自动驾驶系统软件版本为 V2.3，已知存在对红色信号灯识别的准确率缺陷（错误率 0.1%），但公司未主动召回或停用该版本。用户在事故发生时未手动干预（尽管系统提示"需保持注意力"），但车辆手册标明"驾驶员需随时准备接管"。交通信号灯因天气阴雨略有反光，但人类司机均能正常识别。

（2）各方主张

用户起诉"某科技公司"，认为系统缺陷直接导致事故，要求赔偿医疗费、精神损失及车辆损失。货车司机起诉用户和"某科技公司"，主张其无过错，要求赔偿车辆维修及医疗费用。某科技公司辩称：用户协议中已说明"自动驾驶需人工监督"，用户未及时接管，应负主要责任；信号灯反光属于"不可抗力"，系统在 99.9% 场景下均能正常工作；公司已通过 OTA 推送更新（V2.4 修复该缺陷），但用户未及时升级。

（3）责任归属争议焦点

产品缺陷责任：AI 系统的红灯识别错误是否构成"产品缺陷"？公司已知缺陷但未召回，是否属于过失？（参考《中华人民共和国产品质量法》）

用户过错：用户未手动干预是否构成"未尽合理注意义务"？用户协议中的免责条款是否有效？（格式条款的合理性）

第三方因素：信号灯反光是否影响责任划分？货车司机是否有超速或其他过错？

某科技公司承担主要责任（70%），法院认定系统缺陷为事故主因，公司未及时修复或停用缺陷版本，违反《中华人民共和国民法典》第一千二百零三条（产品责任）。用户协议免责条款因排除主要义务而无效。用户承担次要责任（30%），作为驾驶员未及时接管，存在一定过错。货车司机无责，无证据表明其违反交规。

AI 纠纷中，责任归属需综合考量技术缺陷、用户行为、合同约定及行业标准。目前法律倾向于"过错＋严格责任"结合，但亟须细化 AI 专门立法。企业应通过设计透明性、风险提示和保险机制降低法律风险。

课后练习

- -

一、选择题

1. 欧盟《人工智能法案》将 AI 系统分为几类风险等级？（　　）

　A. 2 类　　　　　　　　　　B. 3 类

　C. 4 类　　　　　　　　　　D. 5 类

2. 以下哪项属于人工智能伦理原则？（　　）

　A. 摩尔定律

　B. 透明性

　C. 暗箱操作

　D. 数据垄断

3. 中国 AI 监管框架不包括（　　）。

　A.《中华人民共和国网络安全法》

　B.《中华人民共和国数据安全法》

　C.《人工智能法》

D.《中华人民共和国个人信息保护法》

4. AI 生成内容的版权问题主要争议在于（　　）。

    A. 数据存储方式

    B. 创作主体认定模糊

    C. 算力消耗

    D. 算法复杂度

5. 自动驾驶事故中，若系统误判信号灯，责任可能由谁承担？（　　）

    A. 仅用户

    B. 仅制造商

    C. 用户和制造商共同

    D. 第三方交通部门

6. 欧盟对高风险 AI 系统的要求是标注（　　）。

    A. ISO 认证

    B. CE 标志

    C. FDA 批准

    D. GDPR 合规

7. 以下哪项属于"不可接受风险"AI 应用？（　　）

    A. 垃圾邮件过滤

    B. 社交评分系统

    C. 天气预报模型

    D. 推荐算法

8. AI 伦理的"责任性"原则强调（　　）。

    A. 算法保密

    B. 问题可追溯与问责

    C. 数据垄断

    D. 无条件自动化

9.《生成式人工智能服务管理暂行办法》要求对生成内容进行（　　）。

    A. 加密　　　　　　　　B. 标识

    C. 销毁　　　　　　　　D. 匿名化

10. AI 法律纠纷中，用户协议中的免责条款通常（　　）。

    A. 完全有效

    B. 因排除主要义务可能无效

    C. 仅对制造商有利

D. 无须法律审查

二、填空题

1. 人工智能伦理的核心原则包括公平性、_____ 和责任性。

2. 欧盟《人工智能法案》对高风险 AI 系统要求标注 _____ 标志。

3. 中国 AI 监管的三大法律是《中华人民共和国网络安全法》《中华人民共和国数据安全法》和 _____。

4. AI 生成内容的版权争议焦点是 _____ 难以明确。

5. 自动驾驶事故责任划分需考虑系统缺陷、用户行为和 _____。

三、思考题

1. 分析 AI 在招聘中的伦理风险,如何避免算法偏见?

2. 比较欧盟与中国 AI 监管策略的异同。

3. 模拟一个 AI 医疗误诊案例,讨论责任归属。

参 考 文 献

［1］肖睿，陈钟 . 人工智能通识教程：微课版［M］. 北京：人民邮电出版社，2025.

［2］莫宏伟 . 人工智能导论［M］.2 版 . 北京：人民邮电出版社，2024.

［3］曾文权，哈雯，杨忠明 . 人工智能应用导论［M］.2 版 . 西安：西安电子科技大学出版社，2023.

［4］师瑞峰，滕婧 . 人工智能导论［M］. 北京：中国水利水电出版社，2023.

［5］骆泓玮，甄珍，王良钢 . 信息技术基础［M］. 西安：西安电子科技大学出版社，2023.

［6］罗保山，汪晓青，张松慧 . 人工智能基础［M］. 北京：高等教育出版社，2025.

［7］王北一，蒙志明 .AIGC 应用实战：慕课版［M］. 北京：人民邮电出版社，2024.

［8］黄源，张莉 .AIGC 基础与应用［M］. 北京：人民邮电出版社，2024.

［9］郭哲滔，任宇翔 . 人工智能新时代：核心技术与行业赋能［M］. 北京：清华大学出版社，2024.

［10］肖睿，段小手，刘世军，等 . 机器学习基础［M］. 北京：人民邮电出版社，2021.